JN261192

口絵1　吉尾地区の空中写真

写真の右側（東）を球磨川が下から上（南から北）へ流れている。球磨川に写真左（西）から流れこんでいる川が吉尾川。写真中央部のやや左，吉尾川の左岸に広がる集落が吉尾の集落。
(2004年10月1日，高度2,700mより撮影。縮尺1：30,000。芦北町提供)

口絵2　世代間交流のひとこま

口絵3　村の寄り合い

口絵 4　ソバ畑の整備

口絵 5　焼畑によるソバ畑づくり

口絵 6　都市住民との交流会

口絵 7　ソバの種まき風景

地域公共圏の構想──Ⅰ
山間地域の崩壊と存続

山中　進・上野眞也［編著］

九州大学出版会

まえがき

　本書は，地理学，政治学，歴史学など研究分野を異にする研究者や行政の実務家が，疲弊の激しい山間地域の将来をどうすべきかという問題意識を共有し，実際に現地に入って行動するということから始まったプロジェクト研究の成果である。わが国では近代化＝都市化という大きな潮流のなかで，多くの学問分野では都市の過密や効率的な産業論など，都市に注目した研究が多くなされてきた。しかし他方で農村地域については，グローバル化の進展や少子・高齢化による影響を大きく受けた地域社会の変容に対して，確かに「過疎」や農業振興の問題が取り上げられてきたが，都市研究に比べると関心を持つ研究者の領域も狭く，また地域の将来のあり方に注目した研究はそれほど多くはない。つまり中山間地域など，条件不利地域の存続に対する社会の認識は，私たち自身も含め必ずしも十分であったとはいえない。しかしこのような地域がおかれている現実は，私たちが十分な関心を抱かない間に，急速に地域の存続すら危ぶまれる状況に追いやられている。

　私たちは山間地域の人々の暮らしを訪ね，そのような地域の行政担当者との交流を通して，次第にこの問題がわが国にとって普遍的で重要な問題であるということに気づいた。当初は熊本県からの研究受託で始まった調査研究事業も，研究を進めるなかでその重要性を認識するようになり，大学としての地域貢献特別支援事業や大学院社会文化科学研究科の研究プロジェクト，拠点研究事業としての評価を得ながら，これまで3ヵ年にわたる研究を実施してきた。本書はこれまでの研究成果を不十分ながらも取りまとめたものである。

調査は，熊本県葦北郡芦北町という特定の山間地域の小さな集落に注目しながら，地域の歴史，資源，地名，産業や暮らしの変化，それに住民の意識など，多面的な視点から資料の収集や各種データの分析をもとに検討を進めてきた。これらの集落は，これまで地域振興や地域づくりのための耳に心地よい政策用語やスローガンとは長らく無縁で，戦後，とりわけ高度経済成長期以降，変動するわが国社会経済の大波に翻弄されながら過疎化，少子・高齢化がすすみ，この先，集落をどう維持していけばよいのか途方に暮れている。

　本書は，こうした小さな山間地の集落の記録であり，実態分析であり，そこから地域の直面してきた問題状況を明らかにし，将来に向けた持続可能な社会としていくための地域政策のあり方について検討を行ったものである。ここで述べられていることは，けっしてこの地域だけの特殊個別的な事例ではなく，わが国の条件不利地域といわれる中山間地の多くが抱えている課題であり，きわめて普遍的な意味合いの強い内容をもったものである。

　本書の構成は3部8章からなっている。第Ⅰ部第1章の山中論文では，行政区ごとにこれまでの産業構造の変容を住民に対する精緻な聞き取り調査と資料的な裏付けにより明らかにし，第2章では家族の変遷を数世代に亘って詳細に整理し，過疎が次第に山間地域に浸透していった過程を，一つひとつは個人の意思決定ではあるものの，その集合行為として地域の変容を引き起こしてきたメカニズムを解明している。第3章の上野論文は前章までの検証をふまえ，農業集落の人口構造分析により現状と近未来の推計を行い，既に人口的に集落が崩壊の危機に瀕している状況を明らかにした。またどのような集落であれば人口を喪失しないで持続できる可能性が高まるのかについて質的比較分析の手法で解明している。第4章は最近注目されているソーシャルキャピタル概念を用いて，集落の機能の強化を行う政策とは何かについて共分散構造分析を行い，地域の連帯や住民のネットワーク強化による持続可能な地域づくりの提案を行っている。これらの住民の証言とデータ分析によ

る，量と質，具体と抽象を組み合わせた実証的なアプローチは，地域の現状課題を浮き出す効果を持ったのではないかと思う．

　第II部第5章の山中論文は，新たに発見された歴史史料に基づき地域資源の探索を行っている．既に忘れ去られてしまっているが，このような地域の歴史の中に，豊かな暮らしが成り立っていたことを垣間見ることができる．第6章の本田論文も山間地域の人々が山の暮らしで使っていた様々な地名が，山で生きることを放棄した段階で忘れ去られつつあることに注目し，古老に対するインタビューを繰り返し，地域の記憶を地名から取り戻そうとする試みである．昨今の市町村合併や町名変更などで旧来の名称が変えられることも多い．新たな人々の思いを込めた命名も意味がないことではないが，長い歴史の中で息づいてきた地域の歴史の証として，地名から人々の過去の営みを探るアプローチは，政策研究では大変ユニークなものであった．

　第III部第7章の田村論文は，県庁マンとして地域振興に携わり，その1つの試みとして行政―大学―地域の連携を仕掛けた担当者の事業効果の分析である．地域振興を担う行政でも，県と町では自ずと視点や得意技が異なっており，県という広域自治体と市町村の協働のあり方や，大学の参加によるメリット等について論述されている．政策研究は，具体的な政策として活用できてなんぼのものである．実務者による地域における大学の役割に関する評価は興味深いものがあった．第8章の岩岡論文は，本書全体のまとめとして，私たちが山間集落に入り，近代的視点で見る地域の後進性とは裏腹に，私たちが忘れかけている地域の豊かさ，そしてそれは成熟社会の新しい価値となるべきことを示唆している．

　このように本書で展開された研究手法には，聞き取り，現地調査，数値分析など多様な方法論が持ち込まれているが，地域を総合的にとらえることは単一の学問ディシプリンに沿った理解だけでは難しいものであり，隣接諸学問の相互乗り入れによる研究が必要であると考える．「政策科学」という学問も揺籃期を迎え，多くの研究成果が出始めているが，持続可能な社会に対

する具体的な政策研究はまだ少ない。本書では，方法論やモデル化としての政策科学研究ではなく，具体的な地域の課題に対して課題解決に向かって，多少でも貢献できる知見を発見するための公共政策研究を試みたいと考えた。芦北町のフィールド研究は，わが国の中山間地域が直面する普遍的な問題について考察するための有用な示唆を与えてくれた。さらには都市化が急激に進行している世界の都市と周辺地域の関係性で引き起こされる過疎の問題を考察するにも有用な知見をもたらしている。私たちの当初の想いがどこまで本書の中で実現できたかについては忸怩たるものもないではないが，このような問題関心を持つ研究者，さらには地域振興に携わる地方自治体の行政マン・ウーマン，そして地域づくりに関心をお持ちの方々に幅広くお読み頂き，この問題の解決に向けた議論と研究の蓄積が広がるようご批判・ご助言を仰ぎたいと思う。

　さらにこれからの研究の展望として，地域が機能していくために必要な最低人口の維持と，暮らしの営みを支える産業振興，高齢社会への地域としての対応などに有効な地域政策としてどのようなことが可能なのかなど，具体的な政策研究に向けて進んでいきたいと考える。

　最後に，私たちの調査研究を理解し，ともに地域の現状と課題を考えることにご協力頂いた芦北町の住民の方々，また資金や調査の便宜など多方面でこの研究プロジェクトを支えて頂いた熊本県，芦北町，熊本大学に感謝申し上げたい。

　2005年1月

編　者　山　中　　　進
　　　　上　野　眞　也

目　次

まえがき ………………………………………… 山中　進・上野眞也　i

第Ⅰ部　山間地域の危機

第1章　産業構造の変動と地域産業の消失 ……………… 山中　進　3
　はじめに …………………………………………………………………… 3
　1．芦北町農業の現況 …………………………………………………… 5
　2．山間地集落の産業と暮らしの変化 ………………………………… 9
　　　──芦北町大岩・吉尾・上原地区の事例──
　　(1)　大　岩　地　区
　　(2)　吉　尾　地　区
　　(3)　上　原　地　区
　3．高齢者農業の実態 …………………………………………………… 20
　4．結びにかえて ………………………………………………………… 27
　　　──都市との交流・共生に向けた小さな取り組み──

第2章　家族構成の変化と高齢化世帯の課題 …………… 山中　進　31
　はじめに …………………………………………………………………… 31
　1．芦北町の人口推移と大岩2・吉尾・上原地区の現況 …………… 33
　2．大岩2・吉尾・上原地区における住民の移動と過疎化・高齢化 … 36
　　(1)　大岩2地区

(2) 吉尾地区
　　(3) 上原地区
　おわりに ………………………………………………………… 55
第3章　農業集落消失の危機と存続の条件 ……………上野眞也 59
　はじめに ………………………………………………………… 59
　1．集落人口構造の危機 ………………………………………… 59
　　(1) 農村地域の人口変化
　　(2) 農業集落レベルの人口減少
　　(3) 高齢化のインパクト
　2．集落存続の条件 ……………………………………………… 69
　　(1) 分析の方法
　　(2) 変数の構造解析 ──質的比較分析──
　3．地域類型別集落の存続構造 ………………………………… 76
　　(1) 山間農業地域
　　(2) 中間農業地域
　　(3) 平地農業地域
　　(4) 都市的地域
　4．持続可能な集落政策 ………………………………………… 85
　おわりに ………………………………………………………… 88
第4章　持続可能な地域をつくる政策……………………上野眞也 93
　　　　──ソーシャルキャピタルの視点から──
　はじめに ………………………………………………………… 93
　1．ソーシャルキャピタル概念と政策化 ……………………… 94
　　(1) ソーシャルキャピタル概念の発達
　　(2) 政策への応用

2．農業集落のソーシャルキャピタル分析 ………………………… 101
　(1) 分析方法
　(2) 農業集落間のソーシャルキャピタル格差
3．ソーシャルキャピタルの構造とその変動要因 ………………… 110
　(1) ソーシャルキャピタルの構造
　(2) ソーシャルキャピタル変動の要因
4．地域政策ツールとしてのソーシャルキャピタルの可能性 ………… 117
　(1) 過疎対策としての地区力診断
　(2) 現状分析から政策へ

第II部　潜在的な地域資源

第5章　地域資源としての農林産物 …………………… 山中　進 125
　　　　――熊本県と葦北郡を事例に――

はじめに ………………………………………………………………… 125
1．明治前期における熊本県の重要産物について ………………… 126
2．「農事調査」にみる熊本県と葦北郡の主要農産物とその動向 …… 128
　(1) 熊本県の主要農産物とその動向
　(2) 葦北郡の主要農産物について
3．「町村是」の時期の主要農産物 ………………………………… 135
　(1) 「町村是」について
　(2) 『葦北郡大野村是』の検討
　(3) 『熊本県統計書』からみた主要農産物の市郡別状況
4．『吉尾村誌』・『大野村誌』にみる主要産物 …………………… 148

第6章　地名の記憶 ………………………………………… 本田佳奈 *153*
　　　　――球磨川流域の資源と林産業――
　はじめに …………………………………………………………… *153*
　1．上原地区 ……………………………………………………… *153*
　　(1)　外の世界と結ばれた"秘境の里"／(2)　木場作（焼畑式農業）と造林／
　　(3)　男牛――山仕事のパートナー――／(4)　稲　作／
　　(5)　心のよりどころ／(6)　桑園開拓と養蚕／
　　(7)　イノシシ
　2．吉尾地区 ……………………………………………………… *174*
　　(1)　吉尾集落／(2)　鉄道駅と吉尾温泉／
　　(3)　吉尾川／(4)　籠瀬地区の鮎かけと筏流し／
　　(5)　炭焼き／(6)　木場作について／
　　(7)　うしなわれた古い言葉／(8)　お寺と御堂
　3．大岩地区 ……………………………………………………… *184*
　　(1)　野稲田／(2)　大河内紙の生産／
　　(3)　岩屋平の畑／(4)　造　林／
　　(5)　銅山集落／(6)　木場作の話／
　おわりに …………………………………………………………… *187*

第Ⅲ部　持続可能な地域づくりへの挑戦

第7章　行政と大学の新しい協働 ………………………… 田村真一 *193*
　　　　――水俣・芦北地域振興を事例として――
　はじめに …………………………………………………………… *193*
　1．地域づくり政策の挑戦と限界 ……………………………… *194*
　　(1)　地域づくり政策の歴史
　　(2)　熊本県の地域づくり対策

(3) 地域づくり活動の限界——少子・高齢化の現状——
　2．県と熊本大学との研究連携 ………………………………… 205
　　(1) 経　緯
　　(2) 水俣・芦北地域総合政策研究（1年目）
　　(3) 水俣・芦北地域総合政策研究（2年目）
　3．県と大学，市町村，住民との協働 ………………………… 211
　　(1) 県と大学，市町村，住民との新しいネットワークの構築
　　(2) 県と市町村との協働
　お わ り に ………………………………………………………… 214

第8章　共同性の再構築 ………………………… 岩岡中正 217
　　　　　——周縁からの価値転換——
　は じ め に ………………………………………………………… 217
　　(1) 極限の風景——近代化と周縁——
　　(2) 新しい共同性を求めて
　1．周縁の思想——関係の復権—— …………………………… 219
　　(1) 周縁からの価値転換
　　(2) 関係の豊かさ
　2．共同性の再構築——作為から存在—— ………………… 222
　　(1) 共同性のパラダイム転換——内発的共同性へ——
　　(2) 新しい「存在」の世界へ——全体知と新しい共同性——
　お わ り に ………………………………………………………… 225

第Ⅰ部

山間地域の危機

第1章

産業構造の変動と地域産業の消失

はじめに

　1950年代半ばに始まる日本の高度経済成長は、これまでの社会・経済構造を大きく変革させたが、とりわけ、農業に与えた影響は深刻なものがあった。1961年6月に制定された「農業基本法」は、農村に滞留する農業従事者を他産業にシフトさせることによって、自立可能な農業経営の育成を図り、きわめて生産性の高い農業の実現を目指したものであった[1]。しかし、日本経済が重化学工業部門を軸に高度経済成長を続けるなかで、基本的には構造問題が一貫して深刻化するという事態を招いている。

　耕地に関していえば、1980年代に入っても面積・作付面積はともに減少を続け、農業就業人口も大幅な減少をみるが、この傾向はその後も続くことになる。しかし、何よりも大きな変化は、農家戸数の減少と農家構成にかかわる動きである。農家の専・兼業分化の激しい動きは、1970年代半ばにいくらか落ち着きをみせたが、これまで増え続けた第2種兼業農家は高齢化と世帯交替によって減少を始め、農家数の減少が第2種兼業農家からのものが大部分であるという状況を生んでいる。また、高齢専業農家もこの頃から増加をはじめ、これも離農に結びつく動きであることには変わりはない。

　こうしたなかで、畜産、施設野菜、酪農などの施設型の農業部門では、生産高度化に向けた動きが促進され、規模拡大による高い生産性を誇る経営が基幹的な農家によって営まれるようになっていった。そして、農業の商品生

産化が農家らしい農家の特徴ともいわれるまでになっていく[2]。一方，米や畑作物のような土地利用型の農業は，思うように規模の拡大もすすまず，多くは脆弱な労働力しか持たない農家によって営まれており，両者の間に大きな生産力格差が生じることになった。高度経済成長以降，労働力需要が拡大の一途をたどっていくなかで，兼業化の動きはさらに加速され，とくに零細な農家にあっては兼業収入に多くを依存しながら，省力化のすすんだ米づくりに経営を単純化させるという方向に向かっていった[3]。

　1980年代以降，日本の産業構造の転換が叫ばれ，牛肉・オレンジ・米などの農産物の市場開放，輸入枠の拡大に対する内外からの圧力が高まるなかで，日本農業は上述した困難な構造問題のほかに，対外的には農業国際化への厳しい対応に迫られることになる[4]。具体的には輸入自由化を柱とするWTO体制への移行，規制緩和など，日本の農業にとっては厳しい条件となっている[5]。これに加えて，日本農業は，先に述べた土地利用型農業の規模拡大の遅れや農業の担い手不足，さらに新たに耕作放棄地の増大や中山間地における過疎化・高齢化，食料自給率の低下など，多くの課題を抱えることになった。

　一方，新たな「食料・農業・農村基本法」のもとでは，農業の自然循環機能や多面的な機能の維持・増進を図り，心の豊かさを実感できる農村の実現に向けた取り組みの推進が謳われている。高齢化にともなう社会の成熟化，国民の求める生活の質の向上に対する期待である。しかし農村，とりわけ中山間地域の農村では高齢化の進行が加速し，集落機能の維持すら困難な状況もみられる[6]。

　ここでは，上述した日本農業・農村の動きを前提に，まずは芦北町の農業の現状について概略述べ，続いて聞き取り調査結果をもとに[7]，高度経済成長期以降の山間地の農業と暮らしの変化，および高齢者農業の実態について述べ，当該地区の今後のあり方を考える指針としたい。調査の対象とした地区は，芦北町の大岩・吉尾・上原（うわばる）の3地区（集落）である（図1-1）。

　なお，本章は聞き取り調査の結果を中心にまとめたことから，記述内容に

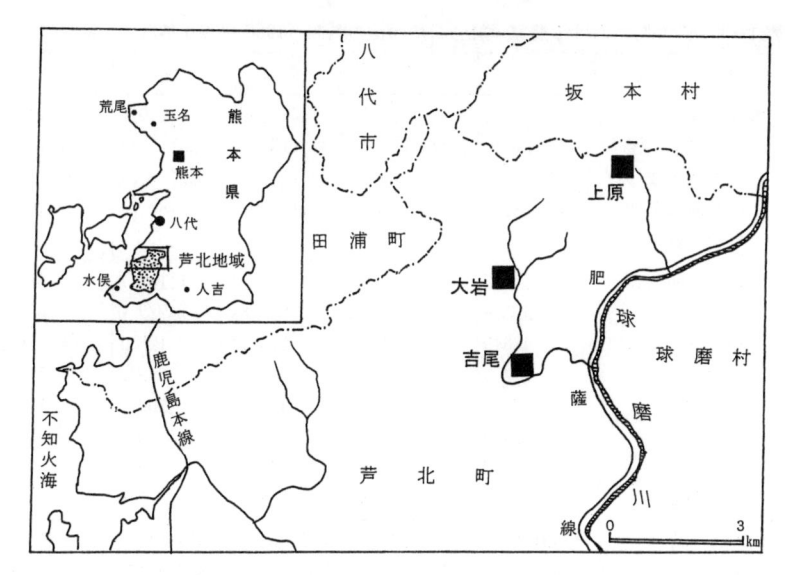

第1章 産業構造の変動と地域産業の消失　　　　　5

注）芦北町と田浦町は，2005年1月に合併し，芦北町として新たに発足したが，本図の町村名は合併前のものである。

図1-1　調査対象地区（集落）の位置

ついて資料的な裏付けが不十分なところもあるが，それらの箇所については，さらに調査を重ねるなかで，正確を期していきたいと考えている。

1．芦北町農業の現況

　高度経済成長の真っ只中に出版された地理書（『熊本県新誌』）[8]に，芦北地方（球磨川中・下流の南北に近い流路と不知火海にはさまれた地域）の農林業について，次のような記述がある。

農林業のいとなみ
　まず耕地化率の極度に低い地域であって，市郡別耕地化率がわずかに8％

表1-1 芦北町における農家・経営耕地面積の動向 (1960～2000年)

<table>
<tr><th colspan="2">項　目</th><th>1960</th><th>1970</th><th>1980</th><th>1990</th><th>2000</th></tr>
<tr><td rowspan="6">農家</td><td>農家戸数（戸）</td><td>2,834</td><td>2,672</td><td>2,397</td><td>1,950</td><td>1,612</td></tr>
<tr><td>専業農家（%）</td><td>607(21.4)</td><td>298(11.2)</td><td>323(13.5)</td><td>223(11.4)</td><td>171(10.6)</td></tr>
<tr><td>第1種兼業（%）</td><td>1,543(54.5)</td><td>935(35.0)</td><td>334(13.9)</td><td>152(7.8)</td><td>94(5.8)</td></tr>
<tr><td>第2種兼業（%）</td><td>684(24.1)</td><td>1,439(53.8)</td><td>1,740(72.6)</td><td>1,575(80.8)</td><td>749(46.5)</td></tr>
<tr><td>自給的農家（%）</td><td></td><td></td><td></td><td></td><td>598(37.1)</td></tr>
<tr><td></td><td></td><td></td><td></td><td></td><td></td></tr>
<tr><td rowspan="8">経営耕地</td><td>経営耕地面積(ha)</td><td>1,574.3</td><td>1,786</td><td>1,559.8</td><td>1,184.3</td><td>885.3</td></tr>
<tr><td>田</td><td>975.9</td><td>966.4</td><td>853.8</td><td>722.0</td><td>607.5</td></tr>
<tr><td>畑</td><td>485.9</td><td>254.3</td><td>175.1</td><td>123.1</td><td>79.2</td></tr>
<tr><td>樹園地</td><td>112.4</td><td>565.3</td><td>530.9</td><td>339.2</td><td>198.6</td></tr>
<tr><td>果樹園</td><td>83.8</td><td>493.3</td><td>469.7</td><td>306.5</td><td>175.2</td></tr>
<tr><td>茶園</td><td>24.4</td><td>8.9</td><td>10.5</td><td>9.2</td><td>10.7</td></tr>
<tr><td>桑園</td><td>3.8</td><td>60.6</td><td>47.8</td><td>16.5</td><td>—</td></tr>
<tr><td>その他</td><td>0.5</td><td>2.6</td><td>2.9</td><td>7.0</td><td>12.7</td></tr>
<tr><td rowspan="9">経営耕地規模別農家数（%）</td><td>0.3 ha未満</td><td>749(26.4)</td><td>666(23.1)</td><td>640(26.7)</td><td>618(31.7)</td><td>607(37.7)</td></tr>
<tr><td>0.3～0.5</td><td>596(21.0)</td><td>598(22.4)</td><td>561(23.4)</td><td>502(25.7)</td><td>412(25.6)</td></tr>
<tr><td>0.5～1.0</td><td>1,164(41.1)</td><td>925(34.6)</td><td>768(32.0)</td><td>556(28.5)</td><td>417(25.9)</td></tr>
<tr><td>1.0～1.5</td><td>270(9.5)</td><td>339(12.7)</td><td>240(10.0)</td><td>147(7.5)</td><td>85(5.3)</td></tr>
<tr><td>1.5～2.0</td><td>33(1.2)</td><td>114(4.3)</td><td>84(3.5)</td><td>50(2.6)</td><td>33(2.0)</td></tr>
<tr><td>2.0～2.5</td><td>18(0.6)</td><td>51(1.9)</td><td>47(2.0)</td><td>19(1.0)</td><td>24(1.5)</td></tr>
<tr><td>2.5～3.0</td><td>2(0.1)</td><td>12(0.4)</td><td>31(1.3)</td><td>20(1.0)</td><td>12(0.7)</td></tr>
<tr><td>3.0 ha以上</td><td>2(0.1)</td><td>13(0.5)</td><td>20(0.8)</td><td>26(1.3)</td><td>19(1.2)</td></tr>
<tr><td>例外規定</td><td>0</td><td>4(0.1)</td><td>6(0.3)</td><td>12(0.6)</td><td>3(0.2)</td></tr>
</table>

資料）芦北町『町勢要覧資料編』より作成。

にとどまり，県平均の半分にも達しないことは前述した地形地質の概観に相応するものである。したがって，農業経営の方面ではこの条件が強く作用して小規模経営地帯を形成し，3反未満層だけで31%，3～5反層が22%を示し，それに5～10反層の38%を加えると，その合計は実に全農家数の91%を超える状況である。県計の平均が，10反未満層全体で70%であるのと比較しても，この特徴が理解される。

芦北地域の農業を「耕地化率の極度に低い地域」と特徴づけ,「小規模経営地帯」と称している。

現在,芦北町の農業も基本的にはこうした状況と変わりがなく,むしろ構造的には,さらに小規模経営が加速し,構造的な弱体化が一層進行しているといえよう。表1－1は芦北町の農家・経営耕地面積の動向を示したものであるが,これによると,0.3 ha未満層は,それでも1980年までは20％台を維持していた。しかし,1990年にはそれが31.7％となり,2000年は37.7％となっている。また,1 ha未満層は,全農家数のほぼ9割（89.2％）を占めており,小規模経営農家がきわめて多いことに変わりはない。農家1戸当たりの経営耕地面積を『町勢要覧資料編』（平成13年版）から見てみると,1980年が65.1 aであったのが,2000年には54.9 aになっており,こうした面からも小規模化が進行したことがうかがえる。

『熊本県新誌』は,さらに続けて,農家について以下のように記している。

このことはまた兼業農家の増加を促進するはずで,農林業センサスの結果によって計算すると,専業農家率は35％を示し,県計の54％よりはるかに低い。いっぽう兼業のうち農業を主とするもの（第1種兼業）は兼業農家の69％を占めて,県計の55％より相当に高い。これらの関係を要約すると,この地方の農家は全体として耕地が狭いので,1戸当たりの耕地面積が不足し,その欠を補うための兼業化が主となって,かろうじて生活の維持をはかってきたものと解される。しかし,それだけではまだ不十分で,農耕に恵まれないものを,山地で埋め合わせようと努めてきたことが察せられる。

芦北町の総面積は20,071 haである。このうち耕地面積は1,382 ha（6.9％）,林野面積は16,227 ha（80.8％）で,残りは住宅や工場などの用地である。芦北町の耕地面積率は,僅か7％弱で耕地化率がきわめて低い。一方,林野面積率は80％を超えており,先に述べた芦北農業の特徴をきわ

めてよくあらわしている。その後も耕地は減少を続けていく。1970年当時の経営耕地面積は1,786 haであったのが，それ以後は減少の一途をたどり，2000年には885.3 haとなっている。この30年間で，芦北町の経営耕地面積は，ほぼ半減したことになる。とくに1990年以降の減少が著しい。続いて経営耕地の内訳をみると，2000年現在，田が全体の7割近くを占めており，残りの2割強が樹園地で，そのほぼ9割が果樹園である。

　農家に目を移すと，農家数の減少も著しい。1960年から2000年までの間に，農家の数は2,834戸から1,612戸に減少し，半減とまではいかなくても，その減少率は43.1％に達している。とくに1990年以降の減少が顕著である。芦北町では1960年の時点で，それでも専業農家は607戸（21.4％）を数えていた。それが2000年には，僅か171戸にまで減少し，全農家に占める割合も10.6％にまで落ち込んでしまった。その一方で，1990年段階で第2種兼業農家が全体の8割（1,575戸）を占めるようになり，2000年には第2種兼業農家と自給的農家（経営耕地面積30 a 未満かつ農産物販売金額が年間50万円未満の農家）を合わせた割合が83.6％（1,347戸）となっている。小規模零細な農業が芦北地方の特徴といわれるが，現在はきわめて零細規模の農家が，町の農業を維持しているということができる。

　農業生産は米，ミカン，畜産が主であるが，農業粗生産額からその推移をみると，米は1975年を境に減少し，1980年以降は米に代わって果樹（ミカン）が生産額を伸ばしてくる。しかし，その果樹も1990年以降から低迷し，代わって畜産（主に肉用牛）が生産額を伸ばすが，1995年以降は，これらのいずれもが生産額を著しく減じており，農業生産の低下傾向が顕著である。

　1980年代後半から90年代にかけての芦北町の農業は，米は水田の転作で減産の一途をたどっている。ミカンは，温州ミカンが過剰生産によって価格の低迷が続き，甘夏ミカンも晩柑類の増産や輸入果実の増加によって価格が落ち込み，生産額も減少に向かっている。畜産も飼料の高騰や需要の伸び悩みで，生産額も大きな伸びがみられない。こうしたなかで，花卉類は，生産

表1-2 芦北町における農業粗生産額の推移（1970～2000年） （単位：千万円）

項目		1970	1975	1980	1985	1990	1995	2000
作物	米	49.8	107.9	88.8	96.7	71.3	78.0	56.0
	麦類	2.3	0.5	1.3	3.8	0.1	0.0	0.0
	雑穀・豆類	0.7	1.3	3.5	3.5	2.4	1.0	1.0
	いも類	0.9	2.6	4.7	5.6	2.5	2.0	2.0
	野菜	10.3	17.1	30.9	26.1	49.8	46.0	38.0
	果実	40.2	78.0	111.1	158.5	142.7	92.0	66.0
	工芸作物	14.8	24.8	21.2	22.7	16.4	15.0	14.0
	種苗・苗木・他	15.4	10.0	14.2	21.8	11.1	16.0	7.0
	花卉類	—	1.7	9.4	12.2	13.0	33.0	16.0
	計	134.7	243.9	285.1	350.9	309.3	282.0	200.0
養蚕		3.1	5.5	6.1	3.7	1.8	0.0	0.0
畜産	肉用牛	3.1	27.7	22.7	46.1	102.4	63.0	73.0
	乳牛	2.9	2.6	4.9	4.6	5.4	3.0	3.0
	養豚	9.3	45.1	65.2	17.5	15.6	5.0	6.0
	養鶏	7.9	27.8	27.9	23.9	39.2	38.0	26.0
	計	23.2	103.2	120.7	92.1	162.6	108.0	108.0
加工農産物		—	1.6	2.2	2.1	1.8	1.0	0.0
合計		160.7	354.2	414.1	456.7	475.5	391.0	308.0

注）1995年，2000年は（単位：千万円）で記載されていたので，そのまま記載した。
資料）芦北町『町勢要覧資料編』より作成。

額はそれほど大きくはないが，増減をくりかえしながらも，拡大の傾向にある（表1-2）。

2．山間地集落の産業と暮らしの変化
—— 芦北町大岩・吉尾・上原地区の事例 ——

　ここでは，はじめに大岩・吉尾・上原地区において，農家副業の変化や出稼ぎのはじまりについて尋ねてみた。それによると，この辺りが出稼ぎをするようになったのは1964，65年頃からである。東京オリンピック前は新幹

線工事などがあり，出稼ぎをするようになったのは収入が落ち込んできたからである。月にして収入が2，3日分というように相当に落ち込んできた。出稼ぎも長男，二男，三男などに関係なく出かけるようになっていった。

　農家の副業は，最初に消えていったのは炭焼きと山林の仕事だった。炭焼きはプロパンガスの普及の影響を受けて，山の仕事はマツクイムシで全滅し，1964年頃からスギ・ヒノキに植え替えたが，このとき林業不況が追い打ちをかけることになった。マツクイムシの被害は，1955年頃から出るようになるが，1965年前後が一番ひどかった。煙草の栽培も始めた。炭鉱の坑木は20年くらいで出荷していた。材木は大岩からトラックにて佐敷港まで運ばれた。

　次に，それぞれの地区ごとに聞き取りの結果を，以下に整理した。

(1) 大岩地区

　大岩地区では，第2次世界大戦前には農業外の収入源としては銅山(かなやま)に和紙業（紙漉き）があった。このほか棕櫚皮からの棕櫚縄づくりが副業として盛んであった。これは海の漁師たちが使う縄編みで，神瀬には集団で加工する所もあった。こうしたことから，山にはカジ（楮(コウゾ)）や棕櫚が相当植えられていた。しかし，これらの仕事も戦後は次第にみられなくなっていった。この地区の畑地は多くは階段状をなしており，荒れ地も多いことから，ソバ，粟などが栽培されていたが，粟はせいぜい自家用程度であった。岩屋川内の集落は，かつては戸数も82戸を数えたが，現在は70戸ほどになってしまった。耕地の所有状況も，1戸当たり1.5反から2.0反程度しか有していない。畑地では主としてカライモ(唐薯)や粟を栽培しているが，ほとんどが自家用程度のものである。岩屋平(いわやびら)も荒れ地が多い。以前，畑地を水田に転換しようという話もあがったが，畑地の下に集落があるので危険ということで実現しなかった。

　この地区の主な日稼ぎとして，10年くらい前までは，タヌキ，テン，ムジナなどを捕獲し，その皮を剥いで売っていた。当時，イタチの皮は1匹

第1章　産業構造の変動と地域産業の消失

写真1　大岩地区の茶園

8,000円はしたといわれ，結構良い農間の賃稼ぎであった。このほか，山の下草払いや八代のい業と結びついた仕事として，い草刈り，い草苗の株分けなどがある。い草刈りの賃金は，1日で1万2,000円くらいの収入といわれている。また，八代のい草農家の人で，かつては300〜400万円した山を買う人もあったようで，山主は山の下払いの作業はしないで，山の手入れは大岩の人がしていたといわれている。1日8,000円ほどの稼ぎになったようで，それを専門にしていた人もいた。大岩は山も少ないし田も少ないところで，そうしたことから，吉尾地区以上に八代との結びつきが強かった。しかしその後，山は半値以下になってしまい，人を雇いきれなくなった。その後の下払いは，森林組合の作業班で行っているとのことである。

　大岩は，もともと柿の産地であった。1軒の庭先には必ずといっていいほど柿の木があったといわれている。この地区では，1988年から89年頃，農協主導で畑を利用して柿の樹園地化を図っている。渋柿でトネワセ，ニシムラワセといわれる品種であった。柿は農協に出荷し，渋を抜いてから関西方面に出荷された。しかし，これも高品質化に対応できなかったことで，衰退

表1-3 樹園地面積の推移　　　（単位：a）

地区	年	樹園地面積	内訳		
			果樹園	茶園	桑園
大岩2地区	1970	250	240	10	2
	1975	278	278	—	—
	1980	7	—	7	—
	1985	47	22	25	—
	1990	123	63	22	—
	1995	76	31	45	—
	2000	—	—	—	—
吉尾地区	1970	230	180	10	—
	1975	147	142	5	—
	1980	63	29	34	—
	1985	28	—	28	—
	1990	49	10	39	—
	1995	—	—	—	—
	2000	3	—	—	—
上原地区	1970	920	—	90	830
	1975	1,969	—	—	1,969
	1980	1,627	7	—	1,620
	1985	1,460	10	43	1,407
	1990	774	51	38	685
	1995	328	—	18	310
	2000	83	—	38	—

注）樹園地面積と内訳の合計が一致しないところもあるが資料のままとした。
資料）「2000年世界農林業センサス（農業集落カード）」より作成。

していった。大野地区でも同様に団地化が進められたようである。大岩地区には，今も多くの家のまわりに渋柿があるが，以前は吉尾温泉に出荷したりしていた。現在も，一部は大野温泉センターに出荷されている。豊野村からも柿を買いに来るようで，吉尾には，これを扱う業者もいる。

　茶は個人で栽培している。栽培面積はそれほど大きくはなく，1戸当たり

第1章　産業構造の変動と地域産業の消失

せいぜい1畝から2畝程度である。それでも結構収入になる（写真1）。以前は，茶を自分で摘んで釜入れ加工をしていたが，最近は摘んだ後，地区内の製茶工場に持ち込んで加工してもらっている。加工賃はキロ当たり250円ほどで，加工賃だけでもかなりの収入になるようだ。以前，岩屋川内では自家製の手もみ茶も生産していた。機械製茶だとキロ4,000円程度であったが，手もみだと6,000円ほどの値段で高く売れた。茶の販売をする人は，今でも集落内に何人かいるが，70歳以上の高齢者である。現在，岩屋川内には釜を所有している家は何軒かある。何といっても手製の茶は芳しさが違う。何回でも飲むことができるが，機械製茶だと2回も入れると飲めなくなってしまう。なかには，機械に加工を頼んで，もう一度自分の家に持って帰って，自家の釜で火あぶりをしてから販売する者もいる。手製茶としてキロ6,000円から7,000円という値で売ることができる。茶を農協に販売している人もいる。終戦後は茶と塩の交換で津奈木辺りまで出かけることもあった。また，自家用の茶以外に，茶を製茶工場から分けてもらって，茶が切れる頃を見計らって，海岸べりの日奈久，八代辺りにまで売りに行っていた。収量がわずかしかない家でも，知人や親戚を通して販売することもあった。なお，製茶工場は田浦町の横居木にもあった。

　これらの土地の産物も，次々と姿を消していく中で，何とかしなければと，コンニャク栽培を始めるが，なかなか太鼓をたたく人がいない。年金7万円では生活ができない。

(2) 吉尾地区

　吉尾は山林が主体であった。昔は山からの収入があった。球磨川沿いの人は田んぼがなくても，川の収入で儲けて吉尾に土地を持っていた。戦前には，すでに箙瀬（えびらせ）の人が土地を持っていた。そのためこの付近は小作地が多い。吉尾は山持ちの字ともいえ，8割近くが山をもっているが，分家は外に出て行くことが多い。このほか炭焼きなどの賃稼ぎで生計を維持していた。昭和恐慌の頃，「ツメヤマ（詰山）」といって小屋・民家に泊まり込んで山仕

事をしていた。また，杉皮はぎ（スッガワハギ）は結構金になったようである。車のない時代，白石駅から木炭や杉皮を出していた。

　林業の盛んな頃は山仕事が主力で，ここでは働けば金になったから柿はあまりやっていない。柿は表と裏（隔年結果）があるからである。林業の盛んな時は，この地区は木材の生産が主要な産業であった。毎年1ヵ所くらいの山を売って球磨川から筏を組んで出していた。また，伐採した杉は山で乾燥し，皮を剝いで杉皮とした。このほか燃料用の木炭も焼いていたので，現金収入の道は結構あった。炭焼きをする人は，山をしている人だけだったが，1戸平均3反歩くらいの耕地を所有していた。吉尾の現在の戸数は53戸である。1975年頃には農業に従事する者が30名くらいであったのが，今では9名になってしまった。また，高齢者だけの世帯は全体の半数を数えている。当地区はダム建設の影響は直接にはなかったが，戦後，だんだんと，少しずつ着実に戸数が減少し，23軒も外に出ていってしまった。転出先は八代が多い。こうして村を出て行った人をみてみると，分家筋の人や山を持っていなかった人が多かった。こうした人は，経営耕地が少なかったり，勤めに出ている人が多い。

　吉尾は戦前・戦後においても，米を作って山を持つというのが基本的なスタイルで，山の比重がきわめて大きかった。林業がだめになった後，若い世代は出稼ぎのため都市部へ出て行った。だから，放棄された田畑を外部の人に貸すことには抵抗はないといえる。現在も農地を貸している人がいるが，貸すとなると基盤整備をしないとなかなか貸せない。大岩では，1982年の大水害の復旧を利用して農地を整備したが，吉尾では基盤整備はしていない。人に土地を借りてもらおうとすると，借りてもらえるような状態にしておかないといけない。負担金を耕作者が払うのか所有者が払うのかという問題が起こってくると，なかなか事はすすまない。また，篤農家は良いところの田んぼを持っていてすすんでやろうとしない。そのうち新幹線工事が来て，山の方に捨てていた廃土も，そこが埋まってしまい，その廃土の場所として吉尾の前の田を貸すことになった。

第1章 産業構造の変動と地域産業の消失

写真2 山林に転換された山つきの田（吉尾地区）

　山つきの田んぼは耕作放棄地になっているが，山林に転用されている（写真2）。山つきの田んぼは栗を植えていたこともあったが，今はクリタマバチの被害でだめになった。根っこをほがして枯らしてしまう。被害のないところでいくらか残る程度である。1955年頃から畑に植えたが，他は畑に変わり，畑には小豆，大角豆（ササゲ）などを栽培，冬は作らない。現在の状況を見てみると，後継者がいる家は少なく，10年後には戸数が今の半分くらいになるのではないかと心配している。20世帯くらいになると現実の生活はどうなるか気がかりである。

　さらに，この地区にとって心配なことは，現在の農業従事者の大半が70歳前後であるということ。5年から10年先のことを思うと心配である。吉尾は70歳以上の人が農業をやって，子供はおそらく帰ってこないであろう。大岩ではそれほどでもないのに，吉尾で耕作放棄地が増えたのは，95年から傾斜地が減反の対象になったからである。近年，次第に平坦地でも耕作放棄地が増えつつある。夫が亡くなった後，女手一つで農業を続けることが困難になったり，身体の自由がきかなくなって耕作をあきらめるなど，高齢化

の進行が耕作放棄地を生んでいる。また，農業を続けるよりも，大工仕事などの賃稼ぎに出かける人もいる。春先の水さらいや井堰の管理といった水廻りの共同作業は，現在，耕作を続けている人だけでしているが，その数は10人で半数は高齢の女性である[9]。

　地区の農業を担う高齢者が，いつまでも米づくりを続けられるわけではない。そうした場合，吉尾地区では耕作放棄地がいっきに増えることが懸念される。1982年の水害後，耕地の整備も多少すすんだとはいえ，大小の耕地が混在しており農地の効率的な利用を阻害する要因ともなっている。地区を離れる住民が増えるなかで，目下のところ大岩・上原地区にみられるような，表だった集落維持のための取り組みもみられない。

　日々の暮らしの面では，医療については温泉診療所があるので大変助かっている。大岩地区にはここの出張診療所があって，週2回開院している。また，デイサービスに行くのが高齢者の大きな楽しみになっている。「生き甲斐」という人もおり，週2回と頻繁に利用する人もいる。また，いくつかの施設も進出してきており，客の奪い合いも生じている状況である。食料品は行商が毎日持ってくる。衣料品以外は事欠かない。行商人（日奈久さん）は八代に出て，肥薩線に乗り換えて毎日行商に来る。年齢は70歳くらいの人である。ここでとれた唐薯などは，日奈久さんに託して売ってもらったりもする。ほかには，早月さんという人がバイクに乗ってくる。ほかは50～60歳くらいの人が車でやって来る。大岩の岩屋川内出身の人もいる。午前中に売って昼に帰る。行商人は注文を受けて品物を持ってくるが，今はもう町の方が安いので，だんだんと廃れていく。

(3) 上原地区

　上原の山は共有地が多かった。山のほか小豆，粟，唐薯などは昔から栽培していた。

　桑園は30町歩の国有地の払い下げを受け，1軒当たり4反歩の払い下げを受けたものである。1969年に着工し70年に完工をみた，この「上原地区

第1章 産業構造の変動と地域産業の消失

写真3 今も残る蚕室（上原地区）

開拓パイロット事業」の具体的なことは，第6章で述べられているので触れないが，養蚕が最も盛んだった頃は17, 18年前であった。養蚕が衰退してしまった後は，山林になった所とソバを植えた所とがあるが，今も蚕室はそのまま残っている（写真3）。

養蚕の盛んなときは，みんな良い繭をつくろうと競い合い，お互いがライバルだった。「お蚕さん」の出荷時には酒盛りをした。蚕種は県の菊池の試験場から持ってきていた。共同飼育所は，焼畑をしている手前の所にあった。養蚕をやっている頃は，年がら年中仕事があった。繭は年に5回出荷した。春蚕は5月6日に配蚕があり，1ヵ月で繭となったので6月中旬に出荷した。夏蚕は7月下旬に繭化し，初秋蚕は盆の頃で，お盆は休みはなかった。晩秋蚕は稲刈り前の9月に配蚕があり，10月に出荷したが，この出荷前には晩々蚕が来るので家の中で飼育した。暖房には練炭や石油ストーブを使っていた。養蚕は一番の現金収入で，5，6年前までやっていた（表1-3参照）。最近，地元紙が報じた別の村人の話も，「早朝5時から夜8時ごろまで働く。繭の状態で130～150キロを年に4～5回卸す。最初は下益城郡小

写真 4　かつての桑園の跡（上原地区）

川町の工場に卸したが，製糸業界の変遷とともに卸先は長崎や，島根などに移っていった」という。「現金収入は年間で 200 万円ほど。そのうちの 3 割程度は，桑の苗や消毒代に消えた。けれども買いたたかれている感覚はなかった」といい，「山仕事に比べるとまだ楽だったし，もうけもあった」という[10]。

　今は，かつての桑園もほとんど山林や茶畑に変わっているが，その山林もずいぶんと荒れている（写真 4）。桑園のあとには，現在も使われなくなった蚕室が点在して，茶畑も所々に分布している。山はカヤ，シロホウ，カズラなどの雑草がはびこり，なかでもカズラは 2 年前に植林されたばかりの杉苗の上に蔓をまいて覆い被さるように茂って，すっかり荒れた状態になっている（写真 5）。雑草がはびこるということは，もともと土地の条件が良いところだからで，きちんと手入れをすると木もよく育つ。これまで，草刈りなどの山の手入れは各自めいめいでおこない，共同ではやってこなかった。それも家にいる女性の仕事であった。若い人は働きに出ていて，山の手入れはしない。現在，桑園は 20 a ほど残っているが，今年になってから，そこ

第1章　産業構造の変動と地域産業の消失

写真5　雑草に被われた杉苗（上原地区）

も荒れている。養蚕をやっている人は5, 6年前まで2, 3軒あったが，これも輸入繭の増加でなくなってしまった。

　昔は，行商も日奈久から海路駅まで鉄道で来て，そこから品物を肩に担いでやって来た。今はたまに行商も来るが，採算があわないので次第に来なくなった。食料品等は勤め帰りに買ってくる。ガソリンなど燃料の購入が不便である。

　Ｉさん（60歳）は，黒岩から移ってきた人で，熊本に出て行ったＡさんの土地を買って6反歩以上の米づくりをおこなっている。1反歩当たり7俵の米がとれる。このＩさんも，子供は東京や外国に出て行って帰る意思がない。他に八代のい草刈やトマトの手伝いなどの日稼ぎに出かける人もあって，どうにか活気を保っている。

　上原では，このほかに八代特産の「い草」の苗を株分けする「い苗割り」の賃稼ぎが，今も続いている。11～12月と，苗を作るための株分けをする6月の年間3ヵ月間で，八代のい草農家が2, 3日に一度，い草苗を運んでくる。多い人は年間20万円強を稼ぐ人もいる[11]。

3．高齢者農業の実態

　表1-4は，前節において聞き取り調査を実施した人たちの農業の現状である。どの世帯も，農業に従事する者は世帯主だけか，あるいは夫婦2人で，年齢も60歳代後半から70歳代が7割近くを占め，最高齢者は77歳である。耕地も多いところで30〜35 a程度で，主な作物も自家用に栽培しているというのが実態である。この地区の農業の姿を一言でいうならば，まさに「高齢者農業」ということができよう。

　基本的な統計用語として定義される「農家」とは，「経営耕地面積が10 a以上の農業を営む世帯または農産物販売金額が年間15万円以上ある世帯（1990年以降）」とされている。また，「農家」の分類のうち「自給的農家」は，「経営耕地面積が30 a未満かつ農産物販売金額が年間50万円未満の農家」と定義されているが，ここでいう「高齢者農業」とは，農業に従事する者の多くは60歳代後半から70歳代で，経営耕地面積もせいぜい30 a程度かそれ以下で，ほとんどが自給的農家か，それに該当しない世帯によって営まれている農業ということができよう。

　聞き取り調査の結果から，調査農家の経営の現状を見てみると，調査農家1（上原）は，1人で自給的な農業を営んでいる。養蚕の盛んな頃は，朝の5時には，トラックを上の桑畑まであげて桑摘みをし，桑を下に降ろしてから仕事に出た。桑の栽培は天水だけで栽培したので，水の施設は必要なかった。養蚕は，息子は勤め人で，夫婦2人で30年間やってきた。蚕があるときは，夜3時頃まで蚕をし，朝は5時に起きて仕事をした。20年ほど前は兼業で八代の木材会社で人夫として働いていたが，15年ほど前からはゴルフ場に勤めた。20年前は夫婦で現金収入は100万円程度だったが，それでも食っていけた。「蚕さまさま」であった。

　現在は，1.2 aほどの畑でサトイモと大根を，連作は良くないので交互に栽培し，このほか，わずかばかりのカボチャ，大豆，ゴボウなどを栽培して

第1章 産業構造の変動と地域産業の消失

表1-4 高齢者農業の実態

調査農家	地区	家族構成・就業状況（続柄・年齢・職種）				耕地・山林				耕作放棄地	主な作物と販売額（万円）	後継者の有無
		農業専従者	兼業者	他産業従事者	無職者	他出者	田	畑	山林	樹園地		
1	上原	世帯主(68)	長男(50)造船業	嫁(45)サービス業	妻(70)	孫(23)塗装業 孫(20)鉱業	30 a	150 a	4 ha	0	20 a	米(自消) キュウリ(自消) カボチャ(自消) ソバ(自消) イモ(自消)	無
2	大岩	世帯主(70)	長男(48)JA職員		妻(72)	長女(46)卸売業 二男(44)公務員	30 a	10 a	5 ha	0	40 a (減反)	ミョウガ(40) ワラビ(6.5) 柿 ノビル 小豆(自消) 茶(自消)	無
3	吉尾	世帯主(77) 妻(71)	長男(47)会社員		嫁(47)	娘(不明) 娘(不明) 不明	80 a	10 a	10 ha	0	70 a (減反)	米(60) 大根(自消) キュウリ(自消) カボチャ(自消)	不明
4	吉尾	世帯主(69) 妻(62)				長男(38)公務員 長女(45) 二女(41)	35 a	35 a	12 ha	0	30 a (減反)	米(自消) 肉牛(15万/1頭) 野菜類(不明)	有
5	市居原	世帯主(71) 妻(62)				長男(38)会社員 長女(42)医療関係	10 a 借入地	20 a	5 ha	不明	20 a (減反)	米(自消) キュウリ(自消) 梅(自消) 桃(自消)	有
6	簸瀬	世帯主(63)	妻(61)サービス業			長女(38) 孫(6) 孫(1) 長男(35)不明	10 a 借入地	0.2 a	3 ha	0	0	野菜類(自消)	無

注）「主な作物と販売額（万円）」欄の（自消）は自家消費のことである。
資料）聞き取り調査（2003年7月29〜30日）より作成。

いる。樹園地では栗を栽培している。8月になるとイノシシが稲の籾を食べに来るので、田んぼの周囲には電線を張り巡らし、夜には電気を流している。イノシシの好物は唐薯。田んぼの小字名は牟田といい、約20年前に開墾したが、当時はズブズブの泥田だった。ここの稲は、5月5日頃に田植えをし、8月の初旬には開花し、「出穂みて20日」といわれ、8月下旬には刈り取りをする。ここの米は甘味があって大変美味しい。今年は天候が不順で、雨が多かったので3～4回消毒をしなければならなかった。

今は水田を50aもっているが、30aしかやっていない。新幹線工事のため水がなくなったからである。このほか畑を1.5ha持っているが、これはかつて養蚕をやっていた関係である。5，6年前に蚕をやめた後はサトイモとソバ、小豆を少し栽培している。現在は、集落の小学2年生と4年生の2人の児童を吉尾小学校まで送迎し、その後は畑仕事をして暮らしている。家を7時に出て学校には7時40分から50分頃に着き、この後、家に帰って山林に入って畑仕事をしたりしている。5時30分に学校に子供たちを迎えに行き、6時30分には家に帰る。あと10年もすると仕事ができなくなる。

養蚕が盛んな時は、長男が蚕をし、二・三男は出稼ぎをしていたが、出稼ぎ先で結婚して所帯をもっている。現在家族6人であるが、長男は八代の造船所に勤め、二・三男も同じ所に勤めている。長男の嫁はゴルフ場に勤めており、孫もいるがもうここには帰ってこない。

今栽培しているソバは、佐敷の海辺のレストラン「夕の海」に少し出して、後は親戚に少しずつ配っている。野菜づくりは家庭用のみ、市場は八代にあるがそこまで持って行くのが大変でなかなか作りきれない。今夏、ミョウガを少し市場に出したが、多少の収入になるので楽しみ。

健康であるうちは働き続けたいと考えており、市場がもっと近くにあれば、少しはそこに出したいとの意向も持っているようである。ゴールデンウィークに合わせて田植えを行い、ソバは、何十年も栽培していなかったが、町からの働きかけで始めて良かったと思っている。米を孫の所にも送ったり、野菜などは親戚にも送ったりしているようである。今後も少しずつ多

第1章　産業構造の変動と地域産業の消失　　23

写真6　耕作が放棄された田（吉尾地区）

様な作物を自家用に作り続けたいとの考えである。

　調査農家2（大岩）は，町役場に60歳まで勤め，退職してから農業を始めている。現在病気を抱えているが，身体の動くうちは現状の農業を続けたい意向である。長男が田植えや収穫を手伝ってくれるので，現状のまま続けたいとのこと。長男は家にいるが，農業だけで食べていけるほどの規模ではないので，専業で後継者というのは難しい。減反した40 aには，ミョウガ，ワラビ，ノビル，茶などを栽培している。ミョウガは芦北プラザ，スーパー，Aコープなどに出し，ワラビ，ノビルは東京の市場にJAを介して出荷している。粗収入は6.5万円ほどであるが，輸送費・手数料を引くと，5万円くらいの収入になるとのことである。小さな農業であるが，土地の産物をJAのルートで，東京まで出荷しており，高齢者農業の一つのあり方を示すものとして興味深い。

　調査農家3（吉尾）は，耕地の所有面積が，田だけで150 aと大きい。現在，このうち80 aで米を作り，70 aを減反に回している。山も10 ha持っていて，スギ・ヒノキを植林している。以前，減反には10 a当たり3～4万

表 1-5 耕作放棄地面積の推移

(単位：a)

地区	年	農家数	面積
大岩2地区	1970	—	—
	1975	—	—
	1980	7	81
	1985	2	22
	1990	9	113
	1995	12	125
	2000	11	136
吉尾地区	1970	—	—
	1975	—	—
	1980	6	63
	1985	3	32
	1990	8	52
	1995	8	69
	2000	10	205
上原地区	1970	—	—
	1975	8	113
	1980	8	86
	1985	—	—
	1990	10	627
	1995	10	239
	2000	13	801

資料)「2000年世界農林業センサス（農業集落カード）」より作成。

円もらっていたが、今は何もない。減反した田にはレンゲ草などを植えたりしている。この地区でも放置田が増えてきているが（写真6）、そのまま放置すると草がはえて使えなくなる（表1-5）。米は親戚や口コミなどの購入希望があり、このような形で販売しているが、野菜類は自家消費に回している。今でも減反している田で米を作りたい気持ちは十分あるが、この制度が続く限り、現状のままの農業を続けていくしかないとの考えである。減反政

策は，こうした中山間地の米づくりまで奪い，農業への思いや意欲を削ぎ，地域の生活の拠り所を崩壊させていった元凶ともいえよう。

調査農家4（吉尾）は，畑を妻に任せて畜産に力を注ぎ，90頭（雄82，牝8）の牛を肥育している。朝5時前後から働いているが，狭い土地で高い収益を目指している。将来も年齢が心配とのことであるが，できればアルバイトを2人ほど雇っても拡大したいと意欲的である。後継者は，長男がいずれは帰ってくるとの期待があり，どうにかなると考えている。なお，畑の作物はすべて「道の駅」で販売するようにしている。世帯主は，1955年頃ミカンを栽培していたが，その後はタバコに変わり，1965年頃から出稼ぎに出ている。神奈川・広島・京都・大阪と，わが国の高度経済成長期の間は，出稼ぎ者として県外で生活したことになる。

調査農家5（市居原）は，世帯主は10年前（60歳）まで町役場に勤めていたので，農業は休みの日に手伝う程度で，よくわからないとのことである。現在は夫婦2人で米・野菜のほか，樹園地ではウメ，モモなどを栽培しているが，ほとんど自家用である。耕地は棚田で農作業はやっかいである。長男は田植えや収穫など手伝ってくれるので，このまま農業は続けるとのことである。山林も5haを所有しているが，手入れはほとんどしない。

調査農家6（箙瀬）は，世帯主は学校卒業後，大工の見習いを5年，その後は長らく国鉄職員として勤めていた。そのため農業は本業ではないので，子供たちに農業を継がせる気持ちはないとのことである。畑作業は夫婦2人で行い，山には5haの山林にスギとヒノキを植えているが，手入れをしていない。野菜類はすべて自給用で，米は親戚から買ったりもらったりしている。

以上の聞き取り調査からも明らかなように，高齢者農業は，作物も多くは自家消費用に充てられ，生活に必要な収入の多くの部分は年金に頼っているといえよう。また，この地区の農家のほとんどは山林を所有しているが，収入源として期待することはできず，適当な生業もなかなか見あたらないうえに，後継者に期待することも難しい状況から，高齢者農業は厳しい状況に追

第Ⅰ部　山間地域の危機

表1-6　大岩2・吉尾・上原地区における農家・農業就業人口（1970～2000年）

地区	年	農家（戸）				農業就業人口	男			女		
		総数	専業	1種兼業	2種兼業		15～29歳	30～59歳	60歳以上	15～29歳	30～59歳	60歳以上
大岩2地区	1970	35	3	4	28	55	1	12	11	6	22	3
	1975	36	—	6	30	68	2	10	7	2	31	16
	1980	30	2	—	28	5	—	—	1	—	2	2
	1985	28	2	—	26	23	1	3	3	1	12	3
	1990	27	—	—	27	25	1	—	6	1	6	11
	1995	20	2	1	17	21	1	3	5	—	3	9
	2000	1	—	—	1	—	—	—	—	—	—	—
吉尾地区	1970	35	6	5	24	59	2	8	8	7	24	10
	1975	34	3	—	31	57	—	6	9	4	24	14
	1980	30	4	—	25	29	2	2	6	1	9	9
	1985	27	2	1	24	23	1	2	3	—	9	8
	1990	25	2	2	21	26	1	2	4	1	9	9
	1995	25	7	1	17	23	1	—	4	—	9	9
	2000	6	4	—	2	11	—	—	5	—	—	6
上原地区	1970	26	1	18	7	48	2	15	1	6	22	2
	1975	25	3	9	13	45	1	8	4	7	23	2
	1980	22	3	8	11	50	—	13	6	3	23	5
	1985	20	—	10	10	37	—	9	6	1	15	6
	1990	18	2	2	14	36	—	9	7	—	13	7
	1995	15	5	—	10	17	—	1	5	—	3	8
	2000	6	1	—	5	1	—	—	1	—	—	—

注1）表中の—印は該当数字なし。
　2）2000年に関しては販売農家の数値を記載した。
資料）「2000年世界農林業センサス（農業集落カード）」より作成。

い込まれているといえる。

　これまで述べてきた状況は，表1-6からも読み取れよう。各地区における農家数の減少と第2種兼業化の加速は，農業就業人口の減少と農業就業者の高齢化・女子就業者への依存となってあらわれている。

4．結びにかえて ——都市との交流・共生に向けた小さな取り組み——

　聞き取り調査でも明らかなように，この地域では「月にして収入が2，3日分というように，収入が相当に落ち込んできた」といい，1964年の東京オリンピック前の新幹線工事などに出稼ぎをする人が増えてきた。過疎化の始まりである。地区によっては減り続ける世帯の現状をみて，5年先，10年先の生活を心配する声が上がっている。暮らしの変化は激しかった。大きな時代のうねりに抗しきれず，押し流されていく山間地の小さな集落の姿がみえてくる。

　これまでを振り返ってみると，マツクイムシの被害の拡大や林業不況で山の仕事が消え，生活の近代化で次第に炭焼きの仕事もなくなっていった。以前からあった「詰山」といわれる山の仕事も，杉皮はぎも，和紙業も，カジ（楮^{コウゾ}）の栽培も，棕櫚縄づくりも消えていった。山の仕事がなくなるにつれて若い人たちは村を離れ，出稼ぎにでるようになった。村を支える産業が消えると，それに関連した仕事もなくなり，人々の暮らしが立ちいかなくなっていく。地域が衰退していくメカニズムをしっかりと押さえて，逆に地域づくりのシステムを考えていくことが，これからの課題である。

　土地の産物に目をやると茶，柿，栗など，主に自家用に栽培されてきたものは，けっして量が多いというわけではないが，今も小さな農業，営みとして成り立っている。それぞれの土地の特産品は，新たな販路の開拓や手づくり特産品など，知恵を出し合うことで大きな価値を生み出す可能性を秘めている。大切にしたいものである。

　高齢者農業の理解も深まった。ほとんどが身体の動く限り農業を続けたいという。まだまだ意欲をもって取り組もうとしている人がいる。小さな農業ながら，農協を介して作物を販売している人，唐薯を行商に託して売ってもらっている人，地元の市場やレストランに僅かな収穫物を出すことを楽しみにしている人もいる。こうしたきめ細かなネットワークづくりが必要となっ

てくる。高齢者農業を前向きに捉えて，生き甲斐のあるものとして育ていくことも大切である。

　今，何よりもそこに住む人たちの主体的な取り組みが求められている。行政と住民が連携したその動きがやっと目に見えたものとなってきた。その1つは小さな産業づくりである。消えた産業の復活，地域特産物の創造，新たな製品の開発などがある。幸い，この取り組みは町の後押しもあって，手漉きの「大河内紙」（大河内紙保存会）の復活（大岩・銅山地区），ソバづくり（上原そば組合），コンニャクづくり（大岩地区）と相次いでいる。

　もう1つは，都市との交流・共生への取り組みである。1998年に「大河内紙保存会」が発足し，1958年に消滅した手漉き和紙を復活した。保存会は楮蒸し，楮晒し，楮溶かし，紙漉き，天日干しなどの体験，さらに茶摘み，タケノコ掘り，楮切りなど「田舎の旬」の体験，「民泊」なども企画し，都市との交流・共生を図っている。

　上原の集落では，高齢者自らが生き甲斐をみつけようと，町指定の無形文化財の「臼太鼓踊り」を2001年に復活した。また，耕作放棄地になっている桑園を活用して特産のソバの栽培をはじめ，産地化に取り組んでいる。芦北町の「山間地における高齢者の生きがいづくり創出事業」の1つとして町の補助もある。2002年に「上原そば組合」を組織し，同年にソバの加工所も完成した。「焼畑と種まき農業体験ツアー」や「上原手刈り体験会」，「上原そば花見会と農作業会」など，多彩な企画で都市との交流・共生にも取り組みだした。そば粉，生そばの販売も行い，小さな産業づくりも実践している。

　芦北町も2004年から「ふるさと住民登録制度」をはじめ，都市住民との交流・共生を通して町の活性化を図ろうとしている。年会費は3,000円で，会員には「ふるさと住民票」を発行し，町の広報紙やイベント情報を郵送するほか，町営温泉無料入浴券（3回），田舎料理食べ放題，地酒ではなく自酒（焼酎）「夢あしきた」（300 ml，1本）が送られてくるなどの特典があり，このほか町の特産品を安く購入することもできる。

こうした小さな取り組みを維持・継続させるには，住民の意欲もさることながら，行政の資金面・人的面での細やかな支援や地域外からの助言・協力も必要であろう。

　だが10年後，現状のままでは集落の維持はきわめて困難な状況になることが懸念される。さらなる人口の減少で高齢化に拍車がかかり，耕作されない耕地も日ごと増えつつある。後継ぎの多くは帰ってくる意思はなく，大きな課題がこの後に控えている。

注および参考文献
1) 中安定子「基本農政から総合農政へ」経済評論9，特集／日本農業の再生を求めて，1976，20-30.
2) 佐伯尚美『農業経済学講義』東京大学出版会，1989，86-87.
3) 伊藤喜雄「農業生産の展開」全国農業協同組合編『現代日本農業論』筑波書房，1976，55-69.
4) 山中進「農業の動向」井上吉男編著『転換期の地方都市産業』中央経済社，1994，20-24.
5) 嘉田良平『農政の転換』有斐閣，1996，5-8.
6) 九州農政局『平成14年度　九州食料・農業・農村情勢報告』2003年および㈶農林統計協会『図説　食料・農業農村白書』（平成14年度版），2003年による。
7) 聞き取り調査は，2003年7月29，30日と8月11，12日に行った。この調査には，鬼塚　貞（70歳，大岩），松田稲雄（80歳，大岩），吉尾　博（77歳，吉尾），田中法義（69歳，吉尾），浅野睦雄（63歳，籠瀬），深川昭明（71歳，市居原），岩本武利（68歳，上原）の諸氏にご協力を頂いた。
8) 三浦保寿『熊本県新誌』日本書院，1963，288-291.
9) 吉尾博氏（吉尾）からの聞き取りによる（2004年12月3日）。
10) 『熊本日日新聞』2004年12月19日付記事，「原風景・山村に暮らす4」による。
11) 『熊本日日新聞』2004年12月16日付記事，「原風景・山村に暮らす1」による。

第2章

家族構成の変化と高齢化世帯の課題

はじめに

　地方の農山村地域から大都市地域への人口移動は今に始まったわけではないが，しかしそれによって，地方の農村で農業労働力の不足が問題になったり，大都市地域においては過度の人口集中によって，種々の都市問題が発生するようになってくるのは，1950年代半ばの高度経済成長の時代に入ってからのことである。

　一般的に国内の人口移動には，ごく近い距離の範囲を移動する local migration（地方的移動）と，都道府県の境を越えて転出・転入をする internal migration（国内移動）とがあり，特定の人口が大量に移動する現象は differential migration（差別移動）[1]といわれている。わが国の高度経済成長期には，大都市地域において重化学工業化が急速な進展をみせ，中学新卒ないしは高校新卒の若年層（15～19歳）を中心とした雇用が急速に拡大していった。地方の農山村からは若年層の転出が相次ぎ，多くは大都市地域の第2次産業の労働力として吸引されていったが，この時期，人口の国内移動の特徴は，きわめて differential migration の傾向が強かったといえよう。

　その後の日本経済は，1973年の石油危機で高度成長の時代は終わりを告げ，一時的に経済は低迷するが，1980年代以降，産業構造の国際比較優位の維持と経済安全保障の確立を目指して，産業構造の転換を推しすすめ，再び国際競争力を強化していった。ソフト化，サービス化，情報化，国際化

は，この時期を象徴するキーワードとなり，首都の「東京」には人や物，金，情報が再び集中していった。この所謂「東京一極集中」によって，一時沈静化していた地方の過疎化・高齢化の進行も再び活発化してくる。1987年の「第4次全国総合開発計画」は，高度な交通・通信ネットワークを整備することで，多極分散型の国土形成を目指したものであったが，皮肉にも，それがかえって「東京一極集中」を加速させることとなり，早々と計画の見直しを迫られることになった。

この間，過疎地域[2]に対する国の取り組みは，1970年の「過疎地域対策緊急措置法」の制定以来，1980年の「過疎地域振興特別措置法」，1990年の「過疎地域活性化特別措置法」，さらに2000年の「過疎地域自立促進特別措置法」と，政策面の支援策が継続的に講じられてきた。だが，総務省自治行政局過疎対策室の『平成14年度「過疎対策の現況」について』(2003年7月)によると，現在，過疎地域は人口では全国の6％ (755万人) を占めるに過ぎないが，面積では国土の約半分 (49.3％)，市町村数では4割弱 (1,203市町村，37.7％) を占めている。人口減少の推移をみても，1960～65年は11.3％であったのが，1965～70年には12.4％と，この間，著しく減少している。最近の1995～2000年では，5.5％の減少率となって激しい人口の流出はなくなったが，少子化に加え死亡数が増加の傾向にあることから，人口は減少の傾向にある。また，過疎地域は高齢化率も高く，2000年現在，65歳以上の高齢化率は29.2％ (全国平均17.3％) で，過疎地域の高齢化は，全国的にみて20年以上も先行しているといわれている。財政力もきわめて脆弱で，中核的な第1次産業も弱体化し，生活環境整備の面でも全国との格差がみられるなど，種々の問題が指摘されている。さらに深刻な課題は，過疎地域にある約4万9,000の集落のうち，10％において，生活扶助，生活補完，資源管理といった，集落機能の維持が困難になってきており，耕作放棄地の増大，獣害の発生，管理放棄林の増大，森林の荒廃，伝統的祭事の衰退，棚田・段々畑等の景観の荒廃，住宅の荒廃などが多くみられるとの指摘がなされている[3]。

第2章　家族構成の変化と高齢化世帯の課題

　先に高度経済成長期の人口の移動は，中学や高校の新卒就職者が，経済的に有利な大都市地域へ就職することが関係し，differential migration の傾向が強かったと述べたが，これはあくまでもこの時期の大きな特徴の1つであって，農村から都市へと人々を押し出す要因はきわめて多様である。進学のための移動もあれば，都会にあこがれての移動もあり，結婚による移動もある。また，年齢も必ずしも若年層ばかりではない。また，移動の範囲も local な移動もあれば，いったん local な移動の後，県域を越えて遠方へ移動する場合もある。また，人々を地域の外に押しやる要因も様々であり，地域のおかれている状況によって異なっている。そのため，上述した過疎地域の高齢化集落の抱える問題を考える場合も，それぞれの地域に即した取り組みが必要となる。

　今回，熊本県芦北町の大岩2・吉尾・上原（うわばる）の3地区を対象に，当該地区の過疎化・高齢化が，日本の高度経済成長期以降，どのような形で進行していったのかを，住民の移動・家族構成の変化から詳しく検討し，過疎地域の小規模な高齢化集落が直面する課題について検討した。調査は，2002年11月20，21日の両日，地区住民の協力を得て，各地区の公民館において，アンケート調査票をもとに，主に面接調査法によっておこなった。

　この調査は，ミクロな視点からの分析であるが，こうした小さな地域での事例の蓄積が，マクロなスケールの課題へとつながっていくものと考えた。さらに近年，グリーンツーリズムやルーラルツーリズム，都市と農村の交流・共生が盛んに叫ばれているが，こうした取り組みをするにしても地域の条件が十分でなかったり，中心となる人がいなかったりして，過疎化・高齢化のすすむままに流されていく小さな集落に目を向けていくことが，政策的にも必要なことであると考える。

1．芦北町の人口推移と大岩2・吉尾・上原地区の現況

　大岩2・吉尾・上原3地区の住民の移動，世帯構成の変化を述べる前に，こ

こで芦北町の人口推移と集落および農業の変化について，概略述べておくことにする。

　まず，芦北町の『町勢要覧資料編（2000年版）』によると，町の総面積は200.7 km²で，主な土地利用の内訳は，林野が162.78 km²（81.1％），耕地が13.98 km²（7.0％），宅地が2.85 km²（1.4％）となっている。このことからわかるように，町のほとんどが山地によって占められている。また，耕地面積の内訳を見てみると，田が8.22 km²（58.8％），畑が5.76 km²（41.2％）で，田と畑の割合は，ほぼ6：4である。

　1955年に佐敷町と大野村・吉尾村の1町2村が合併して葦北町の成立をみたが，その後，1970年に葦北・湯浦の2町が合併して芦北町となり今日に至っている。町の人口は，1955年の3町村合併時は28,418人（世帯数5,022）であったが，わが国経済が高度成長をとげるなかで，次第に人口は減少していく。それでも湯浦町と合併した1970年当時の人口は21,992人（世帯数5,101）であった。それも85年には19,855人にまで減じ，2000年現在の人口は17,021人となっている（図3-1参照）。

　次に，2000年の『世界農林業センサス（農業集落カード）』から，大岩2・吉尾・上原の3集落の現況について触れておくことにする（表2-1）。

　3つの集落は，いずれも地勢的には山間地に分類されている。そのなかで最も高い位置にあるのが上原の集落で，標高が420 mである。3集落は，ともに林野率が高く，逆に耕地率が10％未満である。ただ，上原地区は1970年に大規模な桑園の造成（団体営パイロット上原地区）がおこなわれたことから，他の2つの集落より耕地率がやや高くなっている。総戸数と農家戸数の変化を述べると，表2-1には示していないが，1970年当時，上原の総戸数は27戸で，このうち農家戸数は26戸（農家率96.4％）であった。大岩2地区では総戸数が48戸で，農家戸数が35戸（同72.9％），吉尾地区は総戸数52戸に対し，農家戸数は35戸（同67.3％）であった。これが2000年には，表2-1に示したように上原の総戸数は24戸となり，農家戸数は14戸（農家率58.3％），大岩2では総戸数43戸に対し，農家戸数が14戸（同

第2章　家族構成の変化と高齢化世帯の課題　　　35

表 2-1　大岩2・吉尾・上原集落の現況 (2000)

事　　項	大 岩 2	吉　　尾	上　　原
中心地の標高 (m)	120	80	420
地勢	山間	山間	山間
集落の戸数			
総戸数	43	43	24
農家数	14 (32.6)	18 (41.9)	14 (58.3)
非農家数	29 (67.4)	25 (58.1)	10 (41.7)
面積規模区分			
総面積 (ha)	300〜400	300〜400	300〜400
林野 (ha)	300〜400	300〜400	200〜300
林野率	90％以上	90％以上	80〜90％
耕地率	10％未満	10％未満	10〜20％

注) ( ) 内の数字は％。
資料)「2000年世界農林業センサス (農業集落カード)」より作成。

32.6％) に減じ, 吉尾も総戸数43戸に対し, 農家戸数は18戸 (同41.9％) になっている。3集落の農家数は, この30年間に半減あるいはそれ以上の減少をみたことになる。過疎が騒がれ, 各集落の戸数の減少もさることながら, 地区内の農家の減少が著しく, いかにこの間, 農業の構造的な変化が大きかったかがうかがわれる。

　大岩2・吉尾・上原3集落の農家構造は, 芦北町の人口が高度経済成長期以降, 急速に減少をみるようになった時期と軌を一にし, 兼業化が進行している。その後も町の人口は減り続け, そのなかで1990年以降, 3地区では農家戸数の減少, 第2種兼業農家および自給的農家の急増, 兼業の変化が顕著にみられ, 農業の後退が急速に進展していった。男女別・年齢階層別の農業就業構造の変化をみても, 上原地区では1985年頃には, すでに15歳から39歳までの基幹的な男子の農業就業者はほとんどみられなくなり, 大岩2地区では1980年にこの年齢階層に属する農業就業者はいなくなっている。この時期, 農業の担い手は40歳から59歳の年齢層が主であったが, 1990年代になると60歳以上の年齢層に移行し, 高齢化が進んでいる。3集落の

なかでも比較的耕地に恵まれた吉尾地区も95年以降急速に高齢化が進行していった[4]。

2. 大岩2・吉尾・上原地区における住民の移動と過疎化・高齢化

この調査は,芦北町の大岩2・吉尾・上原の3地区の世帯を対象に,わが国の高度経済成長期以降における地域住民の移動や就業の実態を通して,家族構成の変化や過疎化・高齢化の進展状況などを把握し,過疎・高齢化集落のおかれている課題・方策について検討するために実施したものである。調査結果は表化したが,その1つは世帯別の就業状況および他出者の現状についてであり(表2-2・4・6),もう1つは家族の移動と家族構成の推移を年次的にまとめたものである(表2-3・5・7)。これによって,すべてではないが各地区における家族の出生・死亡や他出・帰郷の時期と併せて,家族構成の変化がどのようにすすんでいったかの,おおかたの把握は可能である。

以下,これらの表をもとに,各地区ごとの状況を述べていくが,3地区の世帯数は,2001年12月末現在で,大岩2が43,吉尾40,上原24である(『平成13年版 町政要覧資料編』)。

(1) 大岩2地区

調査の結果,有効と認められた調査票は11世帯(25.6％)であった。数の上で多少問題があるが,一応,今回は有効な回答を得た範囲のなかで考察していくことにした。

まず,この地区の世帯別就業状況と他出者の現状を表2-2から見てみると,調査世帯11のうち,世帯主が65歳以上のところは6世帯であった。また,世帯主だけ,世帯主と妻,妻と子供,世帯主と母など,1人ないし2人だけのところは4世帯で,65歳以上の高齢者のほとんどは,きまった職に就いていない状況である。また,どの世帯も地域的条件が不利な山間地の集落ということもあって(図2-1),農林業を専業とする者はなく,農業のほ

第2章　家族構成の変化と高齢化世帯の課題

表2-2　大岩2地区における世帯別就業状況と他出者の現状

世帯番号	就業構造					他出者						最多家族数・年	
	続柄	年齢	就業状況			続柄	年齢	就業状況			帰郷		
			職業等	地域	年			職業等	地域	年	有無	回数	人数	西暦年
1	世 妻 弟	(73) (66) (65)	F F F			長女	(46)	結　婚	芦北町	71			4	1955
2	世 妻 母	(76) (70) (101)	F F F			長男 二男 三男 長女	(52) (50) (49) (46)	会社員 会社員 自営業 結　婚	大阪市 神奈川県 愛知県 湯浦町	68 67 68 76	● ● ● |	0/Y 0/Y 1/Y 4/M	7	1967
3	世 妻 長女 母	(65) (62) (34) (94)	D D 公務員 F	芦北町	87	二女 長男	(31) (29)	看護師	久留米市 熊本市	91 97	●		7	1964
4	世	(79)	F			長女 二女 長男 二男 三男	(55) (53) (51) (49) (46)	結　婚 病　院 会社員 会社員 会社員	横浜市 東京都 神奈川県 岐阜県 東京都	68 69 75 66 72	● ● ● ●		7	1956
5	妻 二男	(71) (44)	F 大　工		01	長男 長男 二女	(51) (48) (41)	結　婚 会社員 会社員	岡山県 益城町 芦北町	68 73 97	● ●	2/Y 2/Y 1/M	6	1961
6	世 妻	(67) (60)	F F			長女 長男	(34) (32)	看護師 会社員	熊本市 八代市	86 94	● ●	1,2/Y 1/M	6	1970
7	世 妻 二女 母	(54) (48) (18) (80)	B 会社員 F	田浦町	不明	長男 長男	(23) (21)	会社員 会社員	熊本市 愛知県	02 99	● ○	1/M 3/Y	7	1984
8	世 妻 長女 母	(65) (62) (33) (94)	F F 団体職員 F	八代市	91	二女 長男	(31) (28)	看護師 会社員	久留米市 熊本市	89 97	● ●	2/Y 2/Y	5	1974
9	世(長男) 妻 長男 母	(60) (58) (29) (79)	D 団体職員 会社員 F	芦北町	98	長男 二女 二男	(33) (31) (27)	結　婚 結　婚 会社員	八代市 芦北町 熊本市	93 94 94	●	1/M 1/M 1/M	7	1998
10	世 妻 二男 母	 (31) 	ｶﾞｿﾘﾝｽﾀﾝﾄﾞ F 会社員 	八代市	00	長男 長男 二女	(38) (36) (33)	公務員 結　婚 結　婚	埼玉県 香川県 八代市	81 00 92	●	0.5/Y 3/Y 2,3/M	7	1975
11	世 母	(52) (80)	自営業 F		83	長女	(55)	結　婚	福岡市	69		3,4/Y	3	1963

注1）表中の続柄欄の世は世帯主
　2）就業状況のアルファベットの意味は，次の通りである。
　　　A：農林業専業　B：A＋土建業　C：A＋自営　D：A＋その他　E：その他　F：無職
　3）他出者欄の●は帰郷の意思なし。○は帰郷の意思あり。
　　　帰郷回数欄の1/Yは年1回，1/Mは月1回，1/Wは週1回の意味である。
資料）アンケート調査結果（2002年11月20～21日）による。

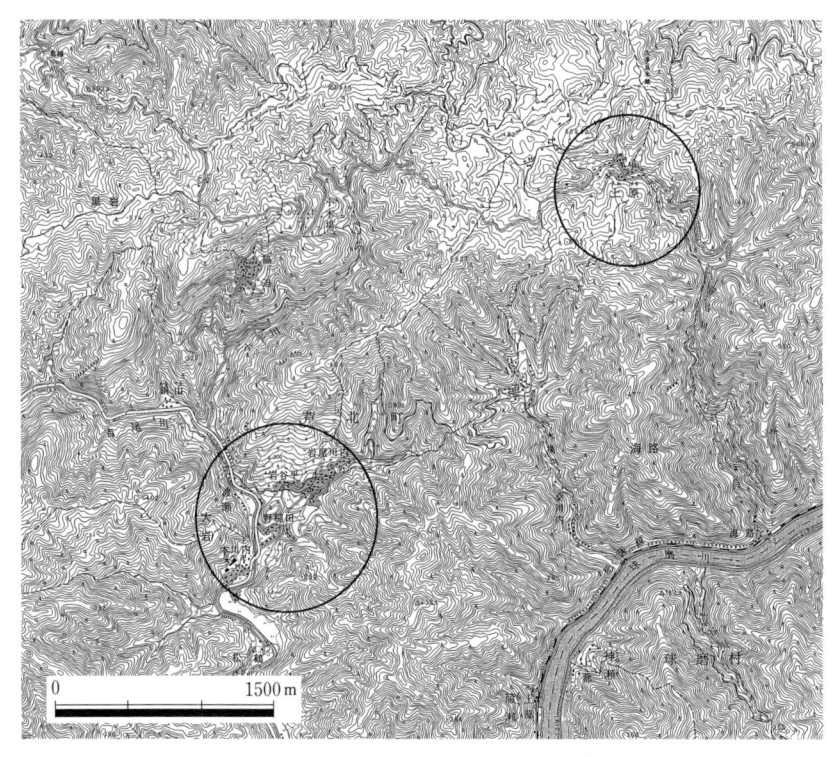

資料）国土地理院 平成10年12月1日発行，2.5万分の1地形図「田浦」図幅による．

図2-1 大岩・上原地区の概観

かに何らかの仕事に従事する者がわずかにいる程度である。世帯主以外の妻や同居の子供たちも，会社員や団体職員だったり，自営業を営んだりで，農業に従事しておらず，山間地集落の農業の衰退が著しいことを示している。最も家族数が多かった時の人数をみてみると，世帯によって時期が異なるが，7人が6世帯，6人が2世帯で，6人以上を数える世帯が多かったことがうかがえる。しかし現在は，子供たちがこの地を離れていったために，多いところでも1世帯の人数は4人である。4人家族のところは5世帯である

が，これらの世帯では子供1人が親と同居していて，地元の芦北町や近接の田浦町，八代市などに勤めの場を持っている。

次に他出者に目を移すと，就職や結婚などで他の地域に出た者の行き先は，28名のうち県外が15名で，東京・名古屋・大阪の3大都市圏[5]に9名，福岡県（福岡・久留米市）3名，その他が3名となっている。県内では熊本市が5名，八代市と町内が各3名，湯浦町と益城町が各1名で，熊本市と八代市が主な移動先となっている。

この地区を離れた時期に着目すると，調査世帯の2と4のように，高度経済成長期から1970年代頃までに就職のため他出したものは，県外では3大都市圏への流出であり，この時期の人口移動の特徴を示す動きといえる。とくに愛知・神奈川両県への転出者は，多くは自動車産業への就職であった。子供たちが故郷を離れていくことで，過疎化の進展する兆しがうかがえる。この後は，調査世帯の3・6・8・9のように，高度経済成長期およびその直後に生まれた世代が，80年代の半ばから90年代初めにかけて流出し，80年前後に出生した世代は90年代半ばに他出している。この時期の特徴は，県外へ出るよりも県内の移動が多いことである。

なお，女子の場合，結婚による移動も多く，その場合は同じ町内か，あるいは近接の市町村への移動が多い。また，結婚で県外に居住している者は，まず就職のために県外に出て，そこで結婚をし，そのまま県外で生活するという場合が多く，必ずしもすべてが結婚のため県外に出るということではない。同様に，表2-2の他出者の就業状況欄の「地域」と「年」の項には，現在の居住地が記載してあるが，ここに至るまでに転職や結婚で居住地が変わったり，転出後も一度は帰郷し，ふたたび転出をしたり，進学のため転出した後，就職によって居住地が変わったりと，その動きはきわめて多様で，これだけで移動の動向を即断することはできない。ここに示された以前の動向の検討も必要となる。

表2-3から少し詳しく検討してみると，世帯番号1の長女は，表2-2では1971年に結婚して芦北町に居住しているようになっているが，中学卒業

表 2-3 大岩 2 地区における家族構成の変化と移動の実態

世帯番号	家族構成		55	56	57	58	59	60	61	62	63	64	65	66	67	68	69	70	71	72	73	74	75	76
																			移　動　の　実　態					
1	世 (73)	妻 (66)	□ 1d 4												● 1d 3 就				○○ 1d 3 結					
2	世 (76)　妻 (70) 長男(52)　二男(50) 三男(49)　長女(46) 母 (101)		□ 1d 8												● 2s 7 就	●● 1s 3s 5 就						● 1d 4 進	○ 1d 4
3	世 (65)　妻 (62) 長女(34)　二女(31) 長男(29)　母 (94)												○		□ 1d 4			□ 2d 5 6		□ 1s 7		
4	世 (79)　長女(55) 二女(53)　長男(51) 二男(49)　三男(46)		□ 3s 7					● 1d 6 就	● 2d 5 就	h 4	● 1s 3 就		● 2s 2					● 3s 1 就			◎ h 2		
5	妻 (71)　長女(51) 長男(48)　二女(44) 二女(41)					□ 2s 5			□ 2d 6				● 1d 5 就						● 1s 4 就	● 2s 3 就	● 2d 2 進		
6	世 (67)　妻 (60) 長男(34)　長女(32)												○	□ 1s 4	□ 1d 5							
7	世 (54)　妻 (48) 長女(23)　長男(21) 二女(18)　母 (80)														● h 2 就								◎ h 3
8	世 (65)　妻 (62) 長女(33)　二女(31) 長男(28)　母 (94)											○	● h,w 3　1		□ 1d 2			□ 2d 3		◎ w	□ 1s 5	
9	世 (60)　妻 (58) 長女(33)　二女(31) 長男(29)　二男(27) 母 (79)					● h 2 就											□ 1d 4		□ 2d 5	□ 1s 6	□ 2s 7		
10	世　　　　妻 長男(38)　長女(36) 二女(33)　二男(31) 母																			◎ 7 転入		
11	世 (52)　母 (80) 長女(55)								● 1s 3 就	● h 2 就	○ 2s 2											

注 1) 家族構成欄の世は世帯主，数字は年齢。
　2) 表中の■は死亡，□は出生，●は他出，○は結婚，◎は帰郷 (u：U ターン，婚：結婚)，他はその他である。
　3) 表中のアルファベットおよび数字の意味は，次の通りである。
　　　1s：長男　　2s：二男　　3s：三男　　1d：長女　　2d：二女　　3d：三女
　　　f：父　　m：母　　h：夫　　w：妻　　gf：祖父　　gm：祖母　　gc：孫
　4) 表中のゴチック体の数字は，当時の家族数である。
資料) アンケート調査結果 (2002 年 11 月 20～21 日) による。

第 2 章　家族構成の変化と高齢化世帯の課題　　　　　　　　　*41*

(西暦年)																										内訳		
77	78	79	80	81	82	83	84	85	86	87	88	89	90	91	92	93	94	95	96	97	98	99	00	01	02	現在	他出	合計
																										3	0	3
						■ f 3																				3	4	7
									● 1d 6 就	■ f 5	◎ 1d 5 進	● 2d 5		● 1s 4 進											4	2	6
																						■ w 1				1	5	6
				● 2d 2 就				○ 2d 2												■ h 1				◎ 2s 2 u		2	3	5
						■ f 5	■● m 1s 3							● 1d 2												2	2	4
			○□ 1d 5		□ 1s 6		□ 2d 7												■ f 6		● 1d 5 進	● 1s 4 就				4	2	6
									● 1d 4 進		● 2d 3 就	◎ 1d,h 5 u		● 1s 4 進												4	2	6
											◎● h 1d 2d 7 6 u 就 就	● 2d 6 就		● 2s 5 進	● 1s 4	○ 1d 4	● 2d 3			◎ 1s 4 u				■ f 3		4	3	7
			● 1s 6 就		● 1d 5 進			◎ 1d 6 進	● 2d 5 進	● 2s 3 婚	◎ 2d 4			● 2d 3 婚								◎ 2s,w,1d,2d 4 u				4	3	7
					◎ h 3									■ f 2												2	1	3

後の67年に転出し，熊本市内で4年間働いている。番号2の世帯は，表2-2の記載通り長男，二男，三男が，それぞれ集団就職で大阪，神奈川，愛知へ転出したが，今もそこで生活し，いずれも帰郷の意思はない。しかし，長女は74年に熊本市内の短大に進学し，76年に結婚して湯浦町で暮らすことになる。番号4の世帯では，長女が1968年に結婚して横浜に住んだようになっているが，実は1960年の中学卒業と同時に熊本市に出て就職し，定時制高校にも通っている。その後63年に愛知県へ，67年には横浜市に移り，そこで68年に結婚して現在に至っている。二女も中学卒業（62年）と同時に福岡市に出て働くが，66年に結婚して厚木市に移り，69年からは八王子市で暮らすこととなり，現在に至っている。63年には夫（世帯主）も出稼ぎで東京に出て行くが，74年に帰郷し，その後は大岩で農林業に従事している。長男と二男は，いずれも中学卒業と同時に就職のため出て行ったが，長男は67年に一度帰郷し，翌年，再び就職のため神奈川県に転出し，この間定時制の高校に通い，75年に現在の職に就いている。三男は72年水俣市の高校を卒業後，厚木市にある企業に就職し，現在に至っている。

　世帯番号5の二男は，現在は母親と同居しているが，1974年に就職で熊本市内に転出し，2001年に帰郷したものである。番号7の夫（世帯主）も，1968年に大阪に出稼ぎに出て建設業に従事したが，76年に帰郷している。世帯番号8は，1965年に結婚し，就職で広島県呉市に出て行くが，勤務の関係で74年には佐世保，80年には下関へ移り，90年に大岩に帰ってきている。番号9の世帯主も，中学卒業後の1958年に就職で大岩を離れるが，64年からは田浦町で会社員として働き，大岩には88年に戻っている。番号10の世帯は，黒岩から大岩に転入してきた世帯であるが，子供たちは就職や進学で相次いで出て行っている。ただ，二男の家族は2000年に帰郷している。番号11の世帯も，夫（世帯主）が中学卒業と同時（1965年）に大阪に就職のため大岩を離れている。83年に帰郷，その後は自営業を営んでいる。長女は69年に結婚しているが，実は大岩を出たのは中学卒業の63年である。福岡に出て行くが，そこで結婚して現在に至っている。

第2章　家族構成の変化と高齢化世帯の課題

次に帰省する回数をみると，県外に出て行った者は，ほぼ年に2～3回である。盆と暮れには帰省していると考えてよいであろう。転出先が県内の場合は，月に1回程度がほとんどで，なかでも近接の市町村に居住している場合は，月3回から4回という者もいる。とくに結婚して八代市や湯浦町など，近くの市町に住む長女・二女などが親を訪ねる頻度が高い。

全体の傾向を表2-3から見渡してみると，高度経済成長期以降しばらくは，現在の世帯主の世代が出稼ぎなどで村を離れ，その子供たちも中学卒業と同時に就職のために転出し，家族数を減じる世帯もある。一方，高度経済成長期後半から70年代半ばにかけては，いわゆる団塊の世代といわれる人たちが結婚し子供を持つ頃で，家族数が増える世帯もみられる。人口の社会減に対して出生もあったわけで，この傾向は80年代前半まで続いている。しかし，80年代後半から90年代に入ると，家族の構成が大きく変化してくる。団塊の世代の子供たちの多くは，進学や就職のために外に出て行き，高齢化が一気に進行する。他出した子供たちは，その後大岩に帰ることもなく，80年代半ば以降，調査の対象となった世帯のどこからも，新たに生まれてくる子供のいない状態が続き，逆に高齢者の死亡が目にとまる。人口の自然減と社会減が同時に進行することになる。さらに，この土地を離れた子供たちのほとんどが，現時点では郷里に帰るという意思を持っていないこともわかり，過疎化・高齢化がきわめて深刻な事態に直面していることを示している。ただ，一部の動きであるが，90年代後半以降，女子のいわゆるUターンも散見するが，過疎化の進行を緩和するほどの大きな流れにはなっていない。

(2) 吉尾地区

この地区では（図2-2），有効回答を得た18世帯（45.0％）をみていくことにする。前回と同様に，まず表2-4から世帯別の就業状況と他出者の状況をみると，世帯主が65歳以上の世帯は10を数え，高齢化世帯が6割にのぼっている。さらに夫婦2人の世帯と夫あるいは妻だけの1人世帯を合わ

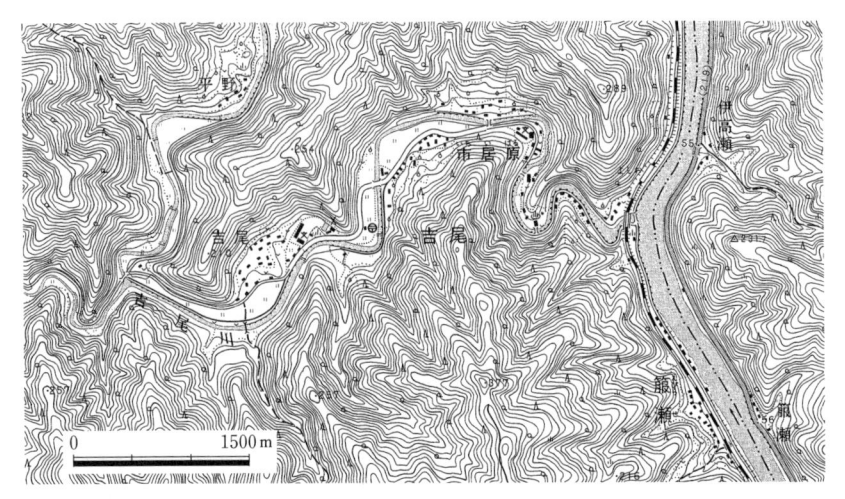

資料）国土地理院 平成10年12月1日発行，2.5万分の1地形図「佐敷」図幅による。

図 2-2 吉尾地区の概観

せた数も11を数え，これも6割を占めている。65歳以上の高齢者のほとんどは職に就いていないが，3の世帯のように夫婦で畜産業を営む農家もある。また，この地区には2・10・13・14の世帯のように，他出者がなく芦北町や八代市，田浦町などに勤めを持つ世帯もあり，調査世帯の2と10は，親・子・孫の3代が同居している。この調査の限りでは，吉尾地区には高齢者だけの世帯も6割を占めるが，一方で，他出者がなく家族が同居して暮らす世帯も存在することが注目される。しかし，前述した大岩2地区と同様に，農業に従事する者はほとんどみられず，衰退が著しい。

　次に他出者についてみてみると，県外に居住する者は15名，県内は18名で，大岩2地区とは違って県内の方が多くなっている。県外に居住する者のうち，3大都市圏に住む者は7名であるが，このうち高度経済成長期に他出した者は世帯番号16の3名で，いずれも千葉県への転出である。あとは世帯番号15・17のように，70年代半ばに北九州への転出者がみられる。吉尾地区では，調査の限りでは高度経済成長期に中学・高校卒業後に3大都市圏

第2章　家族構成の変化と高齢化世帯の課題

表2-4　吉尾地区における世帯別就業状況と他出者の現状

世帯番号	就業構造					他出者						最多家族数・年	
	続柄	年齢	就業状況			続柄	年齢	就業状況			帰郷回数	人数	西暦年
			職業等	地域	年			職業等	地域	年	有無		
1	世	(77)	F			長男	(47)	公務員	京都市	74	●		6	1966
	妻	(72)	A			長女	(44)	看護師	熊本市	84	●	多数		
						二男	(41)	公務員	熊本市	80	●	多数		
						二女	(36)	看護師	熊本市			3/Y		
2	世	(75)	F										6	1993
	妻	(67)	F											
	長男	(47)	団体職員	芦北町	73									
	嫁	(44)	銀行員	芦北町	87									
	孫	(11)	F											
	孫	(9)	F											
3	世	(68)	畜産業	芦北町	86	長女	(41)	保母	天草町	90	○	2/Y	7	1966
	妻	(63)	畜産業	芦北町	87	二女	(38)	店員	八代市	01	○	1/W		
						長男	(36)	公務員	徳島県	85	○	1/Y		
4	世	(59)	会社員	芦北町	72	長男	(28)	会社員	八代市	99	●	1/M	5	1976
	妻	(54)	会社員	芦北町	95									
	二男	(26)	会社員	人吉市	95									
5	世	(72)	F			長女	(49)		芦北町	85	○	多数	4	1960
	妻	(67)	F											
	二女	(42)	サービス業	坂本村	01									
6	世	(59)	住職	芦北町	88	長女	(27)	会社員	水俣市	95	●	6/Y	6	1982
	妻	(49)	会社員	芦北町	94	二女	(25)	結婚	静岡県	00	●	0		
	二男	(21)	会社員	八代市	99	長男	(23)	会社員	鹿児島県	97	●	2/Y		
7	世	(58)	会社員	八代市	63	長男	(25)	会社員	八代市	95	○	1/W	4	1989
	妻	(55)	F			二男	(23)	医師	八代市	00	●	2/W		
8	妻	(72)				長女	(49)	結婚	愛媛県	74		1/Y	6	1957
						長男	(45)	会社員	益城町	76	○	2/Y		
9	世	(66)	F			長男	(40)	公務員	八代市	82	●	5/Y		
	妻	(61)	F			長女	(31)	結婚	八代市	97		3/M		
10	世	(55)	会社員	八代市	70								7	2000
	妻	(53)	清掃業	八代市	02									
	長女	(31)	施設職員	田浦町	97									
	長男	(28)	会社員	八代市	91									
	母	(80)	F											
	孫	(3)	F											

11	妻		F		長女 二女 三女	(53) (50) (47)	結　婚 結　婚 結　婚	大 分 県 熊 本 市 大 分 県	69 76 77		3,4/Y 1/M 2/Y	5	1955
12	世 妻	(51) (52)	会 社 員 会 社 員	八代市 田浦町	93 86	長女 長男	(27) (24)	結　婚 会社員	埼 玉 県 大 阪 市	01 96 ○	3/Y 3/Y	6	1978
13	世 妻 長男	(66) (63) (40)	F F 会 社 員	八代市	80							3	1962
14	妻 長女 二女 母	(47) (22) (18) (88)	F F F F									5	1984
15	世 妻	(74) (69)	F F			長女 長男 二男	(48) (47) (46)	結　婚 会社員 会社員	八 代 市 北九州市 人 吉 市	86 75 ● 77 ○	1/M 2,3/Y 2,3/M	6	1957
16	世 妻	(80) (75)	F F			長男 二男 三男 長女	(53) (50) (46) (44)	会社員 会社員 会社員 結　婚	千 葉 県 千 葉 県 千 葉 県 三 重 県	68 ○ 71 72 ●	2/Y 2/Y 2/Y 2,3/Y	7	1968
17	世 妻	(76) (70)	F F			長女 長男 二女	(49) (47) (43)	結　婚 会社員 結　婚	北九州市 八 代 市 松 橋 町	77 74 ○ 85	2/Y 1/M 1/M	7	1959
18	世	(65)	F									1	1956

注）資料および注は表2-2と同じ。

　へ就職のため他出した者は少ないようである。ただ，本表の他出者欄の就業状況内の「地域」と「年」は，前にも述べたように現在の実態を示したものである。

　そこで，改めて表2-5をもとに検討してみると，たとえば，表2-4には記載されていないが，番号9の世帯では，夫（世帯主）が農林業と土木業との兼業で生活していたが，65年に京都に出稼ぎに出て3年間働いた後，九州に戻り，福岡を中心に土建業に従事し，1986年からは熊本市で土建業に従事し，2002年に退職して帰郷している。また世帯番号11では，長女が1965年に大学進学のため熊本市に転出し，二女も67年に高校進学のため熊

本市に移っている。長女は67年に保育士となり湯浦町で勤務した後，69年に結婚をして，現在は大分市で主婦として暮らしている。二女は70年に延岡の看護学校に行き，73年からは熊本市で看護師として勤務した後，76年に結婚，現在も熊本市で生活している。

世帯番号12の妻も本表には記していないが，1964年に中学卒業と同時に就職のため，岐阜県大垣市の紡績工場に働きに出ている。その後69年には大阪の専門学校に通い，72年に帰郷して，73年に結婚している。また，世帯番号15の世帯主も，1959年に吉尾を離れて以来，89年頃まで各地を転々としながら土木作業の仕事に従事したという。帰郷後は，農林業や土木作業の仕事をしながら，現在に至っている。16の世帯も，長女や長男たちが高校卒業後，千葉県に転出し会社員として働いている。17の世帯主も，1971年に千葉県に就職し，77年に帰郷している。長女も72年に大阪へ働きに出た後，77年に結婚して北九州で暮らしている。長男は74年に高校を卒業して富山に転出したが，75年に八代市に戻って，現在そこで会社員として働いている。二女は85年に高校卒業し，吉尾で保母さんとして働いていたが，85年に結婚して松橋町で生活している。

他出者の帰省の回数は，大岩2の場合と大きな違いはないといえる。県外で暮らす者は，盆・暮れの年2回の帰省が多く，熊本市や八代市などに住む者は，月に1回というのもあるが，週に1から2回，頻繁にというのもある。吉尾地区の場合，将来，帰省する意思があるかどうかの問いについて，帰省したいと答えた者の数は多く，先の大岩2地区とは異なった傾向が見られる。

(3) 上原地区

ここでは，15世帯（62.5％）を検討していくことにする。まず，表2-6により世帯別の就業状況や他出者の現状についてみていくと，世帯主が65歳以上の高齢者世帯は7を数えるが，世帯番号2・5・7のように，子供が親と同居している世帯もある。1人世帯または夫婦2人の高齢者世帯は，

表 2-5　吉尾地区における家族構成の変化と移動の実態

世帯番号	家族構成		55	56	57	58	59	60	61	62	63	64	65	66	67	68	69	70	71	72	73	74	75	76
1	世 (77)　妻 (72)　長男(47)　長女(44)　二男(41)　二女(36)		□ 1s 3			□ 1d 4			□ 2s 5 就					□ 2d 6							● 1s 5		
2	世 (75)　妻 (67)　長男(47)　嫁 (44)　孫 (11)　孫 (9)		□ 1s 3																		● 1s 2 就			
3	世 (68)　妻 (63)　長男(41)　二女(38)　長男(36)						○ 4		□ 1d 5		□ 2d 6	□ 1s 7												
4	世 (59)　妻 (54)　長男(28)　二男(26)																			○ 3	□ 1s 4		□ 2s 5	
5	世 (72)　妻 (67)　長女(49)　二女(42)						□ 2s 4							● 1d 3 就							● 2d 2 就		
6	世 (59)　妻 (49)　長女(27)　二女(25)　長男(23)　二男(21)																				○□ 1d 3			
7	世 (58)　妻 (55)　長男(25)　二男(23)																		○ 2					
8	妻 (72)　長女(49)　長男(45)		□ 2d 5			□ 1s 6							□ 2d 5							● 1d 4 婚	● 1s 3 就		
9	世 (66)　妻 (61)　長男(40)　長女(31)					■ f 3			□ 1s 4		■ m 3	h 2 就			□ 1d 3								
10	世 (55)　妻 (53)　長女(31)　長男(28)　嫁 (40)　母 (80)　孫 (3)																○ 4	□ 1d 5		□ 1s 6			
11	妻 (53)　長男(53)　二女(50)　三女(47)		□ 3d 5						● 1d 4 進	● 2d 3 進		○ 1d			● 3d 2 進			□ 2d 2			
12	世 (51)　妻 (52)　長男(27)　長男(24)																◎ w 3 u	○ 4	□ 1d 5				
13	世 (66)　妻 (63)　長男(40)							□ 1s 3															
14	妻 (47)　長女(22)　二女(18)　母 (88)							■ f 2															
15	世 (74)　妻 (69)　長女(48)　長男(47)　二男(46)		□ 1d 4	□ 1s 5		□ 2s 6	■ m 5	● h 4 就							● 1d 3						● 1s 2 就		
16	世 (80)　妻 (75)　長男(53)　二男(50)　三男(46)　長女(44)		□ 3s 7			□ 1d 8							● 1s 7 就	■ f 1d 5 他	●● 1s 2s 3 2 就	● 3s 2					◎ h 3	
17	世 (76)　妻 (70)　長女(49)　長男(47)　二女(43)		□ 1s 6			□ 2d 7											● h 5 就	□ 1d 5 就		□ 1s 4 就		
18	世 (65)		● h 0 就	◎ h 1																			

注）資料および注は，表2-3と同じ．

(西暦年)	77	78	79	80	81	82	83	84	85	86	87	88	89	90	91	92	93	94	95	96	97	98	99	00	01	02	現在	他出	合計
		●1d/4/進	●2s/3/就					2d/2/就																			2	4	6
	◎1s/3							○w/4							□gc/5	□gc/6											6	0	6
		●1d/6/就				●2d/5/就		■m/4	●1s/3/就						■f/2	○1d/2											2	3	5
								m/4													●1s/3/就						3	1	4
	○1d/2	○2d/2				◎2d/3		◎1d/4																			4	0	4
	□2d/4	□1s/5				□2s/6												●1s/5/進	●1d/4/就	●2s/3/進 ○2d1d/2		◎2s/3	◎2d/3				3	3	6
	●1s/3	●2s/4																●1s/3/就	●2s/2/進								2	2	4
	■m/2	■h/1																									1	2	3
							●1s/2/就								1d/1/就					○1d/1					◎h/2		2	3	4
						■f/5											●1d/4/進			●1s/6	○1d/5/就	□gc/7					7	0	7
	○3d/2																	■h/1									1	3	4
		□1s/6	■gm/5	●gs/4													●1d/3/就		●1s/2/就				○1s/2				2	2	4
																											3	0	3
		○1d/3	□1d/4			□2d/5															●1d/4/進				■h/3		3	1	4
	●2s/1				◎1d/2			●1d/1/婚		◎h/2																	2	3	5
								■m/2																			2	4	6
	◎h/5					●2d/4/婚			■f/3																■m/2		2	3	5
																											1	0	1

第Ⅰ部　山間地域の危機

表2-6　上原地区における世帯別就業状況と他出者の現状

世帯番号	就業構造					他出者						最多家族数・年	
	続柄	年齢	就業状況			続柄	年齢	就業状況			帰郷回数	人数	西暦年
			職業等	地域	年			職業等	地域	年	有無		
1	世	(55)	製材所	八代市	83	長女	(28)	会社員	熊本市	02	●	6/Y	6	1979
	妻	(52)	旅館	芦北町	02	長男	(26)	会社員	静岡県	97	●	2/Y		
						二男	(23)	会社員	熊本市	98	●	1/M		
2	世	(69)	日稼ぎ	芦北町	97	長男	(46)	自営業	八代市	78	●	2/Y	8	1969
	妻	(69)	F											
	二男	(43)	会社員	八代市	00									
	二男妻	(38)	日稼ぎ	芦北町	01									
3	世	(66)	F			長女	(36)	結婚	人吉市	97		1/W	6	1975
	妻	(58)	F			二男	(43)	会社員	大阪市	86	●	1/Y		
4	世	(59)	F			長男	(30)	会社員	東京都	91	●	0.5/Y	6	1975
	妻	(52)	F											
	母	(80)	F											
	二男	(28)	会社員	八代市	00									
5	世	(67)	F			長男	(34)	会社員	八代市	86	○	5/Y	5	1976
	妻	(66)	A											
	長女	(37)	会社員	八代市	99									
6	世	(74)	F			長女	(52)	結婚	福岡市	82			5	1968
	妻	(71)	F			二女	(50)	就職・結婚	兵庫県	68				
						三女	(48)	結婚	八代市	81				
7	世	(70)	F			長女	(44)	結婚	八代市	76		2,3/Y	6	1962
	妻	(64)	F			二女	(40)	就職・結婚	芦北町	86		10/Y		
	長男	(42)	A											
	母	(94)	F											
8	世	(63)	日稼ぎ	八代市	80	長男	(37)	会社員	埼玉県	84	●	2/Y	5	1970
	妻	(62)	F			長女	(34)	就職・結婚	坂本村	01		多数		
						二女	(32)	就職・結婚	名古屋市	92		1/Y		
9	世	(56)	会社員	八代市	80	長女	(31)	結婚	八代市	95		4/W	7	1973
	妻	(57)	会社員	八代市		二女	(30)	会社員	愛知県	89	●	3,4/Y		
						三女	(28)	結婚	八代市	00		4/W		
10	世	(51)	会社員	坂本村									4	1973
	父	(77)	A											
	母	(69)	F											
11	妻	(62)	日稼ぎ	八代市		長男	(39)	会社員	八代市	93		3/M	7	1967
	義母	(84)	F			二男	(37)	会社員	名古屋市	84	●	1/Y		
						三男	(35)	会社員	秋田市	84	●	0		

第2章　家族構成の変化と高齢化世帯の課題

12	母 三男	(80) (50)	F 会社員	八代市	93	長男 二男 二女	(58) (54) (48)	日稼ぎ 会社員 看護師	芦 北 町 大 阪 市 八 代 市	74 61 78	● ● ○	1/M 1/Y 1/W	6	1955
13	世 妻	(83) (73)	F F			長女 二女 三女	(50) (45) (41)	結　婚 看護師 看護師	北九州市 宇 土 市 坂 本 村	75 73 80	 ● 	2/Y 2,3/Y 多数	5	1961
14	世 妻	(66) (77)	F			長女 長男 二男 三男	(56) (52) (50) (48)	会社員 会社員 会社員 会社員	八 代 市 八 代 市 八 代 市 岐 阜 県	88 66 68 70	● ● 	6/Y 10/Y 1/Y	6	1955
15	妻	(77)	F			長女 長男 二男 二女	(54) (47) (42) (40)	結　婚 会社員 会社員 パート	芦 北 町 八 代 市 八 代 市 大 分 県	72 90 78 	 ● ● ●	2 1/M 1/M 2/Y	6	1963

注）資料及び注は，表2-2と同じ。

　3・6・11・13・14・15の6世帯あるが，これらの世帯の子供たちは，すべて上原を離れており，将来も戻る意思がないという。1・9の世帯は，夫婦2人であるが，まだ夫婦とも年齢は50歳代で，いずれも八代市や町内に職場を持っている。この世帯も子供たちはすべて村を離れ生活している。高齢者の多くは正規の仕事に就いていないが，50歳代以下の世帯主や親と同居する子供たちの多くは八代市内に勤めており，上原地区は八代市との結びつきがきわめて強い地区といえる。また，地区の中には農業を営む者も散見する。

　次に，他出者欄に目をやると，県外に就職や結婚で出た人は14名，県内は22名で，県内が多くなっている。県外の内訳をみると，3大都市圏へは9名，福岡県（福岡・北九州市）2名，その他（大分・静岡・秋田県）が3名となっている。県内は，八代市が最も多く13名で，次いで熊本市と坂本村が各2名，あとは人吉・宇土の両市がそれぞれ1名，地元の芦北町の他地区に住む者が3名となっている。

　これまでの移動の動きを，もう少し表2-7から詳しくみることにしよう。世帯番号1では，長女が上原を離れたのは1990年である。高校進学のため

表2-7 上原地区における家族構成の変化と移動の実態

世帯番号	家族構成		55	56	57	58	59	60	61	62	63	64	65	66	67	68	69	70	71	72	73	74	75	76
																			移	動	の	実	態	
1	世(55) 長男(26) 長女(28)	妻(52) 二男(23)							■ gf 4			■ gm 3							○		○■ 1d f 4 4		■ 1s 5
2	世(69) 長男(46) 二男(43) 長女(7)	妻(69) 二男妻(38) 長男(5)	□ 1s 3					□ 2s 4																
3	世(66) 長女(46) 兄(68)	妻(58) 二男(34) 妹(60)											□ 1s 6	□ 1d 7	□ 2s 8									
4	世(59) 長男(30) 母(80)	妻(52) 二男(28)																	○ 4	□ 1s 5		□ 2s 6		
5	世(67) 長女(37) 孫(9)	妻(66) 長男(34)						○ 3				□ 1d 4	□ 1s 5											
6	世(74) 長女(52) 三女(48)	妻(71) 二男(50)												● 2d 5 就	● 3d 4 就									
7	世(70) 長女(44) 二女(40) 母(94)	妻(64) 長男(42)			□ 1d 4	□ 1s 5		□ 2d 6									● 1d 5 進					○ 1d 5	
8	世(63) 長男(37) 二女(32)	妻(62) 長女(34)						○ 2			□ 1s 3	□ 1d 4	□ 2d 5											
9	世(56) 長女(31) 三女(28)	妻(57) 二女(30)															○ 4	□ 1d 5	□ 2d 6	□ 3d 7				
10	世(51) 母(69)	父(77)														■ gf 2			○□ 1d w,1d 4 2	● 他				
11	妻(62) 二男(37) 義母(84)	長男(39) 三男(35)							○□ 1s 4 5			□ 2s 6	□ 3s 7											
12	母(80) 二男(54) 二女(48)	長男(58) 三男(50)							2s 5 就							● 2d 4 就	● 3s 3 就			3s 1s,2s 4 3 u 婚				
13	世(83) 長女(50) 三女(41)	妻(73) 二女(45)		□ 2d 4				3d 5					□ 1d 4 進					● 2d 3		○ 1d 3 就				
14	世(66) 長女(56) 二男(50) 嫁(43) 孫(20)	妻(73) 長男(52) 三男(48) 孫(22)	□ 3s 6						● 1d 5 就			● 1s 4 就	● 2s 3 就	● 3s 2 就										
15	妻(77) 長男(47) 二女(40)	長女(54) 二男(42)					□ 2s 5	□ 2d 6	● 1d 5 就				● 1s 4 就			◎ 1d 婚			● 2s 3 就					

注) 資料及び注は,表2-3と同じ。

第2章　家族構成の変化と高齢化世帯の課題　　　　　　　　　　　53

(西暦年)	77	78	79	80	81	82	83	84	85	86	87	88	89	90	91	92	93	94	95	96	97	98	99	00	01	02	現在	他出	合計
			□2s 6		■m 5									●1d 4 進	●1s 3 進							●2s 2 就			◎1d 3 u	◎1d 2 就	2	3	5
	●1s 3 就						●2s 2 就															◎2s,w,1s,1d 6 u					6	1	7
					●1d 7 就	●1s 6	●2s 5 進							◎ 6				■gm 5			○1d 5	●1s 4					4	2	6
							■f 5								●1s 4	●2s 3						●m 2	◎2s 3 u				3	2	5
					●1d 4 就		■m 3											◎gc 4			●○1s1d 4 婚						4	1	5
					●3d 3										■f 2												2	3	5
					●2d 4 就			○2d 4																			4	2	6
								●1s 4 就				●2d 2 就				○2d 2									○1d 2		2	3	5
											●2d 6 就								●1d 5 婚	■f 4			●3d 3 婚		●2s 3		2	3	5
	■gm 3																										3		3
					●1s 6 就	●3s 5 就	●2s 4 就	◎1s 5 u									●1s 4 婚			■h 3					■f 2		2	3	6
									●h 2																		2	3	5
		●3d 2 就																									2	3	5
																											2	4	6
		●2d 2 就							■h 1																		1	4	5

で，卒業後は就職し2001年に帰郷するが，2002年に再び就職のため熊本市に出ている。長男は92年に進学のため出て行き，97年に就職で静岡県に移り，現在に至っている。二女も98年に就職で熊本市に転出している。3の世帯は，長女が上原を離れたのは1981年で，中学卒業と同時に名古屋に就職している。97年に結婚して現在は人吉市で暮らしている。二男も84年に上原を離れ専門学校に入学している。86年に神奈川県の会社に就職するが，現在は大阪で生活している。世帯4の二男は，現在，親と同居しているが，高校卒業後の93年に就職のため名古屋市に転出している。帰郷は2000年で，現在は八代市の会社に勤務している。番号7の世帯の長女は，1976年に結婚して八代市に居住するが，その前は71年に八代市の高校に進学し，その後熊本市内の短大に進学している。世帯13の長女は，表2-6では75年に結婚して，今は北九州市に住んでいるが，その前は68年に長崎の高校に進学しており，卒業後は雲仙に移って結婚するまで働いている。

　上原地区の1つの特徴は，高度経済成長期およびその直後までの間，就職のため上原を離れた者を見てみると，世帯番号6・12・13・14・15のように，すべて子供たちである。彼らは中学を卒業と同時に，就職するため村を離れている。しかし，大岩2地区や吉尾でみられた出稼ぎのために村を離れる親（世帯主）はみられない。また，この時期には，3・4・5・7・8・9・11などの世帯のように，結婚・出生が多く，家族数も5～8人にもなる世帯があった。就職で村を離れた子供たちの親よりも，若い世代である。当時は，まだ林業も完全に衰退していたわけではなく，また養蚕業なども導入されたことから，出稼ぎの必要もなかったものと解される。しかし，この時期に生まれた子供たちも，80年代以降，就職・進学の時期を迎え，村を離れることになり急速に高齢化がすすむことになる。村の林業や養蚕業が衰微していくなかで，子供たちは郷里を離れていくことになる。

　上原地区も80年代に入ってから，調査の範囲でみる限り子供の誕生をみていない。人口の社会減に加え高齢者の死亡という自然減も加わって，ここでも過疎化・高齢化が急速にすすんでいる。表2-6の他出者欄と表2-7の

移動の実態を見てみると、このことがよく理解できよう。
　地域的条件が大岩2や吉尾地区と比べて、きわめて不利なこともあって（図2-1参照）、出て行った子供たちの多くが、将来この地で住むことはないという。ただ、上原に残っている親や兄弟は、八代市に勤めを持つ者が多く、また、外に出て行ったとはいえ、八代市で生活をする子供たちの多いことも、この地区の特徴といえよう。

おわりに

　ここで改めて、これまで地区ごとに述べてきたことを眺めてみよう。高度経済成長も1960年代に入ると、大岩2・吉尾・上原の3地区では全国的な動きと同様に、中学新卒の生徒たちは、集団就職などで村を離れていく（表2-3・5・7）。とくに60年代後半から70年代にかけてが多く、芦北町の人口も大きく減少していった。熊本県では、この時期の中学校の卒業式は、同時に就職壮行会でもあった。さらに、子供らに次いで、親たちも都会に出稼ぎに出かけていくようになる。親たちはその後村に帰ってきたが、子供たちの多くは都会に残り、家庭をもって故郷へ帰る意思はないという。高度経済成長期における、過疎化の状況である。ただ、今回の調査で明らかになったことは、上原地区では調査の限り出稼ぎ者はいなかった。林業や新たに導入された養蚕業との関わりが考えられる。いずれにしても、地域を支える産業の有無が、人々の移動に深く関わっている証である。
　1970年代から80年代にかけては、いわゆる「団塊の世代」が婚期を迎えたことから出生数も増え、これまでの人口減少にも歯止めがかかってくるが、これもそう長くは続かなかった。80年代半ば以降になると、今度はこの世代の子供たちが、進学・就職のため村を離れるようになった。加えて、高齢になった親の死も現実化してきた。まさに人口の社会減に自然減が加わって過疎化・高齢化が急速に進展していく。しかも、若い世代の流出は、今後、これらの地域に新たに子供の出生が望めないということであり、高齢

化をさらに加速させている。ただ，子細に検討すると，地区によって多少のばらつきもある。上原は70年代後半から80年代前半にかけて，子供たちが村を離れている。60年代から70年代前半に出て行った子供たちを第1段階とすると，第2段階の過疎の始まりは80年代に入ってからといえよう。上原の第2段階の過疎は，調査の範囲では他の地区よりも早く始まっている。これに比べて，吉尾では90年代に入ってから子供たちの流出が多くなっている。吉尾は旧吉尾村の中心地である。吉尾川沿いに開けた平坦地があり，役場が置かれたところである。現在も中学校や郵便局，公民館など，村の中心的な機能が立地している。他の地域との結節性も他の2地区よりも優位で，こうした地域の条件が反映しているものと思われる。大岩2は80年代半ばから90年代前半にかけて，子供たちが村を離れるようになる。いずれにしても，こうした地区による移動の差異が何に起因するものなのかを，見極める必要があろう。

　過疎対策として公共事業の役割は大きいが，子供たちまで村につなぎ止めることはできない。親が村に残り，子供たちは村を離れて，将来も帰る意思がないという。高齢化がすすみ，親だけが残される状況がより一層鮮明になってくる。しかし，90年代の後半から，ごく僅かであるが，Uターンする子供がみられるようになってきた。新たな変化の兆しかどうか，さらなる調査が必要である。

　村を離れた子供たちの行き先にも変化が見られる。高度経済成長期には，3大都市圏や福岡県など，県外への移動が多かったが，80年代半ば以降は県内の熊本市や八代市への移動が増えている。人の移動が，はじめに述べた internal migration から local migration へとシフトしている。「地方の時代」以降，人々の価値観が多様化するなかで，地方での生活の見直しが始まった。国際化，情報化が進展するなかで，東京一極集中の弊害が叫ばれたが，地方では地方中枢都市への一極集中が，県レベルでは地方中核（県庁）都市への一極集中がすすむなかで，県庁都市熊本への依存も高まっていった。また，高度経済成長の時代から，一貫して工業・港湾都市であり，い

第2章　家族構成の変化と高齢化世帯の課題

業・園芸農業地域を擁する八代の役割はとくに大きかった。上原地区では，他の2地区と比べて八代市への依存がきわめて高い。

　ところで，今回の調査の結果から高齢者だけの集落になりつつあるという厳しい現実を前にすると，地域に人をとどめたり，呼び込むためには，やはり何某かの生活を維持していく手段が必要である。そのためには，地域に根ざした産業づくりも必要であろう。農業を維持していく人がいなくなっている現状のなかで，山地の小さな農業を基礎にした新たなシステムづくりを考えていかなければならない。それには他の地域から意欲ある人を入れることも必要である。これらが実現できるか否かは，やはりこの村の将来を思う住民の熱意と主体的・意欲的な取り組みにかかっている。繰り返しになるが，八代市と上原地区との地域的な結びつきをみていると，地方都市のはたす役割もきわめて大きい。それぞれの地域の実態に即した，都市と高齢者集落との新たな生活圏，公共圏の形成に向けた検討が今後の課題としてあげられよう。

注および参考文献
1) 岸本実『日本の人口集積』古今書院，1968，89-104．
2) ここでいう「過疎地域」とは，①過疎地域自立促進特別措置法（以下，「自立促進法」と称す）第2条第1項に規定する市町村の区域。②自立促進法第33条第1項の規定により過疎地域とみなされる区域。③自立促進法第33条第2項の規定により過疎地域とみなされる区域をいう（総務省自治行政局過疎対策室）。
3) 総務省自治行政局過疎対策室『平成14年度「過疎対策の現況」について（概要版）』2003年による。
4) 熊本大学地域連携フォーラム『平成14年度水俣・芦北地域総合政策研究報告書〔調査編〕』2003年による。
5) ここでいう3大都市圏とは，東京・名古屋・大阪の各大都市を中心とした半径50km圏を想定するが，ここでは東京・埼玉・千葉・神奈川の都県を東京圏，愛知・岐阜・三重の3県を名古屋圏，大阪・兵庫・京都・奈良の府県を大阪圏とし，これらを3大都市圏と称することにした。

第 3 章

農業集落消失の危機と存続の条件

はじめに

　本章では山間地域の持続可能性に関わる諸課題について分析し，政策的な対応のあり方を考察する。まず第1節では農業集落が人口構造の危機に直面していることを人口推計により確認し，第2節では農業集落が持続可能であるための条件を質的比較分析により解析し，第3節では熊本県の農業集落の存続条件を地域類型別に整理し，そして第4節ではこれまでの知見を活かして農業集落が存続することを支援する政策とはどうあるべきかについて考察する。

1．集落人口構造の危機

(1) 農村地域の人口変化

　社会経済の変化にともない新たな地域政策を考えるとき，人口の要素は大変大きなファクターである。労働力，医療・福祉・年金のみならず，市場の規模や交通，そして担税力など様々な政策の基礎に人口が関係している。わが国の人口は有史以来2～3千万人であったが，産業革命後の食糧増産技術の開発，衛生・医療技術の進歩などにより人口の膨張が起きた。1920（大正9）年には5,596万人であった人口は，1967（昭和42）年には1億人を突破し，1995（平成7）年には12,557万人と日本の人口としてほぼピークを迎

えた。今後は減少基調へと変わり，合計特殊出生率の変化にもよるが2050年には1億人を割り込み，2100年には5千万人程度にまで減少するような変化を迎えると予測されている[1]。

それでは今後起こる急激な人口減少は，国土に均一に発生するのだろうか。都市的地域・平地農業地域では現在も人口の増加が続いているが，中山間地域では大きな人口減少が続いているように，今後も地域ごとに大きな格差が生じていくことが推測される。現在進行中の変化は，マクロレベルでは東京圏などの3大都市圏への集中，地方では県都周辺への人口集中，ミクロレベルの市町村内ではその行政・経済の中心地区への集中と，周辺地域の過疎傾向が観察される。

農村地域の持続可能性の問題にとって，農業生産環境の変化だけではなく，人口問題の影響が大きい。国立社会保障・人口問題研究所の2030年の市区町村別人口推計では，地方自治体の多くで人口規模が縮小し，人口規模5千人未満の自治体の割合が，2000年の22.2％から2030年には34.6％に増加すると予測している。とりわけその中でも人口規模が減少する自治体数の多いブロックは，九州・沖縄（208自治体），東北（169自治体），中国（165自治体）の順であり，これら3ブロックで人口規模5千人未満の自治体の48.3％を占めている。2000年から2030年にかけて人口が4割以上減少する自治体は16.6％にのぼり，高齢者人口が4割を超える自治体数も30.4％に達する[2]。例えば農村地域を多く抱える熊本県の人口でも2000年現在1,859千人であるが，2003年には減少傾向に入り，2030年には1,671千人へと大きく減少する見込みである[3]。しかしこの人口減少は県内で同一に進行するのではなく，中山間地域ほど大きな減少となる。これらの地域では，死亡者が出生者を上回る人口の自然減少の自治体が8割を超え，老齢人口比率も大変高い状況にある[4]。

それでは農村地域自治体の人口推移にはどのような特徴があるのであろうか。典型的な山間地農業地域である熊本県葦北郡芦北町を参考に見てみよう。この町の人口は図3-1に見られるように，戦後農村地域へ海外からの

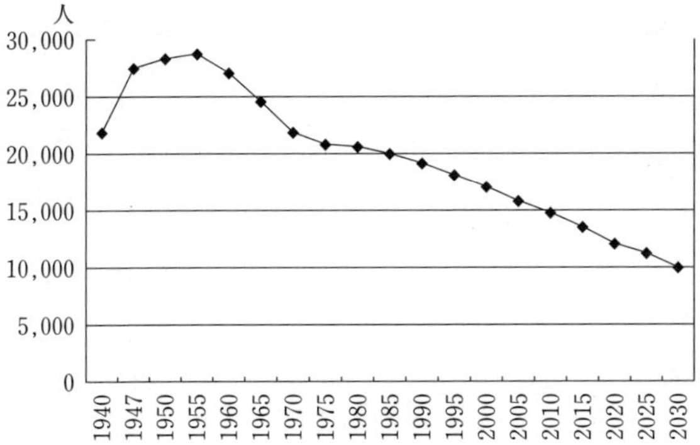

資料）総務省統計局『平成12年度国勢調査報告　熊本県』。2000年以降は推計人口。芦北町は2005年1月に合併したが，この推計は合併前の旧芦北町だけのものである。

図3－1　芦北町の人口推移

復員者を含めて多くの人口が流入し開拓団による耕地開発などが行われたため，その人口は膨張した。戦後直後のこの時期は農村人口が一番多い時代であり，その後高度成長期を経て現在に至るまで一貫して人口の減少と高齢化が進行している。1960年代以降都市化・過疎化の影響により転出者が転入者より多い人口の「社会減少」が続いてきたが，1990年以降になると出生者が死亡者より少なくなる「自然減少」に転じ，少子化と他出いわゆる都市への転居による人口減少が中山間地域自治体の社会構造を大きく変化させてきた[5]。

このような人口減少が今後も数十年にわたって続くと仮定すると，町の世代間の人口構成はどのように変化するのだろうか。ここで芦北町の人口動態について中期推計を行ってみよう。2005年1月には人口5千人の田浦町と人口1万7千人の芦北町の2町が合併し，新しく2万2千人の新町が誕生した。これは国が進める市町村合併の推進に従い，小規模自治体の経営能力向上を目的として行われたものである。しかしシミュレーションによると[6]人口の減少は合併後も続き，2030年には1万3千人という旧芦北町の人口規

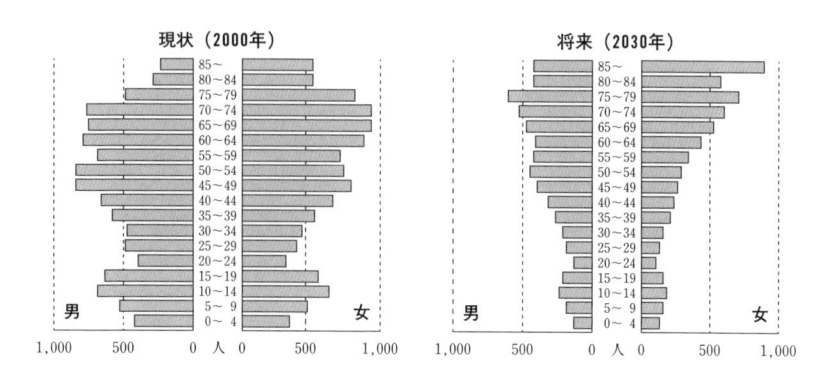

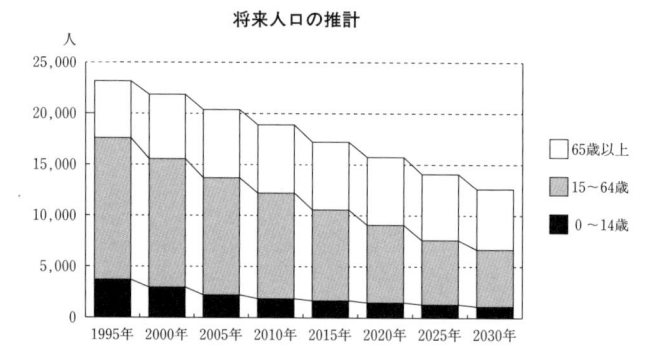

現状（2000年）／将来（2030年）の人口ピラミッド、および将来人口の推計グラフ

注）1995年と2000年の芦北町及び田浦町の国勢調査データから5歳階級別に合計して推計。

図3-2 新芦北町の中期人口シミュレーション（田浦町＋芦北町の人口データで推計）

模以下にまで減少し，さらに人口構造が急激に高齢化することが予測される（図3-2参照）。特に20〜30代の層が非常に少なくなり，代わって85歳以上の女性が人口上一番多くなる。2030年以降については15歳から49歳までの女性の数が少なくなることから人口の再生産はさらに厳しくなり，人口減少と高齢化がさらに加速すると推測される。

　一般的に生産年齢層人口の大幅な縮小は税収の減少を来し，75歳以上の後期高齢者の増加は扶助費など福祉医療サービスに必要な予算の大幅な増加を招く。その結果，財政構造上義務的経費の削減が困難となり，政策的な事

業展開の余地が大幅に減少する。このように小規模自治体にとって，少子・高齢化による総人口の減少と世代間構成の大きな歪みは，自治体の持続基盤を脆弱化させる危険性を孕んでいる。

(2) 農業集落レベルの人口減少

それでは次にミクロな視点から，自治体内の集落レベルにおける過疎化の進行状況を検討してみよう。芦北町は旧4町村が合併してできた町であるが，それぞれの旧町村地域は同じような速度で人口減少が進んできたのであろうか。この地域の人口のピークは1950年前後であり，それから2000年までどの程度の減少率となっているのかを旧町村単位で調べると，役場所在地である佐敷は1950年の人口に比較して2000年には65.5％にまで人口減少している。温泉地である湯浦は新興の住宅団地もでき，68.4％と減少はしているものの4地域では一番人口が維持されている。内陸農村地域の大野は専業農家の多い地域であるが47.5％，そして山間地域の吉尾は35.6％の規模へと大きく減少しており，同一自治体内部でも山間部での過疎化が著しく進行している。

次に自治体内部の最小の行政区画である各集落（行政区）単位で人口変動を比較すると，1995年から2001年にかけて行政区の人口増減率には62～112％まで大きな格差が見られた。全体的な傾向を観察するために相関関係を調べてみると，町の中心地（役場）までの距離と人口増減率の間には-0.399（両側検定1％水準で有意）という負の相関関係が見られ，役場までの距離が遠くなるほど人口減少率が大きくなっている。このような地域変化の規則性は，中心－周辺の関係性の中で周辺地域の条件不利性を窺わせる。

さらに山間部の行政区域に焦点を絞り，旧町村で一番人口減少の激しかった旧吉尾村の吉尾，上原，大岩2の3行政区について詳しい検討を行おう。この3地区は芦北町の中でも山間地域に位置しており，2001年12月現在309名が暮らしている。現在人口の年齢構成は図3-3の人口ピラミッド図に見られるように，既に各世代層が相当に抜けており，高齢者世代が他の世

64　第Ⅰ部　山間地域の危機

図3-3　地区別人口ピラミッド

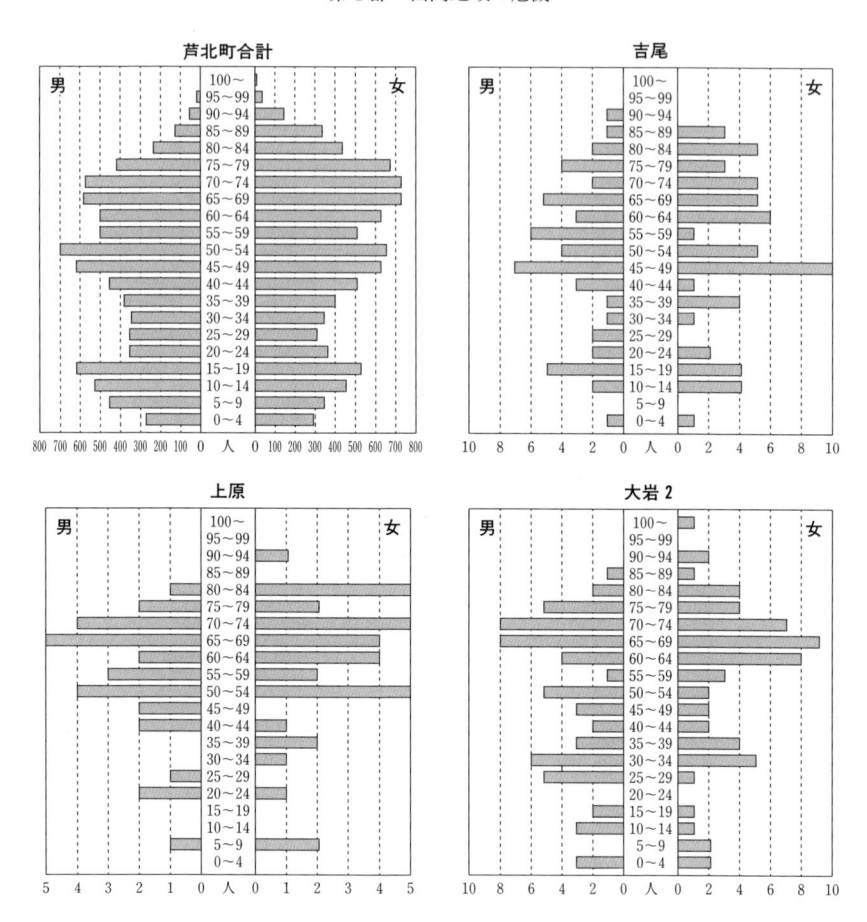

資料）『平成12年度国勢調査報告』，芦北町隣保班別年齢別人口調（2002年11月）。

代を圧倒している。特に1947～49年生まれの団塊世代層が町外に多く流出していること，さらに若年世代が極端に少ないという特徴がある。

　各地域別のグラフにも大きな特徴が見られる。吉尾地区は団塊世代（第1次ベビーブーマー）の地域内残存率が少なく，特に同世代の女性人口が極端

に少なくなっている。1971～74年生まれの第2次ベビーブーマー世代も流出しており，なかでも女性の流出が顕著にみられるため，10歳未満の子どもがほとんどいない。上原は団塊世代の数が少ないことは他地区と同じであるが，女性に限ってみると50～80代までの人口割合が高い。30代の男性がいないこと，10代および幼児がいないことが特徴であり，高齢化の進んだ限界集落に近い状況といえよう。大岩2は他地区と同様団塊世代がほとんどおらず，また20代の人口流出が激しいという特徴がある。出産可能な女性世代が流出してしまうことで人口の再生産が途切れ，子どもが極端に少なくなっている。いずれの地区も0～14歳までの年少人口は極端に少ないかゼロであり，生産年齢層の薄さには地区ごとの特性は見られるものの，今後20年程度でこれらの地域を支えていく人材が枯渇する危険性が予見される。そこに至るまでの過程においても，老人たちだけの集落の存続の可能性は，彼らの自立意識や健康と加齢といった時間関数の問題となっている。

　これら3地区を総合した人口を基準に，2030年まで年齢階級別に人口の推移を推計したものが図3-4である。これによると2030年には一番多い人口世代が75歳以上となり，生産年齢層の中核である40歳未満がほとんどいなくなってしまう。2030年には3地区を合わせても100名を割るほどにまで人口減少を来し，40歳未満の人口がほぼ0人となり高齢者のみの集落が出現する。コーホートの移動を5年おきに上にずらすことで，これらの地区がいつの時点で持続可能なコミュニティとして存続できなくなるのかも予測が可能である。2000年現在14歳未満の若年層が7％，15～64歳の生産年齢層が54％，65歳以上の高齢者層が38.4％いるが，2010年にはそれぞれ2.6％，53.1％，44.4％へ，2020年には1.4％，35.7％，62.9％，そして2030年には若年層は0％，生産年齢層が28％，高齢者層が72％という超高齢社会へと変化する。

　このような高齢化した山間地域では，現在でも平均年齢が65歳程度であり，今後地域の人口構成の変化を考えると，将来世代の人口の消失もあり，新たに若い住民の移住がない限り，人口の再生産どころか集落の存続自身が

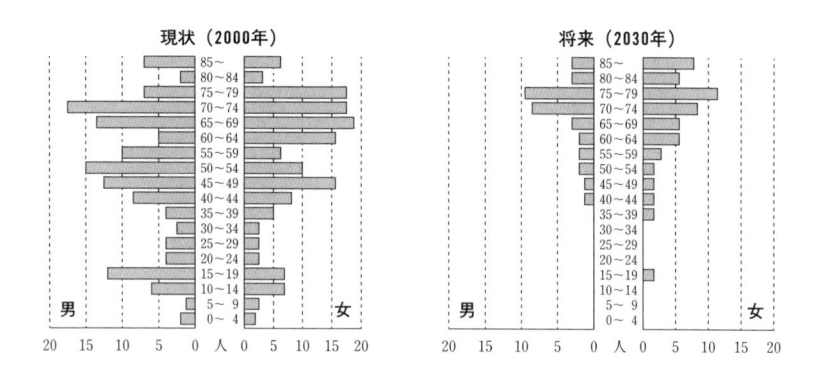

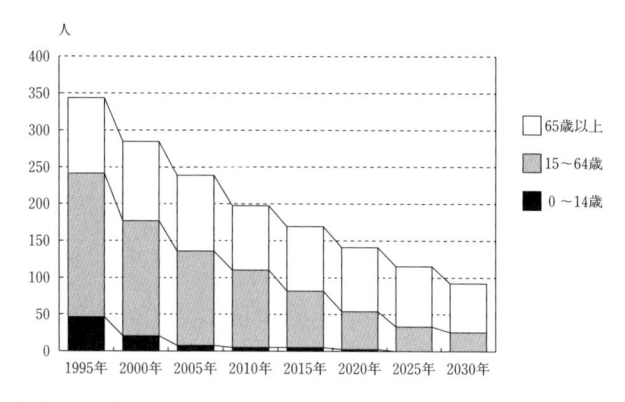

図 3-4　吉尾地区の中期人口シミュレーション（吉尾，大岩 2，上原の合計）

もはや不可能となる。高齢者のみが居住するこれらの地域ではコミュニティ機能を維持していくことが次第に困難になり，集落崩壊の危機も時間の問題となってくる。

(3) 高齢化のインパクト

　現代は選択的定住の時代といわれるが，若者が住みやすい地域を求めて移動することとは逆に，高齢者にとっては介護が必要になると老人ホームや病

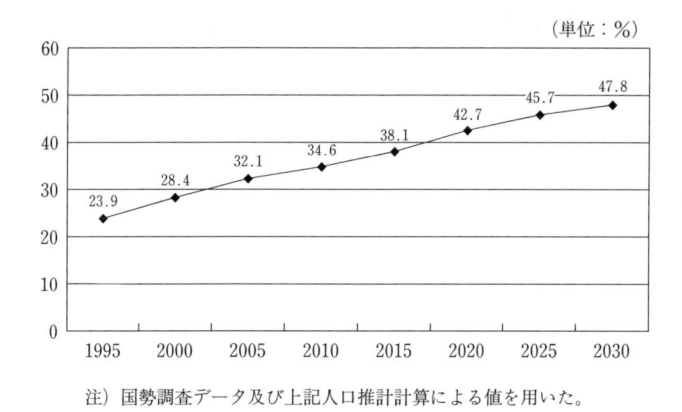

第3章　農業集落消失の危機と存続の条件　　67

(単位：％)

年	1995	2000	2005	2010	2015	2020	2025	2030
高齢化率	23.9	28.4	32.1	34.6	38.1	42.7	45.7	47.8

注）国勢調査データ及び上記人口推計計算による値を用いた。

図 3 - 5　芦北町の高齢化率

院，あるいは子どもの家に同居するという移動以外に自由な移動の選択肢がない。また他地域からこの地を定住先として選択して移動する者がほとんど皆無であるという状況にあり，これら条件不利地域の集落は高齢化の急速な進行により社会的な人口空白地帯になる可能性が危惧される。次第に進行した過疎化の極相には地域差が大きく見られ，一般的に西日本では挙家離村型，東日本では出稼ぎ型が多くみられた[7]が，今後農業集落の人口構造変化による自然解体の危機が広がってくるものと予測する。

　芦北町全体の高齢化率は現在28.4％である（図3-5）が，今後人口の減少とともに高齢化率も高まり，2030年には47.8％と町の人口のほぼ半分が高齢者となる。町全体としても崩壊する集落を抱えることにより活力ある地域経営が困難な人口構造に至る。14歳未満の若年層は現在の14.4％から2030年には9％へと大幅に縮小することから，義務教育経費は減少し学校自体も地理的な配慮を別とすれば不要となるものが多くなるが，逆に高齢者向けの様々な施設やサービスが新たに必要となる。今後種々の社会資本が更新の時期を迎え始めるが，どのような施設を更新し，あるいは廃止していくのか，人口動態を勘案しながら計画を立てる必要がある。

これまで人口の減少と高齢化について論じてきたが、過疎により集落の世帯員数も縮小を始める。家族の縮小は家庭自体が担っていた相互扶助機能を減退させるほか、集落の存続に必要な機能である共同作業への貢献や相互支援という面でも弱体化する。次章で詳しく検討を行うが、地域の暮らしにおける安心や信頼、助け合いという人々の共同性や連帯感などは、地域のソーシャルキャピタル[8]の強さ、つまり日常の住民の交流ネットワークの厚さに関係している。そのような地域コミュニティにおける人々の連帯が希薄化することを予防し、高齢化・人口減少の中でも住民の共同のネットワークを維持していくということが、限界集落に向かいつつある集落にとって住民が暮らしへの満足感や安心感、行政などの制度への有効性感覚を保持するために重要な要素となっている。

　これまで見てきたように急激な地域の定住人口の減少と高齢化は、地域コミュニティの存立を根本的に危うくさせるほどの問題であるが、課題解決に対して行政的な対応だけによる有効性は疑問であり、まして市町村合併によって区域を大きくするということで解決できる問題ではないことは明らかである。今後50年ほど確実に進行するといわれている日本全体の少子・高齢化という構造変化の中で、その影響は選択的に農村地域に厳しいものになると考えられ、どのようにしてそのような危機を乗り越え地域を持続可能なものとしていくのか、新たな視点に基づく政策が今求められている。一定程度の人口空白地域の発生はやむを得ないとしても、国土政策あるいは地域政策的にどのように土地利用と住民生活の維持を図るのかについて、政治や行政が自覚的に取り組む必要がある。特に地域住民の暮らしや安全に第一義的な責任を持つ地方自治体は、経済的自立は難しくとも、自律的な自治の主体として存続していくために、集落の過疎化・高齢化の進展という時間的制約条件の中で、自治体の政策投資ニーズ及び投資余力を最大限に活かし、居住者の年齢構成の偏りに配慮した地域政策を実施する責任を負っている。

2. 集落存続の条件

(1) 分析の方法
① 目的・方法

　ここで人口の低密度化が進行する農業集落が将来にわたって維持される条件あるいは過疎化する条件とは何か，つまり集落存続の条件を明らかにする。分析方法として，量的分析と質的比較分析を組み合わせた実証的な分析アプローチを用いる。このことで，条件が不利な中でも集落機能を維持しうる要因の組み合わせ，つまり集落の存続可能性を高める構造とは何かを求める。さらにその結果を具体的な地域に当てはめ，普遍性と具体性の両面から分析結果を検証する。

　まず量的分析では，世界農林業センサスの農業集落カード[9]，国勢調査による人口動態のデータを使用して，農業集落戸数の増減に影響を及ぼしている独立変数の析出を行う。次に，量的分析で選ばれた独立変数の値とそれで説明される従属変数（説明変数）で構成される類型の束（真理表）を質的比較分析により解析し，どのような独立変数の組み合わせ・構造が集落戸数を維持するための必要・十分条件となるのかを明らかにする。具体的な解析方法としては，質的比較分析（Qualitative Comparative Analysis, QCA）により，集落データを類型ごとに真理表として整理し，その行列を論理関数としてブール代数計算を行うことで構造解析を行う[10]。

　以上の分析結果から，集落戸数維持の条件を地域類型ごとに確定することが可能となる。さらにその結果と現在の政策・施策を比較することで，持続可能な集落を作り出す公共政策の検討へとつなげていく。

② 変数抽出のための量的分析

　まず質的比較分析で利用する独立変数を選定するために，世界農林業センサスの農業集落ごとのケース（熊本県の農業集落数は3,755）と国勢調査による人口動態データを資料として，クロス分析や相関分析，独立性の検定を

注）熊本県の農業集落カードから作成。

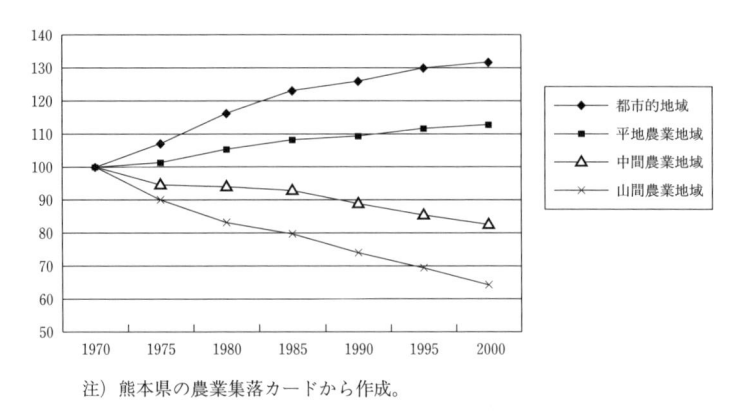

図3-6　地域類型別に見た人口の推移

適用し，集落戸数の増減に大きく影響を及ぼしている要因の抽出を行う。

　まず資料の全体を概観しておくと，地域類型別では都市的地域が489（13.0％）ケース，平地農業地域が1,319（35.1％），中間農業地域が1,693（45.1％），山間農業地域が254（6.8％）あり，全体の農業集落数の51.9％が中山間地域に該当している。これらの中間農業地域および山間農業地域の多くが，過疎地域自立促進特別措置法や特定農産振興法などの適用地域である[11]。地域類型別に見た1970年から2000年までの人口の推移は，図3-6のとおり都市的地域では対1970年比で131％へと増加，平地農業地域でも113％へと人口増加傾向が続いているが，中間農業地域では83％へ減少，山間農業地域では65％へと急激な人口減少が発生していることが判る。

　次に地域類型ごとに集落存続条件を分析する。まず第1に集落ごとの構造や態様の変容を規定しているものを独立変数の候補として抽出する必要がある。膨大なセンサス・データ項目の中から，まず「集落立地条件に関わる」要因として，①市町村人口，②市町村の人口動態，③DID市町村[12]や各種利便施設までの時間距離，④集落形態を考える。また「集落の生産構造に

第3章　農業集落消失の危機と存続の条件　　　　　　　　　　71

関わる」要因として，⑤農家率[13]，⑥農業主業的農家率，⑦60歳未満男子農業専従者[14]の割合，⑧耕地率，⑨水稲生産，⑩集落の主位作物，⑪農業生産組織の有無[15]，⑫構造改善事業の実施の有無などを検討する。

　これら12項目に関わる具体的データとして24項目のカテゴリー化したデータを全農業集落について準備し，それらについて相関分析を行った。その結果，地域類型や非農家数，最も近いDID市町村，スーパーまでの時間距離，農家率など16項目について総戸数（総農家数と非農家数の合計）の増減との相関が1％水準（60歳未満男子農業専従者の増減のみ5％水準）で有意な関係性を確認できた。特に非農家数には，集落総戸数の増加と比較的強い正の相関関係がみられる。農業生産以外の非農家数の増減という要因により定住人口の維持や増加が大きく影響されているということは，農林業の振興以上に都市化による混住の可能性や，地域の利便性が定住政策の検討項目として重要であることを示している。また，営農を続けるための集落内の相互支援組織の存在にも影響力が推定された。これは集落内のネットワークや連帯性を象徴するソーシャルキャピタルに関わる変数である。スーパーや病院，役場など各種利便施設までの距離も明らかに総戸数の増減と相関をしている。

　第2に，それらの項目と集落の総戸数の増減との関係性の有無について統計的な意味があるかを独立性の検定により確認した。その結果非農家数など12の変数データが0.1％の有意水準で独立ではなく関連があり，同様に施設園芸農家数など3変数は1％水準，病院・診療所への所要時間については5％有意水準で有意な関連がみられ，これらのデータを分析に用いることが可能であることを確認できた。

　第3に，これらの総戸数の増減と有意で相関関係がある変数の中から質的比較分析で利用する変数をさらに絞り込むためクラスター分析を行い，次の5項目を集落構造を特徴づける独立変数として選定した。A.市町村人口の増減（1995～2000年），B.農家率30％以上あるか否か，C.主位作物が施設園芸・野菜・果樹のいずれであるか，或いは米・麦作であるか，D.生産組織

（実行組合）の有無，E. 60歳未満男子農業専従者の割合が増加しているか否か，の5項目を独立変数とし，それらの集合が集落総戸数（農家＋非農家）を維持もしくは増加させているか，或いは減少させているかという従属変数との関係性として問題を考えることとする。Aは環境条件，Bは都市化の影響，Cは経営努力，Dは集落のソーシャルキャピタル，Eは後継者に関わる将来性との関係を示す指標である。

集落の存立を考える場合，集落人口を基準に考えることが戸数よりも自然であるが，現在の公表されている統計データでは農業集落単位の総人口数が摑めないことから，本分析では集落戸数を代替変数として用いることとした[16]。

(2) 変数の構造解析——質的比較分析——

熊本県の「農業集落カード」には94市町村で3,755の農業集落ケースが存在しているが，1995年と2000年の両方のデータがともに揃っている集落戸数として3,679の農業集落ケースが有効である。悉皆調査であることから，この差は概ね農業集落と認められなくなった集落の数を示している。先に選択した5項目の変数データを農業集落ごとに抽出し分析対象データとして整理を行うと，このうち農業集落の総戸数を維持・増加しているものが2,286ケース（60.9％），減少しているものが1,393ケース（37.1％）であった。これらのデータで独立変数5項目と従属変数のすべてのデータが揃っているケースは2,891ケースであり，これを質的比較分析のデータセットとして利用する（有効データ率77％[17]）。

まず第1に，都市的地域，平地農業地域，中間農業地域，山間農業地域の4種の地域類型ごとに集落ケースを分類し，集落ごとに先の5独立変数と従属変数（説明変数T）の充足度を確認し，それぞれ変数値を肯定の場合に1，否定の場合は0の2値関係式で表す。

第2に，これで得られた独立変数の変数値パターンごとに，集落総戸数が維持されている集落をカウントし真理表として整理する（表3-1）。

第3章 農業集落消失の危機と存続の条件

全集落ケースで集落戸数が維持・増加している件数は，例えば都市的地域では400ケースの内80ケース，20.0％であることから，個々のパターン類型の集落維持ケースがこれより高い維持・増加の発生可能性を示すか否かでカットオフ値[18]を設定し，その類型の従属変数値（T）を1もしくは0に判定する。

第3に，これらの行列データを論理関数Tを表す標準積和形として考え，ブール代数計算[19]により縮約して最小積和形を導く[20]。4種の地域類型ごとに論理関数計算を行った結果，集落戸数維持にかかる独立変数間の構造が以下のように導き出された。

再度5つの独立変数の内容を確認しておこう。Aは1995年から2000年にかけて集落が所属する市町村の人口が増加しているか否か。Bは集落の農家率が30％以上あるか否か。Cは集落の主位作物が施設園芸，野菜，果樹のいずれかに該当するか否か。Dは集落内に農業生産組織が存在しているか否か。Eは60歳未満の男子農業専従者が増加しているか否かを意味する。

計算の結果それぞれ農業集落が維持される可能性が高い集落条件の解は，地理的条件が山間農業地域という不利なものから，中間，平地，都市的地域と有利になるに従って，解の個数が4パターンから6パターンへと増加しており，集落の存続条件の可能性がそれにつれて増加していることが解る。

山間農業地域　$T = acde + aBcd + abCE + aBCD$
中間農業地域　$T = bcD + abce + aBCe + abDE + ABCD$
平地農業地域　$T = Bde + AcDe + aBcD + AcdE + abDE + AbCE$
都市的地域　　$T = BCD + abcd + abdE + aBCe + acDE + AbCde$

このブール代数計算で導かれた解の解釈は，5種類の独立変数の組み合わせパターンが集落維持のための条件構造を示しているものとして読む。大文字のアルファベットはその変数が肯定された状態（真理表のA～Eの1），小文字は否定された状態（真理表のA～Eの0）を表している。＋は条件間

表 3-1　地域類型別真理表

(山間農業地域)									(中間農業地域)								
A	B	C	D	E	集落維持型	集落過疎型	集落数	集落維持型の割合	出力値	A	B	C	D	E	集落維持型	集落過疎型	集落数	集落維持型の割合	出力値
0	0	0	0	0	1	0	1	100%	1	0	0	0	0	0	4	7	11	36%	1
0	0	0	0	1	0	0	0	0%	0	0	0	0	0	1	0	3	3	0%	0
0	0	0	1	0	0	5	5	0%	0	0	0	0	1	0	43	79	122	35%	1
0	0	0	1	1	0	2	2	0%	0	0	0	0	1	1	12	14	26	46%	1
0	0	1	0	0	0	2	2	0%	0	0	0	1	0	0	5	17	22	23%	0
0	0	1	0	1	1	0	1	100%	1	0	0	1	0	1	2	8	10	20%	0
0	0	1	1	0	0	5	5	0%	0	0	0	1	1	0	7	31	38	18%	0
0	0	1	1	1	1	1	2	50%	1	0	0	1	1	1	4	8	12	33%	1
0	1	0	0	0	3	3	6	50%	1	0	1	0	0	0	13	60	73	18%	0
0	1	0	0	1	2	3	5	40%	1	0	1	0	0	1	5	17	22	23%	0
0	1	0	1	0	4	32	36	11%	0	0	1	0	1	0	116	388	504	23%	0
0	1	0	1	1	1	9	10	10%	0	0	1	0	1	1	10	39	49	20%	0
0	1	1	0	0	0	10	10	0%	0	0	1	1	0	0	20	45	65	31%	1
0	1	1	0	1	0	4	4	0%	0	0	1	1	0	1	2	7	9	22%	0
0	1	1	1	0	5	22	27	19%	1	0	1	1	1	0	39	109	148	26%	1
0	1	1	1	1	2	4	6	33%	1	0	1	1	1	1	4	16	20	20%	0
1	0	0	0	0	0	0	0	0%	0	1	0	0	0	0	0	0	0	0%	0
1	0	0	0	1	0	0	0	0%	0	1	0	0	0	1	0	0	0	0%	0
1	0	0	1	0	0	0	0	0%	0	1	0	0	1	0	9	11	20	45%	1
1	0	0	1	1	0	0	0	0%	0	1	0	0	1	1	2	3	5	40%	1
1	0	1	0	0	0	0	0	0%	0	1	0	1	0	0	0	0	0	0%	0
1	0	1	0	1	0	0	0	0%	0	1	0	1	0	1	0	0	0	0%	0
1	0	1	1	0	0	0	0	0%	0	1	0	1	1	0	0	0	0	0%	0
1	0	1	1	1	0	0	0	0%	0	1	0	1	1	1	0	0	0	0%	0
1	1	0	0	0	0	0	0	0%	0	1	1	0	0	0	0	1	1	0%	0
1	1	0	0	1	0	0	0	0%	0	1	1	0	0	1	0	0	0	0%	0
1	1	0	1	0	0	0	0	0%	0	1	1	0	1	0	7	39	46	15%	0
1	1	0	1	1	0	0	0	0%	0	1	1	0	1	1	0	6	6	0%	0
1	1	1	0	0	0	0	0	0%	0	1	1	1	0	0	0	0	0	0%	0
1	1	1	0	1	0	0	0	0%	0	1	1	1	0	1	0	0	0	0%	0
1	1	1	1	0	0	0	0	0%	0	1	1	1	1	0	1	0	1	100%	1
1	1	1	1	1	0	0	0	0%	0	1	1	1	1	1	1	1	2	50%	1
					20	102	122	16.4%							306	909	1,215	25.2%	

A　1995年から2000年にかけて市町村人口が増加
B　農家率30％以上
C　集落の主位作物が施設園芸、野菜、果樹のいずれかに該当
D　農業生産組織がある
E　60歳未満男子農業専業者が増加
出力値はカットオフ値16.4％を超えた場合1

A　1995年から2000年にかけて市町村人口が増加
B　農家率30％以上
C　集落の主位作物が施設園芸、野菜、果樹のいずれかに該当
D　農業生産組織がある
E　60歳未満男子農業専業者が増加
出力値はカットオフ値25.2％を超えた場合1

第3章 農業集落消失の危機と存続の条件

（平地農業地域）

A	B	C	D	E	集落維持型	集落過疎型	集落数	集落維持型の割合	出力値
0	0	0	0	0	1	4	5	20%	0
0	0	0	0	1	0	0	0	0%	0
0	0	0	1	0	18	76	94	19%	0
0	0	0	1	1	10	11	21	48%	1
0	0	1	0	0	0	1	1	0%	0
0	0	1	0	1	0	0	0	0%	0
0	0	1	1	0	8	63	71	11%	0
0	0	1	1	1	2	5	7	29%	1
0	1	0	0	0	2	1	3	67%	1
0	1	0	0	1	0	0	0	0%	0
0	1	0	1	0	46	127	173	27%	1
0	1	0	1	1	4	13	17	24%	1
0	1	1	0	0	1	3	4	25%	1
0	1	1	0	1	0	0	0	0%	0
0	1	1	1	0	36	168	204	18%	0
0	1	1	1	1	0	3	3	0%	0
1	0	0	0	0	1	10	11	9%	0
1	0	0	0	1	1	1	2	50%	1
1	0	0	1	0	30	109	139	22%	1
1	0	0	1	1	2	20	22	9%	0
1	0	1	0	0	0	1	1	0%	0
1	0	1	0	1	2	0	2	100%	1
1	0	1	1	0	5	47	52	10%	0
1	0	1	1	1	1	2	3	33%	1
1	1	0	0	0	3	10	13	23%	1
1	1	0	0	1	1	1	2	50%	1
1	1	0	1	0	33	118	151	22%	1
1	1	0	1	1	1	15	16	6%	0
1	1	1	0	0	3	4	7	43%	1
1	1	1	0	1	0	1	1	0%	0
1	1	1	1	0	15	58	73	21%	1
1	1	1	1	1	0	1	1	0%	0
					226	873	1,099	20.6%	

A　1995年から2000年にかけて市町村人口が増加
B　農家率30％以上
C　集落の主位作物が施設園芸，野菜，果樹のいずれかに該当
D　農業生産組織がある
E　60歳未満男子農業専業者が増加
出力値はカットオフ値20.6％を超えた場合1

（都市的地域）

A	B	C	D	E	集落維持型	集落過疎型	集落数	集落維持型の割合	出力値
0	0	0	0	0	4	12	16	25%	1
0	0	0	0	1	1	0	1	100%	1
0	0	0	1	0	3	20	23	13%	0
0	0	0	1	1	2	2	4	50%	1
0	0	1	0	0	0	0	0	0%	0
0	0	1	0	1	4	5	9	44%	1
0	0	1	1	0	1	22	23	4%	0
0	0	1	1	1	0	0	0	0%	0
0	1	0	0	0	0	1	1	0%	0
0	1	0	0	1	0	0	0	0%	0
0	1	0	1	0	3	13	16	19%	0
0	1	0	1	1	2	4	6	33%	1
0	1	1	0	0	1	0	1	100%	1
0	1	1	0	1	0	0	0	0%	0
0	1	1	1	0	10	26	36	28%	1
0	1	1	1	1	1	2	3	33%	1
1	0	0	0	0	0	2	2	0%	0
1	0	0	0	1	0	0	0	0%	0
1	0	0	1	0	16	76	92	17%	0
1	0	0	1	1	1	11	12	8%	0
1	0	1	0	0	0	0	0	0%	0
1	0	1	0	1	0	0	0	0%	0
1	0	1	1	0	6	36	42	14%	0
1	0	1	1	1	0	4	4	0%	0
1	1	0	0	0	0	1	1	0%	0
1	1	0	0	1	0	0	0	0%	0
1	1	0	1	0	5	32	37	14%	0
1	1	0	1	1	0	2	2	0%	0
1	1	1	0	0	0	0	0	0%	0
1	1	1	0	1	0	0	0	0%	0
1	1	1	1	0	18	45	63	29%	1
1	1	1	1	1	1	4	5	20%	1
					80	320	400	20.0%	

A　1995年から2000年にかけて市町村人口が増加
B　農家率30％以上
C　集落の主位作物が施設園芸，野菜，果樹のいずれかに該当
D　農業生産組織がある
E　60歳未満男子農業専業者が増加
出力値はカットオフ値20.0％を超えた場合1

の関係が論理和「または (or)」であり，例えば BCD は B×C×D の論理積「かつ (and)」の関係性であることを表している。この場合 T は BCD など5種の独立変数の組み合わせで表現された解の中のいずれか1つの組み合わせが成立したときに1，つまり集落総戸数が維持される構造となっていると解される。

3．地域類型別集落の存続構造

それでは質的比較分析法による解に基づいて，熊本県の農業集落が衰退せずに生き残る条件について考えてみよう。存続条件が厳しい順に検討を進める。

(1) 山間農業地域

山間農業地域は，4地域類型の中で最も土地の傾斜度が急で生産条件的には不利な地域である。人口の減少も4地域で最も大きい地域であり，集落戸数の減少から集落崩壊，挙家離村へと集落の存続に関わる問題が一番深刻化している。例えば熊本県芦北町などの山間の農業集落では，既に高齢化率が40〜75％程度になっている地区があり，このような集落の農業従事者の平均年齢は70歳以上である。これらの地域は，高齢化と同時に年少世代，生産年齢世代人口に空白が目立つようになっており，耕作のみならず集落自体の存続が時間の問題となっている。土地の傾斜度は中間地よりも急勾配で，棚田などのような小面積で畦畔が広く構造改善事業などによる耕地の効率化ができないような田んぼが散在している。このため大型のトラクターやコンバインなどの搬入は不可能で，人力による農作業が多く，平地と比較して土地の傾斜と作業効率の悪さが農業経営上大きなハンディとなっている。またこれまでの離農・離村等で耕作放棄地や放置家屋が多くなり，コミュニティ人口の減少と高齢化は地域のソーシャルキャピタルを減少させ，水の管理その他の定住や耕作を続けるための集落の共同作業も継続が厳しい状況となっ

ている．耕作放棄地はすぐに山林化し，荒れた山からのイノシシやサルなどの鳥獣害が深刻化している．

　このような条件下で農業に成功している集落は，土地の高度差を利用し季節をずらした寒冷地野菜の栽培や商品作物の企業からの受託栽培，山菜・キノコなどの特産物栽培など，地理的不利性を比較優位へ持っていく試みに成功した地域である．このような産業の振興は政策的にも有力な手法とされているものの，全国土の7割を占める中山間地域のすべてがこのような特産品を持てるとは考えられない．

　山間農業地域の市町村で人口増加しているものはひとつもない．他の3地域に比べ集落人口維持のための成功条件は極めて少なく，わずかに，

$$T = acde + aBcd + abCE + aBCD$$

の4種類のパターンが算出された．$acde$ は，すべて消極的な要件のみであるが，この集落では幸いにもまだ集落自体の人口減少が始まっていない状況にあると思われる．その理由として近隣や地域内に雇用の場があるか，特産品生産が可能である，あるいは通勤が可能であることなどによって集落からの人口の退出が未だ始まっていないケースと考えられる．

　$aBcd$ は，市町村人口が減少し，施設園芸や野菜・果樹ではなく稲作中心の集落で，農業生産組織も機能していない．しかし，農家率は未だ30％以上維持している．典型的な過疎に向かっている集落であり，まだ農家率が高いうちに，生産性のある作目を導入し，比較的条件の良い耕地を集約化や小作ができるような環境整備を行い，共同性を復活させ集落での営農支援機能を再強化させるなどの手を打つ必要があろう．後継者については，それらの農業による生計維持が軌道に乗り始めることで，数は少ないがUIJターン等の形で満たされてくる可能性を探るほかあるまい．或いは年金や兼業による収入を前提とした農業集落へと積極的に変質させ，旧来の農政の目標であった生産量増大を目指すのではなく，静かに生活の質が高い暮らし（QOL）を実現することのできる地域を目指すといった地域づくりも将来はあり得よう．

abCEは，市町村人口の減少，農家率も減少しているが，施設園芸・野菜・果樹栽培を行っており，かつ60歳未満の男子農業専従者も増加している。山間地という条件のなかで商品競争力のある営農を行い，家業としての農業の維持が集落内の各農家で受け止められている。このようなところでは生産組織を作ることで，一層の農業生産活動の安定性や利便性を高めることができると考える。

　aBCDは，市町村人口は減少しているが，農家率も高く，米麦以外の施設園芸や野菜・果樹などの商品作目を栽培し，生産組織もしっかりしている集落である。集落をあげて施設園芸等の商品競争力のある作物を共同で栽培・出荷するなど，地域の連帯性が維持されている積極的な集落であると考えられる。山間地域という一番ハンディキャップの大きい地域で人々が定住していくためには，直接所得保障制度の充実や農外収入の増加に努めることは勿論であるが，第一義的には農業者がまず経済的に利益の上がる生産活動をそこで行えるということが必須条件として挙げられる。その条件を満たす手法として，現在の認定農業者等を中心に換金性の高い作目の選別を行い，その生産活動を支援する生産組織が必要となる。作目の選定にあたっては，特殊作目の開発・導入を図り，平地のモノカルチャー生産という規模の経済性を追求する市場と競合しないマーケットを見つけることが有利であるとされてきたが，集落人口の激減や高齢化による人材枯渇の影響は，このような積極的な取り組みを集落で進める大きな障害になっている。

(2) 中間農業地域

　この地域も山間農業地域ほどではなくとも土地の傾斜度があり，平地よりも農業条件として厳しく，圃場整備も平地農業地域や都市的地域ほどには行われていない[21]。この未整備の耕地が大型機械の導入を阻むため耕作が非効率化し，そのことが田畑の集約による大規模化や小作貸し付けなどが難しい状況を作り出している。このような負の条件が重なるハンディキャップ地域で集落戸数を維持していくための条件は計算の結果，

$$T = bcD + abce + aBCe + abDE + ABCD$$

の5種類となり，山間農業地域よりも1パターンだけ存続確率が高くなっている。

　bcDは，農家率が減少し，米麦栽培中心だが，農業生産組織は健在である集落である。生産組織が機能している間は，共同作業，機械の共有や耕作の支援を受けることができ，現役世代が稼働できる範囲で農業生産活動は維持され得る。地域特性を生かした栽培作目の変更などを生産組織を通じて支援しつつ，販売農家として育つような支援が効果を上げると考える。また，離農する農家からの耕作地の借り受け，生産組織による受託耕作作業，オペレーター養成から後継者へと繋げる仕組みなどを公的な機関が関与して制度化することも，農業生産活動の支援効果を上げ人口の定住に寄与するものと思われる。

　abceは，市町村人口が減少し，農家率も減少，米麦栽培中心とこれまでの成り行きに任せ，後継者も育っていない集落である。たまたま兼業のための通勤等が可能といった好条件下にあるとも考えられるが，このような農業集落では地理的隔絶性が強ければ過疎化が時間とともに進展していくことになろう。

　集落を維持させるためにはそこで生活する人口を保持する必要があるが，国内の農産物の市場競争性からみて条件不利地域の集落内では農林業活動でその生計費を賄えない場合が多く，農外収入増加の可能性を高めることにこれまで取り組まれてきたが，十分な効果を上げるには至っていない。

　aBCeは，市町村人口が減少しているが，集落の農家率は維持されている。施設園芸，野菜，果樹など商品価値の高い作目を栽培しているものの，60歳未満の男子農業専従者は減少しており後継者が育っていない。地理的条件不利性を，個々の農家の才覚で補い健闘している集落である。中間地域という地代・労賃の安さや気候条件などを有利に使うことで，農業活動の活性化を図れるような公的支援策が効果を持つ。

　abDEは，市町村人口・農家率ともに減少しているが，農業生産組織が集

落で機能しており，60歳未満の男子農業従事者が後継者として育っている。生産している主位作目を問わず，集落として協力して農業活動を支援し合うことのできる連帯性が地域力となっているものと考えられる。このような地域力を保持している集落については，中間地域への直接支払制度といった収入補塡の支援策は有効に機能すると考えられる。

　ABCDは，市町村人口は増加し，農家率も30％以上維持しており，施設園芸・野菜・果樹などの価格競争力のある作目を栽培している集落である。市町村人口が増加するという条件は大変少ない可能性であり，一般化はできないものの，この地域は中間地域でも条件が良い地域であると考えられる。旧来からの農業集落が揃って生産組織の協力により地域特性を生かした農業を模索している。前ケースより積極的な展開を集落で行っており，生産組織の充実により一層農業生産活動が円滑に進むようになると考えられる。

　この中山間地域の課題は，①土地条件の不利性からくる「経済的要因」，②厳しい自然環境と，都会生活と比較した生活環境施設の劣位性といった「社会的要因」，さらに③人がよりよき暮らしを求める人生選択に対して農山村地域は幅広い自己実現の可能性を確保できないといった「主体的要因」が絡まったものであり，このことがこれまでも定住や後継者養成を困難としてきた。過疎対策事業では①②の条件改善を目的とした農村環境の整備が国・県・市町村によりこれまで展開されてきたが，集落人口の維持・定住の促進という面ではほとんど効果は発揮できていない。公共政策により一定の成果を出すためには，総合的な社会資本整備に対して多額の投資が必要となるが，生活道路や上下水道の整備すら遅れている現在の地方の水準を，都市部より優先して整備することは政治的にも困難である。より高い生活環境水準・自己実現の機会を求めて都会へ人口が流出していくことによる過疎の進行を止めるためには，環境整備はもちろん農業という働き方の近代化や，中山間地域に暮らすことの価値づけなどまで，総合地域政策の課題として捉えていく必要がある。

(3) 平地農業地域

同じようなブール代数計算を平地農業地域に行うと,

$$T = Bde + AcDe + aBcD + AcdE + abDE + AbCE$$

の6種類の解が集落人口維持の条件となった。この平地農業地域は農業生産に関しては4種類の地域類型の中で最も恵まれた地域と考えられる。つまり中山間地域は土地の傾斜度による問題,都市的地域は逆に都市化により農業目的で土地利用するよりも遙かに有利な土地利用の機会が豊富にあり,農業集落としては衰退を余儀なくされているが,平地農業地域は圃場整備などで画一的に整地された田畑での大型機械による効率的な耕作が可能である。

Bdeは,農家率は30％以上維持されているが,農業生産組織がなく,60歳未満の男子農業専従者は減少している。平地という地理的好条件地で農業集落が幸いにも今現在は残っているが,集落自体が営農を積極的に継続する雰囲気になく,農業が後継者にとって魅力的な仕事となっていない。農家率の低下につれ農外者の混住化が進み,集落自体は性格を変えていく可能性がある地域である。

AcDeは,市町村人口が増加し,米麦生産中心で,農業生産組織が維持されている集落である。しかし,後継者がいないことが将来の集落維持にとっては課題となっている。平地という地理的優位性を生かし,圃場整備などの構造改善事業を行うことで,米麦作の大規模化・省コスト化を図ることが可能となる条件地域であり,後継者がいない耕地については土地の集約化や小作などを上手く誘導することで農業による地域活性化も可能な所である。

aBcDは,市町村人口は減少しているものの,農家率は30％を未だ切っていない。生産組織は健在であるが,集落の主位作物は米麦である。平地農業地域のなかでも農業生産には一番適した地域であり,その優位性で農村集落が維持されている。早晩現役世代の高齢化に伴い農家率の急激な減少が始まるため,集落の変化が引き起こされる可能性があるが,平地であり近隣の人口集積地域であるDID地区へのアクセスも容易であることから,農外者との混住が進むことも考えられる。集落自体の崩壊までには至らないもの

の，人口の減少がみられる地方都市周辺の平地農業地域の典型例である。

　AcdE は，市町村人口は増加しているが，栽培作目は平地の条件を生かした米麦生産である。この集落では生産組織は既に機能していないが，後継者は存在している。これまで稲作では集落単位の利水や共同作業が必須であったが，機械化や構造改善などにより利益の上がる米作が世帯単位の農業活動で可能となっている集落である。このような平地農業地域も次第に混住化が進展し，集落の定住人口は農外者の移住により満たされるようになることが予測される。

　abDE は，市町村人口が減少しており，農家率も 30％を割っているが，都市近郊で平地である地域特性から生産組織が機能しており，後継者も確保されている営農集落である。生産条件として恵まれた地域であり，生産組織の活性化を行いつつ，耕地の大規模化や換金作物の栽培など攻めの農業を展開することが可能な集落である。

　AbCE は，市町村人口が増加しているものの，農家率は 30％を割り込んでいる。しかし，施設園芸や野菜，果樹などを栽培し，後継者も育っている。平地での農業は，営農規模を拡大し商品作物の栽培を行うことで土地条件の比較優位性を活用することができる利点がある。農業継続のための条件に多少不利な点があったとしても，集落内に生産組織といった相互扶助機能を持つことで，営農がさらに有利に展開できる可能性が考えられる。

　以上の平地農業地域では，他の地域に比べてその地理的条件の優位性は高く，それを生かす営農の推進が効果的である。後継者が減少している地域については，公共政策としてまず営農を支援するための生産組織の設立・運営支援を行い，農事法人化を含めて職業として魅力的な経営を確立することが有効である。既にそのような大規模化した法人の中には，野菜や花卉などの栽培で農外の被雇用者をハウス労働力として雇用するような雇用型農業経営を積極的に行っているところも現れてきた。これらの地域でも地方都市周辺の平地農業地域のように農業集落戸数の減少は起こりうるが，集落への農外者の参入可能性も高く，また生産性においても 4 地域類型の中で一番有利な

土地であることから、先に検討した中山間地域のような集落の崩壊がおきる地理的条件不利性は見られない。

(4) 都市的地域

この地域はもちろん中山間地域のような意味での条件不利地域ではないが、農業集落としては都市化により別の制約を受けている。このため農業集落自体が崩壊していく傾向が見られ、その農地は他用途に転換される過密化の危機に晒されている。都市内もしくは周辺部分に位置する近郊農業集落においても、混住化が進展している。この地域で農業集落世帯数が維持されるための独立変数条件としては、

$$T = BCD + abcd + abdE + aBCe + acDE + AbCde$$

の6つの条件が満たされる必要がある。

まずBCDは、農家率30％以上で集落の主位作物が施設園芸・野菜・果樹のいずれかで、生産組織がある農業集落が集落戸数を維持或いは増加させている。この集落は都市的地域であるものの未だ農家を中心とした世帯で構成され、米麦栽培から収益の上がる作目に転換しており、農業生産のための支援組織も機能している。都市の利便性を享受しつつ、従来からの農業を中心とした暮らしが維持されている地域である。

abcdは、市町村人口が減少しており、農家率も30％を割っているが、米・麦といった伝統的作物栽培を行い農業生産組織は持っていない。都市内で農外者（非農家）が転入するなど農林業以外の要因で集落人口が維持されている。将来的には人口・戸数の増加の可能性はあったとしても農業集落としては位置づけることができなくなる可能性がある。

abdEは、市町村人口の減少、農家率の減少、農業生産組織がないといった農業集落の維持には不利な条件であるが、60歳未満の男子農業専従者が増加している。この集落では都市化にもかかわらず、逆に都市への近接性などの優位性を生かした農業を行い、さらに農業を継いでいこうという後継者が育っている地域である。集落世帯数が維持されている主たる理由は、農家

数が増加しているのではなく，地理的利便性からくる農外者の混住によるものと考えられる。

aBCeは，市町村人口が減少しているが，農家率はまだ30％を超え，集落の主位作物も米麦以外の施設園芸や野菜，果樹など価格競争力の高い商品作物に転換している。しかし，60歳未満の農業後継者は少ない集落である。旧来の農業集落が都市化により解体に向かって変化しつつあるが，ここではまだ集落内に農家が比較的多数あるため，高齢者や跡継ぎがない農家でも都市の利点を生かした営農を現在も継続できている状況と考えられる。しかしこのような条件下では，農外者の転入による集落戸数の増加要因は別として，農業が世代交代できなくなった時点で農家戸数の減少は加速化することが予測される。地理的には都市部内であり，農振地域などの規制がはずれた段階で住宅地や商工業地へと転換が進む可能性が高い。

acDEは，市町村人口が減少し，米作を中心とした集落であるが，農業生産組織が健在であり，さらに60歳未満の農業専従者が増加するなど後継者が家業の農業を承継し積極的な営農を集落単位で行っている。都市および近郊の地理的優位性を生かした営農の典型として考えることができよう。

このような都市的地域での農業は，宅地並み課税や混住の進展といった都市化による営農継続への障害は高いものの，都市人口の集積を生かした積極的商品作物の栽培には後継者へも魅力ある仕事として農業継続の可能性を感じさせるものがある。積極的に農地として保存しておく必要性があるかどうかは都市計画の中で議論されるものである。

AbCdeは，市町村人口が増加し，施設園芸や野菜・果樹などの農作物を栽培しているが，農家率の低下，生産組織の消滅，後継者不足と都市化による影響から農業を辞める農家数が増加している。

このように都市的地域では地域の存続に関わる課題解決能力の問題に関して農業活動はたとえ衰退したとしても，農業外の理由で非農家人口の増加があり得る地域であり，さらに雇用などによる経済的上昇の機会も多く，そこに居住していくという面では中山間地域と比較すると条件的に遙かに恵まれ

ている。確かに農業地域の条件という視点から考えると，地価と比較して農業所得の比較優位性を失う条件が生まれた段階で，農業集落から他の商工業や住宅地へとその性格を転換していく危険性も予測される。いずれにしてもこの地域には都市化・過密化による条件不利性という別の意味の問題を抱えているものの，山間農村地域に典型的な低土地生産性と集落人口減少による集落の存続という点では条件不利性は見られない。

4．持続可能な集落政策

　私たちの関心は，低密度化する農村地域が持続的に存続ができる条件を探索することにあった。質的比較分析による地域類型別の定住条件を高める農業集落の独立変数構造は，表3-2のように，終期から第1期，第2期，第3期へと持続困難から安定的状態までの時期に区分することができる。
　それではこの構造をもとに，どのような政策化が可能なのかについて検討をしよう。AからEまでの5つの変数のうち，市町村人口の増減（A）や農家率の維持（B）については，多くの要因により因果的に引き起こされるものであり，人為的なコントロールが難しいものである。現実的に政策として操作可能なものとしてはC，D，Eという3つの要素になる。つまり，比較優位を取りうる主位作目の選定，相互支援の生産組織形成，後継者の養成といった条件の改善が集落の存続可能性を高める政策の対象であり，作為的な変数となる。
　表では集落の存続可能性が一番高い農村構造を第3期，一番低い状態を終期として表記している。状況を変革する，つまり政策により操作を試みるという観点から見ると，まず終期の段階では，各変数ともすべて小文字で消極的な意味を示しており，現在は集落は存続しているものの，個人及び集落での活性化の取り組みはなされておらず，成り行きに任せられた状況である。第1期は，独立変数が1つだけ積極的意味を示しているものであり，そのなかでもBdeは地区力の衰退の原初形態と捉えることができよう。つまり集

表 3-2 定住条件を高める農業集落構造

	終期	第 1 期	第 2 期	第 3 期
都市的地域	abcd	abdE	aBCe, acDE AbCde	BCD
平地農業地域		Bde	AcDe, aBcD AcdE, abDE	AbCE
中間農業地域	abce	bcD	aBCe, abDE	ABCD
山間農業地域	acde	aBcd	abCE	aBCD

注) A：1995 年から 2000 年にかけて市町村人口が増加
　　B：農家率 30％以上
　　C：集落の主位作物が施設園芸，野菜，果樹のいずれかに該当
　　D：農業生産組織がある
　　E：60 歳未満男子農業専従者が増加
　　大文字は条件を満たしていること，小文字は条件を満たしていないことを示す。

落の農家率はまだ 30％以上あるが，農業生産組織といった集落の共同作業がなくなり，高齢化している状態である。このような状況を改善するためには，第 2 期の存続条件のように，もう一つ積極的な独立変数の存在が必要である。それは C（収益の上がる作目に挑戦する）や E（若年層の農業後継者を育てる），もしくは D（農業生産組織を活性化する）といった経営や共同作業の工夫を行うことで集落の存続可能性を高めることである。そしてさらに安定化した第 3 期を目指すためには，経済的安定性を確保するための C（収益の上がる主位作目の選定），及び地域の協働のネットワークが生きていることを示す D（農業生産組織がある）が，平地農業地域を除く都市的地域・中間農業地域・山間農業地域における農業集落の生き残り条件として必須となっている。この両方の変数は，いずれも農家が自ら生産力の向上に努め，また集落構成員として共に協力し合う関係性を築けるか否かということを意味しており，このような地域における連帯・ネットワークの欠落の過程で，第 2 期，第 1 期，終期へと衰退の過程を辿っていると考えることができる。

平地農業地域では，その地理的条件の優位性から，Bの農家率の維持は必須条件となっていないが，都市的地域においてはC，D，Eという要素を備えることが集落が維持されるための潜在力となっている。中山間地についてはとりわけ存続条件が厳しく，Bで表されている一定の集落の農家率の維持が過疎への転落か否かの閾地となっている。つまり，農家率が減少してしまわない段階で，CおよびDという地理的特性にあった優位作目の栽培と農業生産組織の設立・維持・強化を行うことが重要である。

条件不利地域では共同作業のネットワークがあるかどうかというDは，ソーシャルキャピタルの観点から大変重要な要素となっている。現在でも水田は粗放的な農耕ではできず，集落単位で水路を管理し田に水を張り，畦畔や農道の維持を行うなど集落の共同作業が不可欠である。上流で耕作放棄地が発生し水路等の維持管理ができなくなると，流域の田畑の受ける影響は甚大なものがある。これまで集落総出で行ってきたこれらの地域資源の共同管理活動が，農耕者が減少・高齢化する中で一部の人の肩に掛かり対応能力をなくしつつあるというのが現状である。あるいは，地域特性にあった優位な作物の栽培でも，一定量を確保して有利に市場に出すためには，集落としての共同・協力が不可欠である。これまで各戸がフルセットでトラクターやコンバインなど大型機械を買いそろえたが，このような個人単位の整備は兼業農家としての作業の自由度は増加したものの，地域コミュニティが協力し合うという関係性を失ってきた。山間地域では住民の連帯が減少したことにより集落単位の生産組織が形成できないところも見られるが，近隣集落との協働という新たな「連携」や「橋渡し」のソーシャルキャピタルを向上させること，あるいは公的関与により第3セクターなどで対応することが，今後も農村地域に農業活動を維持し人々が農山村に居住していくことの可能性を高める政策の視点として重要となっている。

Eの後継者養成は将来的に必須のものであるが，当面CおよびDの政策的支援を充実し，営農環境の整備と経済的基盤の強化を行った上で，将来のUターン者やIターン者を迎える環境条件を整えるという2段構えの政策が

現実的には実効的なものではなかろうか。その際，個々の家族の後継者だけではなく，農業という仕事を継ぐ後継者を育てるという視点が地域にも自治体にも必要である。もっとも地域の高齢化の速度を考えると，今からその取り組みが間に合うのか疑問となる地域が多いことも事実である。

農地の流動化の視点から考えると，中山間地域では耕地面積が平地を上回って減少しているにもかかわらず，農家戸数の減少が残存農家の農地集積につながらず，耕作放棄地になっている[22]。平地では，戦後の農地解放で自分の田畑を手に入れた農民は，兼業農家となっても農地を保有するメリットを十分に享受し，たとえフルに土地を活用することをせずとも将来の資産価値として土地を保有し，賃貸も嫌う傾向が見られる。しかし，中山間地域では農家単位の規模が零細で，後継者が帰郷する見込みも，また他者へ転売の可能性もなく，小作についても農地の出し手は多いが，引き受け手が少ないという状況にあり，担い手の弱体化が極限にきている。農地の最後の受け手は第3セクターという地域も既に発生しており，産業政策としては自家の後継者ではなく産業の後継者に国民の共通資産としての農地を譲り渡していくシステムを構築する必要がある。

おわりに

これまでの分析から，山間農業地域など条件不利地域の市町村は人口的に大きな危機に直面しており，何らかの地域振興政策を実施するために残された時間はあと僅かになってきていることが明らかになった。

また農業集落自体の存続可能性についても，主位作目をよく選定し，生産組織など農業生産活動を相互に支援しあう地域の関係性のネットワーク構築が大変重要なファクターであることが明らかとなった。このような厳しい条件の中で今後も山村集落が持続可能なものとして存立していくことを支援する政策として，ソーシャルキャピタルの視点を導入することの必要性を次章で検討しよう。

第3章 農業集落消失の危機と存続の条件

付記 本章は,上野眞也「条件不利地域の構造と政策分析——質的比較分析による集落存立条件の研究」『熊本法学』第105号,2004年で一部発表したものに,新たに人口構造推計などの分析等を加え,書き下ろしたものである。

注および参考文献
1) 平成14年度の国立社会保障・人口問題研究所の推計の低位推計。http://www.ipss.go.jp/Japanese/newest02/4/ref_z1.html(2004年9月5日).
2) http://www.ipss.go.jp/Japanese/shicyoson03/syosai/pdf/shosai.pdf(2004年1月4日).「朝日新聞」2004年1月1日.
3) 国立社会保障・人口問題研究所編『都道府県別将来推計人口——平成12~42年』2002.
4) 橋詰登「中山間地域の人口動態と定住人口の維持条件」,田畑保編『中山間の定住条件と地域政策』日本経済評論社,1999, 24-51が,全国の中山間地の動向を捉えており参考となる。
5) 平成11~14年までの総務省自治行政局『住民基本台帳人口要覧』を参照。例えば,平成14年3月31日現在では,転入者482名,出生者111名,その他13名で,人口増が606名,それに対し転出者561名,死亡者197名,その他6名で,人口減が764名であった。その結果,芦北町では158名の減少,増加率-0.91%であり,自然増加率-0.50%,社会増加率0.42となっている。
6) 本章の人口推計は以下の条件で行った。推計手法:コーホート要因法,基準年次:1995年及び2000年,基礎となる出生率・存続率:熊本県,出生率の設定:出生率仮定値表を元にした年次調整値,最終期設定出生率:1.32(2025~2030年の合計特殊出生率),社会移動率の設定:封鎖人口による計算,開発人口の加算:なし.
7) 西野寿章『山村地域開発論』大明堂, 2003, 204.
8) 足立幸男・森脇俊雅『公共政策学』ミネルヴァ書房, 2003, 271-283.ロバート・パットナム『哲学する民主主義——伝統と革新の市民的構造』NTT出版, 1993. Fukuyama, Francis, *Trust : The Social Virtues and the Variation of Prosperity*, London : Hamish Hamilton, 1995. 白井克孝「パートナーシップと住民参加」室井力編『住民参加のシステム改革——自治と民主主義のリニューアル』日本評論社, 2003, 111.
9) 農業集落カードは世界農林業センサスの調査結果の1つで,5年おきに地域社会の最小単位である農業集落の構造を把握する目的で行われている調査のデータである。財団法人農林統計協会の「2000年世界農林業センサス——農業集落カード」(CD-ROM版)の1970~2000年までのデータを本分析に使用。
10) C. Ragin, *Fuzzy-Set Social Science,* University of Chicago Press, 2000. C. Ragin, *The Comparative Method,* Berkley : UCP, 1989. C. Ragin and H. Becker, *What is*

a Case? : Exploring the foundations of social inquiry, Cambridge : Cambridge University Press, 1995. C. レイガン，鹿又伸夫訳『社会科学における比較研究——質的分析と計量的分析の統合に向けて』ミネルヴァ書房，1993．鹿又伸夫ほか『質的比較分析』ミネルヴァ書房，2001年．鹿又伸夫『ブール代数アプローチによる質的比較』（平成8～9年科研費報告書，北海道大学）．
11) 地域条件の不利性を補完する5法の地域指定数は，平成10年度で3,233自治体。熊本県では，過疎指定51，山村30，特定農産法59市町村となっており，県が中山間地として取り扱うものは90市町村のうちの74％，67自治体が該当している．
12) DID（人口集中地区）とは，人口密度4,000人／平方キロメートル以上の国勢調査地区がいくつか隣接し，合わせて人口5,000人以上を有する地区をいう．
13) 本章の統計用語は，農業センサスの用語に同じ．ちなみに「農家」は経営耕地面積が10a以上（1979～1985センサスでは東日本が10a，西日本が5a以上）で農業を営む世帯をいい，これ以下の面積でも年間農産物販売金額が，1970年センサスで5万円以上，1975年7万円以上，1980～85年10万円以上，1990年15万円以上であった世帯を含む．
14)「60歳未満農業専従者」は，60歳未満で調査期日前1年間に自営農業に150日以上従事した人．
15) 生産組合，農事実行組合，農家組合，農協支部など名称を問わず，総合的な機能を持つ農業生産者の集団をいう．
16) 集落総戸数の維持・増加傾向は，核家族化の進展および独居老人世帯の増加などで必ずしも集落人口の維持・増加と同一ではない可能性がある．そのため農業集落内の農家人口増減と総農家数増減との相関関係について調べてみると，ピアソンの相関係数1％水準で相関係数0.866と強い正の相関関係が認められ，またこの場合の攪乱要因は非農家だけとなることから，集落と集落人口の増減は同じ傾向を示すものとして取り扱うこととする．ここでは集落戸数に非農家数を加えたものを集落総戸数とし，それを農業集落における定住条件を示す従属変数として用いることとする．
17) 農業センサスは悉皆調査であり，データの欠損は農業集落自身が都市化や過疎化で調査対象外となったことが主原因と考えられる．2000年の全国農業集落数は13万5千であるが，この10年で3.5％減少した．1980～1990の減少率は1.6％であり，農家数の減少とともに集落の大幅な減少傾向が始まっている（橋詰登・千葉修『日本農業の構造変化と展開方向——2000年センサスによる農業・農村構造の分析——』農文協，2003，342）．
18) 質的比較分析では，論理関数の値を0，1の2値にする必要があり，同じ論理変数の組み合わせが異なる結果を生じている場合，すなわち矛盾を含む行がある場合にはQCAではカットオフ値を設定し，その発生比率によって0，1を割り振る．
19) 手計算も可能であるが，本章ではレイガンやダラスが開発したfs/QCA 0.9630のソフトウェアを利用して計算した．

20) ド・モルガンの法則を適用するとその否定形も導出できる。
21) 中山間地域の農家が圃場整備といった農地の構造改善を行わない理由として，農地の規模が小さく自己負担金に見合うほどの生産性の向上が見いだせない，あるいは後継者がなく今後営農を継続していく可能性がないなどの理由が多い。
22) 山下一仁『制度設計者が語る わかりやすい中山間地域直接支払制度の解説』大成出版社，2001，23-25．

第4章

持続可能な地域をつくる政策
——ソーシャルキャピタルの視点から——

はじめに

　これまでの考察で中山間地域などの条件不利地域が，将来にわたって持続可能な地域社会として存続していけるのかという課題が明らかになってきた。ところがこのような課題解決は行政だけで解決できるものではなく，住民の協力なしには困難である。本章では，住民とコミュニティの間で共有されているソーシャルキャピタル（Social Capital）[1]と呼ばれるネットワーク資源に注目し，集落の活力や力量を規定している要因は何かについて考察する。これまでわが国の高度成長期以降の条件不利地域対策は，都市化の影響で衰退を余儀なくされた農山村に対し生産機能の向上と集落環境整備を目的とした物的な社会資本整備として，いわゆる箱モノ整備を続けてきたが，若年世代の他出と居住者の高齢化による集落機能の衰退に歯止めをかけることはできなかった。地域の生産性や安心・安全の源であった集落の機能は，これまで住民の連帯によるネットワークで形成・維持されてきたものであるが，それが減少するとともに地域の持続可能性は縮小し始めている。

　少子・高齢化の影響を大きく受けている山村などが将来にわたって持続可能であるためには，地域のソーシャルキャピタルを向上させるという取り組みが有効な地域政策となるという仮説を本章では検討したい。つまり地域資源や社会資本を活かし地域を活性化するために，住民のネットワーク力を再強化することが重要である。高齢化や人口減少により今後衰退が避けられな

い集落にとっても，住民がその地に生きることを選択するのであれば，集落の潜在力を結集し，住民の連帯のネットワークを強化することによって地域コミュニティを維持するような政策を試みる価値がある。またそのことは住民の自治への参加と公的サービスへの満足度とも深く関連している。

　ソーシャルキャピタルは，近年では政治学，社会学のみならず経済学，公衆衛生学，都市計画，建築学，社会心理学など幅広い学問分野で，その研究が進められている。まず，第1節ではソーシャルキャピタル概念の定義と政策的な応用例を整理し，続いて第2節で芦北町に関する集落レベル（メゾレベル）のソーシャルキャピタルについて比較分析を行い，第3節ではそれらの知見を基にソーシャルキャピタルの要因と構造を明らかにする。最後に第4節で山村集落の持続可能性を高める政策ツールとしてのソーシャルキャピタルの可能性について検討を行う。

1．ソーシャルキャピタル概念と政策化

(1) ソーシャルキャピタル概念の発達

　ソーシャルキャピタルという用語を初めて使ったのは，アメリカ合衆国の教育者であるハニファン（L. J. Hanifan）が1916年に地域の教育力の向上や民主主義の発展のためには市民間の連帯やネットワークの強化というコミュニティ・インボルブメントが重要と論じたものであった。50年代になるとカナダの社会学者であるシーリー（John Seeley）により，個人の能力としてソーシャルキャピタルが論じられた。60年代には都市問題研究者のジェイコブズ（Jane Jacobs）が大都市におけるインフォーマルな近隣関係の集合的価値を論じ，70年代には経済学者のローリー（Glenn Loury）が黒人問題について，そして80年代にはフランスの社会学者ブルデュー（Pierre Bourdieu）がグループのメンバーシップに関する潜在的可能性について，ドイツの経済学者シュリック（Ekkehart Schlicht）が経済的価値として，コールマン（James S. Coleman）は教育における社会的コンテキストで学術的な概念

として論じた。善意，連帯感，共感，社会の構成単位である個人や家族の社会的交流が，社会を健康で幸福な状態にするという考えは，90年代後半以降政治学や社会学研究で進められてきたソーシャルキャピタル概念の研究により，さらに多様な学問分野へと広がりをみせている[2]。

このように社会のネットワークの中にある資本として「ソーシャルキャピタル（Social Capital）」を，そして物的・投資可能な財やインフラストラクチャーとして「社会資本（Physical Capital）」を，知識や技術などの人的な資本として「ヒューマンキャピタル（Human Capital）」を区別して考えることができる。日本ではソーシャルキャピタルの直訳に当たる「社会資本」という用語は，道路や港湾などのインフラストラクチャーの意味で使われることが多いことから「社会関係資本」と訳されることもあるが，近年では「ソーシャルキャピタル」という表現が通用しており本章ではそのまま使うこととする。

政治学研究では，プラトンやトックビル，ミルへと繋がる伝統的な市民社会論の系譜に，民主主義の深化は市民のコミュニティへの参加の度合いによるというソーシャルキャピタルに通じる考えが通奏低音のように流れている。このような理念をロバート・D. パットナムはイタリア地方制度研究『哲学する民主主義――伝統と改革の市民的構造』で実証的にソーシャルキャピタル概念として抽出し，その有用性を明らかにした[3]。その後も彼はアメリカのソーシャルキャピタルの衰退を論じた『一人でボーリング――アメリカのコミュニティの崩壊と再生』『ベター・ツギャザー』などの実証的な研究を続けている[4]。従来の新制度論は「制度」が社会を変化させ得るという前提に立ち政策を指向する考え方を主張したのに対して，パットナムはソーシャルキャピタルという人々のネットワーク，信頼性・互酬性の規範の受容度などが制度を機能させるために非常に重要な要素であり，たとえ制度は同じでもソーシャルキャピタルが機能しなければ全く違った政治状況が現れるということを実証的に明らかにしようとしている。また，歴史的制度論の経路依存性や，社会経済要因説が主張してきた経済的豊かさが民主主義

を強化するといった考え方が持つ限界に対しても，ソーシャルキャピタル概念は古くて新しい視角を提供している。

(2) 政策への応用

ソーシャルキャピタルは「資本」の1つであることから，蓄積が可能であり，政策等による操作が可能な概念として捉えられる。ここにソーシャルキャピタルを政策ツールとして使える可能性がある。

パットナムは，ソーシャルキャピタルの質と形態について，次の4つに分類している。第1は「フォーマル」「インフォーマル」，第2は強い絆と弱い絆に注目したソーシャルキャピタルの「濃い」「薄い」，第3はメンバーの利益を図ることに専念するものと公共的なものを志向するものに注目した「内部指向」「外部指向」，第4は例えば民族のように相互に類似したものの間の結びつきに注目した「結合」(Bonding) と，他者性の強い人間の結びつきに注目した「橋渡し」(Bridging) である。ソーシャルキャピタルは人々の間のネットワークであることから，フォーマルなものだけではなくインフォーマルな関係性もソーシャルキャピタルを育む役割を果たしている。

物質的な豊かさはあったとしてもソーシャルキャピタルを欠いた社会では，個人の健康や幸せを実現するものとはなりえず，個々人の社会的関係性の広さと深さが，そこに暮らす人の幸せや満足度と結びつき，また地域の力ともなっていると考えられる。もちろん社会ネットワークの結合が常に有益な価値を実現するということだけではなく，昔の農村地域に見られたように隣の家の食事や財布の中までわかる鬱陶しく濃密な関係性，あるいはアパルトヘイトやKKKなどにも見られたようにグループ内で偏見や差別を強化するなど負の価値を増長する政治的社会化の危険性をもソーシャルキャピタルの強い結合は孕んでいる。おそらく今後の市民社会の発展にとっては，橋渡し型で，外部志向性を持ち，インフォーマルな弱い関係を持ったソーシャルキャピタルが最も重要なものとなろう[5]。

それではソーシャルキャピタルの質，量，形態はどのように測定できるの

だろうか。これまでの研究では、(地方) 政府の質や市民参加度、貧困や社会的不平等、社会的排除の克服、経済的効率性、教育の質、ボランティア参加、犯罪、雇用問題、個人の幸せや生活への満足度といった研究が多くなされ、ソーシャルキャピタルの測定にはそれらを示す国や自治体の社会統計調査、家計・家庭調査、生活時間調査、利益団体調査、投票行動調査などの集合的なアグリゲートデータと、国民性調査や世界価値観調査、住民の意識調査のようなサーベイデータが利用されている。このような調査データを、性、年齢、学歴、職業、居住地域、居住期間、宗教、収入などの属性情報により細かに分析し、相関あるいは回帰分析などの方法を用いてソーシャルキャピタルを調べる。

　確かにソーシャルキャピタルという概念は抽象度が高く、理論的な位置づけの合意も確定していない。また社会的なネットワークや信頼は、それぞれの調査で得られた知見の総合化によって初めて指標化されうるものであり、定量的な測定は困難である。ソーシャルキャピタル概念の有用性については、幅広い学会で注目を浴びているものの、その評価が固まっているとは言えず、理論および実証の両面から今後の研究の蓄積が必要である。実証的な研究アプローチとしては、同一対象について時系列比較による変化を追うパットナムの研究手法、あるいは R. イングルハートやテリー・N. クラーク、小林良彰などが行っている国や地方政府レベルの比較研究のように各種指標を比較し、その変化や格差を測定すること、さらに質的な比較研究の手法など多様なアプローチによる実証的な研究が進められている[6]。

　それでは、ソーシャルキャピタルを公共政策に利用したものとして、どのような事例があるのだろうか。既に世界銀行、OECD、EU、先進欧州諸国政府など、多様な国際機関、政府機関の政策にソーシャルキャピタルの視点は取り入れられている[7]。特に途上国支援にソーシャルキャピタルを積極的に活用している世界銀行では、開発途上国の不平等の解消、貧困の克服に対するプログラムとして対象国のソーシャルキャピタルの研究が不可欠であり、これまで多くの国の地域研究成果が蓄積されている。OECD や EU で

も，開発支援とともに域内の様々な社会的格差の是正政策について，このソーシャルキャピタル概念を利用した政策化の試みがなされてきた。ここでは公共政策の中にソーシャルキャピタル概念を取り入れているアイルランド政府の取り組みを事例に，地域政策への活用の可能性について考えてみよう。

　アイルランド政府の報告書『ソーシャルキャピタルの政策への適用』は，「国家や市場が，すべての考え得るニーズを満たすことはできないことから，強く活気に満ちた市民社会によってそれは補充されなければならない。ローカル・コミュニティが自己の課題解決の能力と自助のモデルを獲得することが，公共政策のデザインにとって一番重要な挑戦である」と表明し[8]，ソーシャルキャピタルを向上させることで地域開発を行い，民主主義を機能させ，包括的で凝集力のある社会の形成を目指すことを目標としている。ソーシャルキャピタルの定義として，OECD[9]と同様に「グループ同士の協働を促進する共有された規範，価値，理解を伴ったネットワーク」と規定し，ソーシャルキャピタルが適切に適用され，促進されることで，政府機関との「連携」(Linking) を進め，不利な立場にあるグループなどへの「橋渡し」(Bridging) をし，コミュニティレベルの支援や相互ケアといったコミュニティの「結合」(Bonding) を強化することが期待されている。

　逆に言えば現代社会では，人々の生活時間や生活の質に対する圧力，高齢社会の進展，多様化する価値観・ライフスタイル，グローバル化による社会の構造的変化などが大きく変容し，家族や地域コミュニティ内の人々の関係性が弱くなっている。それにはTVの前ですごす時間が長くなったこと，文化・スポーツ・宗教・レジャーなどへの参加も個人化し仲間と過ごす機会が減少するという影響や，都市がスプロール化し買い物は車で郊外のモールに行くような都市生活様式は，人々が触れ合いコミュニティ・アイデンティティを共有するような機会を減少させるなど，多様な要因が関係していることが推測される[10]。

　ソーシャルキャピタルのもつ社会ネットワーク機能の1つである「結合」

は，家族や人種や血族関係などの比較的似たグループに関わるもので，感情的，個人的，そして健康に関わるような緊密な繋がりと支持をもたらす。このような結合を通して，コミュニティレベルで利益やアイデンティティを共有できたとき，ソーシャルキャピタルは強化される。しかしクラブやサークル内の信用，相互支援が他者を排除する結合となった場合には，逆にソーシャルキャピタルを損なう方向に作用することもある。この意味で大分県の「一村一品運動」などは，地域単位でコミュニティ・アイデンティティを創出し，地域間競争の状況を作り出すことで，地域内の結合を強化する地域政策手法であったと理解することができよう。

第2の「橋渡し」は，人種や性別，政治的立場や地域など異なる種類の人々やグループを結びつける機能を持ち，それらの人々が社会的，経済的な利益を獲得することを効果的にすることができる。第3に「連携」は，既に様々な資源を持ち社会的に恵まれた立場にある人々やグループと異なった社会的立場にいる人々やグループとを結びつける機能を果たす。広域のパートナーシップや公的機関との連携など関係性を形成する取り組みが，この例である。これら3つの機能は，それぞれ過小でも過大でも問題があり，いかにバランスをとりながらそのネットワークを強化していくかが重要となる。このようなソーシャルキャピタル概念と関連し，また重なり合うものとしてコミュニティ契約や，ボランティア，政治参加，インフォーマルな社会支援，信用や互酬性の規範，制度への信用などがある。

アイルランド政府は，このようなソーシャルキャピタルを活かした新しい公共政策を運用するにあたり，次の4つの原則を適用している。

1. 意思決定をもっとも身近な低いレベルに持っていき，高いレベルは必要性に応じて支援するという分権化，補完性の原則
2. 政策過程へ直接関与することにより，個人やコミュニティ開発へ自助的に参画すること
3. 公共政策の透明性と説明責任

4．公共政策におけるソーシャルキャピタルの主流化

公共政策の合理化，科学化，成果主義といった科学的根拠に基づく政策形成や開発が20世紀後半のトレンドであったが，必ずしも効果を上げることはできなかった。現在では地域の状況やニーズに即応した政策を基本とすべきことを，これらの原則は示している[11]。そしてソーシャルキャピタルを活かすために配慮すべき具体的な政策領域として，次の7つの領域が設定されている[12]。

1．ソーシャルキャピタルの測定
2．ソーシャルキャピタルの主流化
3．市民活動の活性化とコミュニティ開発
4．柔軟な労働環境の整備
5．生涯学習の充実
6．社会参加と持続可能なコミュニティのための場の確保
7．政府やコミュニティへの参加の推進

ソーシャルキャピタルを測定する手法を整備し，様々な政策の中にソーシャルキャピタルの理念を入れていくことで，市民活動を活性化し地域コミュニティを発展へと導く。既存の労働から疎外された女性・高齢者のみならずあらゆる人に関わる雇用制度や環境を柔軟にし，経済活動やボランティア，コミュニティビジネスを含めた地域課題解決へ人々の参入を促進する。このようなことを推進するためには，市民が政治・行政・経済活動へ積極的に参加することができるように，市民のエンパワーメントを高める生涯学習の充実が重要となる。このように多くの主体が持続可能なコミュニティづくりに協働し，政府やコミュニティの経営，自治について参加していくことを促す。それでは次節で，基礎的なコミュニティの単位である農業集落のソーシャルキャピタルについて測定をすることとしよう。

2. 農業集落のソーシャルキャピタル分析

(1) 分析方法

　ソーシャルキャピタルは，国や自治体といったマクロレベル，コミュニティと住民のメゾレベル，そして個人のミクロレベルといった3レベルに分けて考えることができる。本章ではコミュニティと住民の関係であるメゾレベルのソーシャルキャピタルについて考察し，自治体内集落に見られる格差の問題を探り，公共政策として集落の強化を働きかける領域の特定化を行いたいと考える。

　集落を比較するにあたって，まずソーシャルキャピタルと社会資本を分けて考える。後者については，客観的な数値でその充実度を測ることが可能である。しかし人々のネットワークや信頼によって作り出されるソーシャルキャピタルについては，アグリゲートデータだけでは把握できない点も多く，サーベイデータ（ディス・アグリゲートデータ）による人々の認識を加えた調査データの分析が不可欠である[13]。とりわけ私たちが目的としているコミュニティレベルでのソーシャルキャピタルの測定については，既存の国や自治体単位の統計では十分でなく，新たにフィールド調査による集落単位や個人単位の調査データの入手が必要である。ここでは，熊本県葦北郡芦北町吉尾地区の現地調査で得られたサーベイデータを使いソーシャルキャピタルの測定を試みる。データは，2002年11月20～24日，過疎が進行している熊本県葦北郡芦北町の山間部に位置する吉尾，大岩2，上原（うわばる）の3行政区住民を対象に，集合調査により実施した調査データであり，68世帯，136人の協力を得た（回答率46.7％）。

　過疎地域にとって，物理的な社会資本の未整備状況が生活の満足感を損ない不安をもたらしている面は大きく，社会資本の整備状況を無視した議論ができるというわけではない。ソーシャルキャピタルの分析を行う3地区のインフラ等の状況について表4-1のように整理される。

表4-1　3地区のインフラ等の状況比較

行政区名	吉　尾	大　岩　2	上　原
人口	112	122	65
人口減少率	7.0%	17.7%	17.6%
世帯数	43	43	24
高齢化率	39.0% (32.3%)	29.9% (24.6%)	42.6% (29.7%)
最も近いDID市	人吉市	八代市	八代市
役場までの距離	15.0 km	16.2 km	26.9 km
中心地の高度	80 m	120 m	420 m
鉄道の駅	有り	なし	なし
バス停	有り	有り	なし
診療所	有り	なし	なし
役場支所	有り	なし	なし
小学校	有り (17)	有り (14)	なし (休校)
中学校	なし	なし	なし
公民館	有り	有り	有り
商店	有り	なし	なし
農家世帯率	41.9%	32.6%	58.3%
耕作放棄地面積	477 a	421 a	1,866 a
実行組合	有り	有り	なし

注) 耕作放棄地面積は1980年から2000年までの合計。人口は2001年12月現在。高齢化率は2000年、括弧内は1995年。人口減少率は1995年と2000年の国勢調査の比較。小学校の括弧の数字は児童・生徒数。吉尾中学校は2004年度から町役場所在地の佐敷へ統合されたが，2004年3月までは37名の生徒が通っていた。
　　DIDは国勢調査により設定されている人口集中地区で，原則として人口密度が1平方キロメートル当たり4,000人以上の基本単位区等が市区町村の境域内で互いに隣接して，それらの隣接した地域の人口が国勢調査時に5,000人以上を有する地域をいう。

資料)『芦北町政概要』。

　では次にソーシャルキャピタル構造の要素を考えるにあたって，基本的な要素となるものとして次の5項目を取り上げモデル分析を行うこととしよう。これらの項目は，パットナム等の理論研究や世界銀行やアイルランド政府の政策にも使われているものである。

第4章 持続可能な地域をつくる政策　　　103

1. コミュニティ活動，ボランティア活動（Community Engagement and Volunteering）
2. 政治参加（Political Participation）
3. インフォーマルな社会参加（Informal Social Support Networks and Sociability）
4. 信頼・互酬性の規範（Norms of Trust and Reciprocity）
5. 制度への信頼（Trust in Institutions）

　まずこの5つの従属変数に影響を及ぼしている独立変数を定めなければならないが，ここでは1のコミュニティ活動，ボランティア活動については，サーベイ調査によって得られる観測変数として「地域行事への参加度」，2の政治参加については，「政治が大事と考える」，「投票行動」，「政治活動」，「地域活動」，3のインフォーマルな社会参加については「友人知人が大事」，「地域のサークルへの参加有無」，4の信頼・互酬性の規範については「地域の役に立ちたいと思うか」，「人が信頼できるか」，5の制度への信頼については「地域のリーダーの応答性」，「行政への満足度」という調査項目が関係していると考える。これらの観測変数を独立変数として，地区ごとのソーシャルキャピタルの違いを分析してみよう[14]。そのあと第3節では先の5つの基本的ソーシャルキャピタルの要素を従属変数とし，それぞれの独立変数との関係性をモデル化することでソーシャルキャピタルの構造を明らかにする。

(2) 農業集落間のソーシャルキャピタル格差
　ソーシャルキャピタルの要素である5項目に関係した11指標について，地区ごとのクロス表として整理すると，表4-2のようになる。まず全体的な特徴はソーシャルキャピタルを高めると思われる内容が多いのが大岩2，次に吉尾，そして上原の順となっている。個別にみると「政治参加」については，3地区では大岩2が群を抜いている。しかし，「制度への信頼」につ

表 4-2　地域別ソーシャルキャピタル指標

ソーシャルキャピタル	観測変数	吉尾	大岩2	上原
コミュニティ活動, ボランティア活動	①地域行事への参加度	16.3	19.4	8.5
政治参加	②政治が大事と考える	4.8	15.7	2.4
	③投票行動	21.6	35.3	16.4
	④政治活動	3.8	14.3	1.0
	⑤地域活動	7.4	10.2	2.8
インフォーマルな社会参加	⑥友人知人が大事	18.7	30.8	12.1
	⑦地域のサークルへの参加	9.6	11.2	8.0
信頼・互酬性の規範	⑧地域の役に立ちたいと思うか	7.0	11.6	4.7
	⑨人が信頼できるか	9.1	9.8	6.1
制度への信頼	⑩地域のリーダーの応答性	11.6	23.1	13.7
	⑪行政への満足度	5.5	12.0	13.0

注）単位は％。①②⑥⑧⑩は5肢選択，③④⑤は4肢選択，⑦⑨は2肢選択，⑪は10段階選択。①については，「よく参加する」「必ず参加する」の合計回答，②は「非常に重要」，③は「積極的に参加」，④は「なるべく参加」「積極的に参加」の合計，⑤は「積極的に参加」，⑥は「非常に重要」，⑦は「参加」，⑧は「大いに考えている」，⑨は「信頼できる」，⑩は「まあまあよい」「大変よい」の合計，⑪は満足度8以上を集計した比率。
資料）『平成14年水俣・芦北地域総合政策研究報告書（調査編）』熊本大学地域連携フォーラム。

いては，大岩2についで上原が高くなっている。「地域のリーダーの応答性」については大岩2が他の2倍程度高く，「行政への満足度」では上原と大岩2が高く，吉尾が突出して低い。上原は，「コミュニティ活動，ボランティア活動」でも大岩2や吉尾の半分以下，「政治参加」，「インフォーマルな社会参加」，住民間の「信頼・互酬性の規範」も3地区の中で最も低い。このサーベイデータだけでソーシャルキャピタルを定量的に測定したとすることは困難であるものの，統計的に誤差±5％以上の格差があるものについては集落間のソーシャルキャピタルの強弱について示していると推測可能であろう。

これらの中でも特徴的な「制度への信頼」「政治参加」「コミュニティ活

動」について詳細な検討をしよう。

① 制度への信頼

物理的な社会資本整備状況の比較では，上原がこの3地区の中では一番僻地と位置づけられるが，行政への満足度では一番高い評価を示している。この結果はどう理解すべきであろうか。上原は旧役場所在地である吉尾から狭い山道を車で30分ほど登ったところに位置する孤立した24世帯の集落であり，商店，郵便局など生活利便設備もなく，社会生活に必要な需要はすべて地区外で入手する必要がある。集落に繋がる村道は簡易舗装ではあるが，陸の孤島とならないよう住民が町へ陳情して作られたものである。しかし，それ以外には役場へのインフラ整備の要望は地区からはほとんど出されないなど，行政に対する要求には慎ましさが見られる[15]。生産労働年齢層の住民は，ほとんどが山を降りて近隣市へ車通勤をして生計を維持しており，農林業は自給的なものとなっている。住民へのインタビューや調査で得られた指標を勘案し解釈を試みると，住民の政治参加への関心はきわめて低い傾向が見られる。元来高地であったことから林業・畑作・養蚕などが多く，水田耕作に求められるような共同農業作業が平地より少ないこと，現在では町外で働くことで給与収入による生活水準の向上が見られること，住民の高齢化や過疎化の進行などで地域として連帯を強めソーシャルキャピタルを高めるという動機が薄く，集落の将来については諦観に近い穏やかさが感じられる地区である。

しかしこの上原でも，2002年から住民が協議をして農地を確保し，九州一円から参加者を募って焼き畑のイベントを開催したり，参加者とともにソバを植え，そのソバによる特産品を創るという都市・農村交流活動が始まった。また江戸時代から地区に伝承されてきた「臼太鼓踊り」は1982年以降途絶えていたが，これを再現・保存する活動に取り組みはじめた。これまで農業集落が解体し，住民が日常的に町外へ働きに出ることで地域コミュニティのソーシャルキャピタルは大きく低下していたが，役場担当者の助言により始まったこのような地域づくりの取り組みは，住民同士が協力する必要

性を高めることとなり，地域に新たに住民間のネットワークを強化する契機となっている。

　上原は僻地であり，過度に行政に依存せず自立した生活を送ることを習慣化しており，その意味で行政へ過剰な期待をしたり失望したりすることがないため，住民の行政活動への評価は高くなっていると推測される。逆に，この周辺地区で一番便利な古くからの地域の中心地である吉尾は，多様化した価値観を持つ住民の存在が地域のソーシャルキャピタルを強化するのではなく損なう方向へ働いており，行政活動への評価も一番低い。都市化の影響は農山村を変化させてきたが，それは人口の流出や既存産業の衰退だけではなく，隣人間のネットワークの希薄化など集落を結びつけていた人々のネットワークをも弱体化させている。稲作農業地域の大岩2は，政治参加も盛んであり，行政への評価や地区リーダーの応答性といった「制度への信頼」は高い。制度への信頼性が高いと，政治参加も高いという法則がここに窺われる。コレスポンデンス分析により「町行政への満足度」と地区との関係を調べると，上原が高い満足度を示し，大岩2が中くらい，吉尾が低い満足度を示しており，クロス集計表と同じ傾向がそこからも再確認できる。

　② 政治参加

　次に「政治参加」と地区との関係については，表4-2に見られたとおり大岩2が他の2者と比較しても非常に高い値を示している。3地区で唯一継続して町議を輩出している地区であり，政治になじみがあること，所得から推測される生活レベルが一番安定していることなどが，農村集落としての纏まりを持たせ，さらに政治活動によって地域を良くしていくことができるという観念が住民に共有されるようになり，ソーシャルキャピタルが高くなっているものと推測される。①と同様に政治活動と地区の関係性についてコレスポンデンス分析を行うと[16]，大岩2では「積極的」「なるべく参加」と政治参加が活発であり，吉尾は「ほとんどしない」，上原は「あまりしない」と低調であることが確認できる。

　人間は社会的動物であり，共同生活を営む必要から，好むと好まざるとに

第4章 持続可能な地域をつくる政策

かかわらず政治システムを作り出し,その中で暮らしている。人間のそのような政治的な側面をダールは政治的人間として理論化を行い,そのための資質や動機,政治的資源等について論じている[17]。彼の分類によれば,人は①非政治的階層,②政治的階層,③権力追求者,④権力者に区分される。非政治的階層の行動は,「(1)政治参加によって期待できる報償が,他の活動への参加によって期待できる報償と比べて,価値が小さいと思う人が政治に参加する可能性は低い」。「(2)提示された政治的な選択肢の間に意味ある違いはなく,したがって政治に参加しても結果に変わりないと思う人が,政治に参加する可能性は低い」。「(3)結果を大きく変えることはできないから政治参加には意味がないと考える人が,政治に参加する可能性は低い」。「(4)政治に参加しなくても,どちらかといえば結果に満足できると信じる人が,政治に参加する可能性は低い」。「(5)政治に影響を与えるには知識が限られていると感じる人が,政治に参加する可能性は低い」。「(6)参加への障壁が高い人ほど,政治に参加する可能性は低い」。そして,これらと逆の要因を持つ者が,政治に参加する可能性は高くなる。それでは,3地区の政治参加について,この理論の視点から検討してみよう。

　芦北町の3地区の住民の政治的関心については,政治的な話を「よくする」が8％,「時々する」が44％,「しない」が42％となっている。この変数間を独立性の検定で調べると5％の確率で有意差が見られ,このような狭い地域においても地区ごとに明らかに政治的関心度が異なっていることが解る。大岩2の住民には,政治的なものがより身近なものとして認識されており,「時々する」が59％,「よくする」が10％と,他地区より政治的関心が高い。ダールの理論がいう期待と報酬にも関係する政治的有効性感覚が一番高い地域であることが,その原因と考えられよう。そしてこの感覚は,ソーシャルキャピタルとしての「制度への信頼」が期待を裏切らないという住民の経験によって,人々の間に形成されてきたものである。上原は「しない」もしくは「わからない」と73％が政治的無関心に近い傾向を示しているが,現地での地区住民への面接調査においても非政治的階層に位置づけられる住

民が多く見られる。それに比較して吉尾は，旧村の役場所在地であり現在も町役場支所がある地区であることから，政治的関心が高い者から無関心層まで様々な住民が混住しており，3地区では一番都市化の傾向を示す，つまり連帯感の希薄化が進んでいる地域と解される。

家庭の総収入との関係性では，700万円程度の収入ランクの者は「積極的に参加」しており，300〜600万円は「なるべく参加」，300万円未満は「殆どしない」というカテゴリーに入る。政治的利害を収入の高い者が持つということ，収入の低い者には政治活動に使うための時間や費用などのコストを負担できない，つまり個人レベルのソーシャルキャピタルにあたる政治的資源を豊富に持っていないということから，政治行動が消極的になるということがここでも確認される。この地域性と経済的豊かさの関係性が他の地域特性とどのような関係を持っているのか，興味深い問題である。

次に，住民が自らの政治的資源や影響力を活用して，どのような課題解決をしたのか見てみよう。3地区の単純集計では，農林水産業振興に関する課題解決を政治的に行ったとする者が17％，次に医療・福祉・教育問題が9％，社会インフラ整備が5％，近隣関係の問題解決が4％，就職などの各種お世話の依頼が3％，治安・規制などが2％，その他が22％であった。居住地区，年齢階級とこの変数の関係は5％の誤差で有意な地域差が見られ，政治的資源の活用には地域や年齢などが間接的に影響していると推測される。

内容的には，大岩2の住民には農林水産業振興関係，吉尾は医療・福祉・教育関係，上原は社会インフラの整備が多い。世代別では60歳以上の高齢者が現在農業の主な担い手であり農林水産業振興に関心が高い。30〜50代は医療・福祉，農林業振興，20歳代は医療・福祉と治安・規制などに関する問題が生活上関心が高く，政治へのアクセスに結びついている。この政治的資源を，利用度と地域性で比較する（集落単位の回答数をその人口で除した値）と，大岩2が一番多く0.41，次に吉尾が0.21，上原が0.19となり政治的関心と同じ傾向が確認された。

第4章 持続可能な地域をつくる政策　　　　　　　　　　　109

表4-3　3地区の投票率

	投票所	前回投票率	今回投票率	減少率
衆議院選挙	第9投票所	71.26	67.29	−3.97
	第12投票所	78.33	75.00	−3.33
	第15投票所	74.70	72.98	−1.72
町長選挙	第9投票所	91.86	89.41	−2.45
	第12投票所	95.24	88.33	−6.91
	第15投票所	91.48	88.62	−2.86
町議選挙	第9投票所	91.65	88.24	−3.41
	第12投票所	90.16	77.67	−13.49
	第15投票所	87.80	83.80	−4.00

注）投票率単位：％。第9投票区は大岩2，岩屋河内，大岩1の有権者373名（2003年11月），第12投票区は上原のみで60名，第15投票区は箙瀬，吉尾，市居原の322名である。衆議院選挙は2003年11月9日，町長選挙は2002年10月20日，町議選挙は2003年10月19日のデータ。
資料）芦北町選挙管理委員会資料。

　投票行動については，投票所と行政区の違いから集落間の比較としてそのまま使うことはできないが，粗い推定として3地区に関わる投票所のデータに基づいて比較をしてみよう。（上原の第12投票所は上原のみであるが，大岩の第9及び吉尾の第15投票所は他の2地区が合わさっており，これまでの議論と同列では比較できない。）
　これまでの衆議院選挙では，表4-3のように大岩を含む投票所が一番高く，次いで吉尾，上原を含む投票所の順と，これまでの推測と一致する傾向が見られる。しかし町長選挙では住民の関心は国政選挙よりも高く，大幅に投票率が上がって，前回は大岩が一番高かったが，2003年の信任投票的な選挙では6.91ポイントも投票率の減少がおき，上原，吉尾に抜かれた。この減少率は他の2投票所の2倍以上の落ち込みである。町議選挙については，上原が一貫して一番高い投票率を示している。前回は上原に続いて僅差で大岩が高かったが，2003年には最低の投票率となった。ここでも減少率

が13.49ポイントと他投票所の3～4倍の落ち込みとなっている。

意識としての政治への関心の高さと，現実の投票行動との間には格差があることがこれにより観察される。ソーシャルキャピタルの構造モデル分析で後述するが（図4-1），政治参加については，「政治活動」と「地域活動」が大きな関係性を示しており，「投票行動」はそれらより遙かに小さな関係性を示している。政治活動を住民は投票行動だけとは捉えていないと考えられる。

③ コミュニティ活動

コミュニティ活動はソーシャルキャピタルを向上させる重要な契機である。表4-2にみられるように，3地区のコミュニティ活動に関する参加度は，大岩2，吉尾，上原の順になっている。具体的に2002年の地域福祉活動の状況を調べると，大岩が8件，吉尾，上原が各1件と地域活動の量として比較しても同様の結果が確認される。伝統芸能や伝統工芸を復活保存する文化活動については，伝統芸能が大岩地区と上原地区で各1件ずつ臼太鼓踊りの復活保存活動を行っており，伝統工芸でも大岩地区が大河内和紙づくりを復活している。コミュニティ活動あるいはインフォーマルな社会参加活動への住民の参加度の違いがこのようなデータからも窺える。

3．ソーシャルキャピタルの構造とその変動要因

(1) ソーシャルキャピタルの構造

それでは地域格差がどのようにして生じるのかを解明するために，ソーシャルキャピタルの構造を明らかにする必要があろう。構成概念間の関係構造を検討するために共分散構造分析（SEM：Structural Equation Modeling）を利用する。この手法では研究仮説について適合度指標により当てはまりの良さを数値化して検証でき，独りよがりのモデリングを排除できる利点がある。

調査で観測された住民の認識である10の観測変数（独立変数）が，ソー

第4章 持続可能な地域をつくる政策

シャルキャピタルの要素である5個の潜在変数（従属変数）に関係しており，それが合成されてソーシャルキャピタルとなっているというモデルを作成した。このモデルに先の3地区住民の調査結果を投入し，共分散構造分析によりパス図を得たものが図4-1である。このモデルは，χ^2乗値が43.469，自由度27で，確率水準0.023となっている。モデルの主要な適合度については，データ構造が複雑であることからp値は判定の基準として使えないが，他の適合度のチェックでは妥当な適合性が確認された[18]。

共分散構造分析結果からそれぞれの潜在変数の関係性を見ると，「ソーシャルキャピタル」と「信頼・互酬性」が0.98と一番強い関係性を示しており，次に「インフォーマルな社会参加」の0.89，「政治参加」の0.73，「制度への信頼」の0.72，「コミュニティ活動・ボランティア活動」は0.44であった。

つまりソーシャルキャピタルを構成する要素として「信頼・互酬性の規範」の要素が一番重要であり，次に「インフォーマルな社会参加」が大きな影響力を示している。すなわち集落のソーシャルキャピタルを高めるための政策としては，住民同士の「信頼・互酬性の規範」を高める方策が一番効果的であり，ついで「インフォーマルな社会参加」の強化・支援が有効となる。パットナムは『流動するデモクラシー』で，従来の社会関係資本に関しては結社に最も注目していたが，それはあくまでも社会関係資本の一つの形態にすぎないとして，インフォーマルな社会的つながりが重要であると述べている[19]。本分析からも日常生活における相互訪問や交流は，住民同士が信頼しあい，相互支援する関係性の構築を強化し，地域内に関係性のネットワークが形成されることを促進することが明らかとなった。「政治参加」や「制度への信頼」は，住民が協力し合って行動することの有効性を学習することによって，高まってくる可能性が考えられる。

ソーシャルキャピタルの要素と観測変数との関係性を示す指標が0.5以上である比較的強い関係性をあげると，「コミュニティ活動・ボランティア活動」と「地域の行事への参加」，「政治参加」と「地域活動」，「政治活動」，

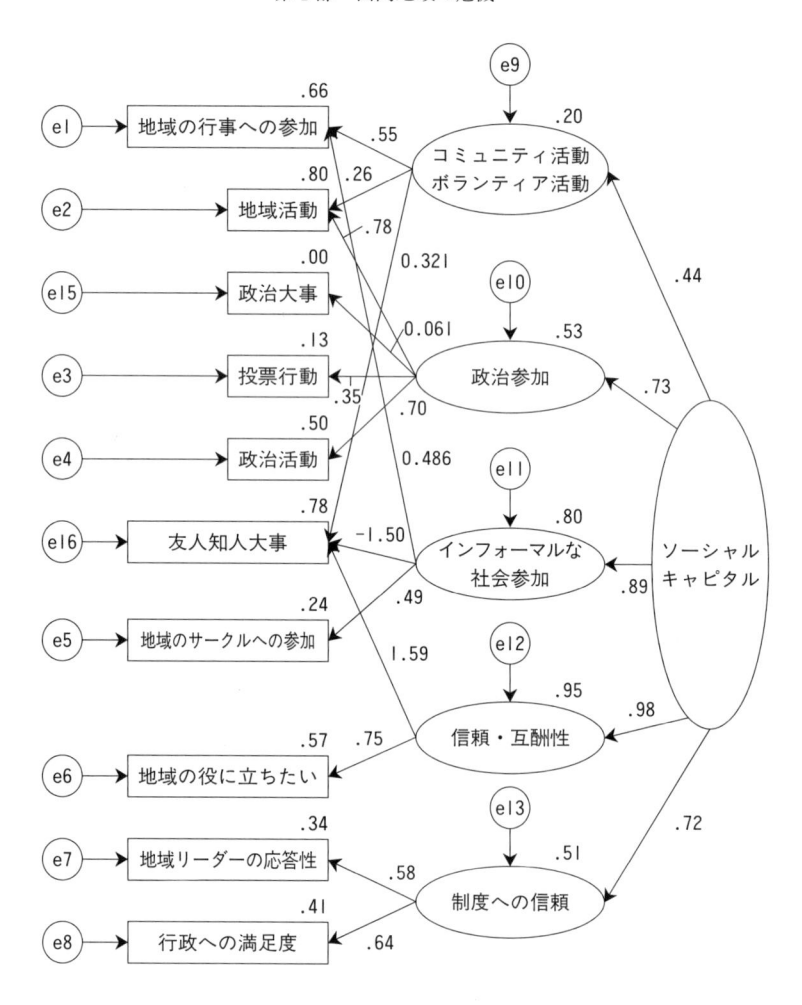

注）四角の枠は，観測変数，丸枠は潜在変数を表し，矢印はパスを示す。eは攪乱変数・誤差変数を表す。矢印上の数値はパス係数，変数上の数値は分散を示す。

図 4-1　ソーシャルキャピタルの構造

「信頼・互酬性」と「友人知人大事」,「地域の役に立ちたい」,「制度への信頼」と「地域リーダーの応答性」,「町行政への満足度」に強い関係性が見られる。このことから，この地域におけるソーシャルキャピタルを高める公共政策のあり方は，これらの観測データの回答がソーシャルキャピタルを向上するような反応となるように，日常の住民の協働や相互理解の機会の創出，地域活動における成功体験の共有などを進めることが有効と考えられる。例えばコミュニティセンターや公民館を中心とした生涯学習としての地域づくり活動は，地域のソーシャルキャピタルを強化するための重要な政策パッケージとして考えられよう。

ここで分析に用いた観測変数は住民の意識・認識による社会心理データであるが，さらに精度の高いソーシャルキャピタルの測定を行うためには住民同士の交流や地域活動の実態など客観的なアグリゲートデータを活用した分析を組みあわせた検証が必要である[20]。

(2) ソーシャルキャピタル変動の要因

ここで構造分析の結果を踏まえ，さらに具体的な農業集落のソーシャルキャピタルを向上するための働きかけのあり方について考察する。

① 住民間の信頼性・互酬性の規範の向上

まず，ソーシャルキャピタルで一番強い影響力がみられた「信頼・互酬性の規範」に関わる独立変数である「地域の役に立ちたい」という意識と，年齢階層，居住地区，性別，最終学歴，有給の仕事の有無，生活程度，1年間の家計収支，総収入といった住民の属性との相関関係について調べてみると，「総収入」が1％水準で有意となり，地域への連帯感を強く持つためには経済状態が重要な要素を占めていることが推測される。また「生活程度」と「性別」が5％水準で有意となっている。生活程度は自己の経済状態に対する主観的な認識であるものの，経済生活にかかわる要因である。性別は，地区での生活時間や住民・友人とのコミュニケーションのあり方に性差が見られるということであろう。

信頼性，互酬性といった連帯感を基礎づけるものの醸成には，経済的な生活の安定性が一番重要であることが，このことから推測された。過疎の要因については，農林業が経済的に住民が生計を維持するだけの収入を提供できなくなったことが第1の要因であるといわれてきた。ソーシャルキャピタルの視点からも，集落における住民同士の連帯に関わるネットワークや信頼といったソーシャルキャピタルが，収入の低下とともに減少することが確認された。それでは，確かに経済的な影響が一番大きなものではあるが，仮に地域に他の面で力量があれば様々な対応策を展開できるという可能性はないのかという疑問が生まれる。

　収入の増加について中山間地域などの条件不利地域では，現在の農産物の価格競争では不利であることから，農業の兼業化が一つの政策的手法となる。このため農工団地へ工業を誘導するなどの取り組みが高度成長期以降続けられてきたが，労働集約的な作業に従事し安い賃金ではたらく労働力と，豊富な水などの天然資源を求める産業は，国内の農村地域からすでに東南アジアや東アジアへ移転してしまった。多くの外発的な産業立地が困難である地域については，内発的な発展を試みるしか方法は残されていない。差別化された特産物の創出，加工などによる付加価値を高めた製品生産，環境や安全に訴えた高付加価値産物の少量多品種直販など，住民の協力による地域単位の努力と，マーケティングに対するJAや市町村などの支援がそのような内発的発展のための効果を上げるために必要な政策となろう。今後一層少子・高齢化と過疎がこのような地域を直撃することが予測されることから，集落機能の維持が厳しい条件不利地域で集落機能を維持するのに必要な最低人口を保持していくためには，政策的に対象を限定した所得保障を制度的に考えていく必要も生じていると考える。

　②　住民の「制度への信頼」の醸成

　次に，行政の視点から町の公共政策や行政サービスなどに関する住民満足度が高くなるようにするためには，住民の「制度への信頼」が基盤であるが，政策的にどのような方法を取りうるのであろうか。

第4章　持続可能な地域をつくる政策

「町政治の満足度」について3地域では住民の35％が「満足」しており，51％は「普通」，14％が「不満」となりその評価は高い。「議会の問題解決への応答性」についても，34％が「よい」と評価しており，48％が「普通」，18％が「よくない」となっている。これについて詳細に見ると，男性が女性よりより高い評価をしている。地域特性としては，町会議員を2名出している大岩2での評価が38％と一番高く，次いで上原の37％，吉尾の26％の順となっている。逆に「よくない」も大岩2が21％と一番多いが，先に述べたこの地区の政治的関心の高さが窺われる。

議員と住民との関係性をみると，「地域の問題を誰に相談するか」という問いに対して，町会議員と答えた住民が25％，県会議員・国会議員は0％と，住民にとって議員は比較的遠い存在である。行政については，町長など3役への相談が4％，役場職員が8％となっているのに対して，区長は住民からの相談相手として70％という厚い信頼を得ている。住民は地域の課題解決については，町議や県議といった政治チャンネルを通すのではなく，地区のリーダーである区長を通して直接町執行部に働きかけていると考えられる。

つぎに，町の行政について検討してみよう。小規模自治体では首長のリーダーシップと個性，及び役場の統治能力が自治体のパフォーマンスを大きく左右する。行政については住民の30％が「満足」しており，55％が「普通」，15％が「不満」を表明している。地区別では，上原が71％と一番高い「満足」度を示しており，次いで大岩2の24％，吉尾の17％の順となる。上原については，特殊な要因が働いているとも考えられるが，一般的に「政治参加」のチャンネルを大きくし，政治的有効性感覚を高めることで，「制度への信頼」は増加の方向へ向かうと思われる。地域リーダーと行政に対する評価では，吉尾がともに低く，大岩2，上原となる。政治参加が少ない吉尾の場合，制度への信頼性は3地区の中では最も低い水準にある。

それでは，年齢によって行政の評価はどう変わっているのだろうか。年齢階級と行政の問題解決への応答性については，5％の誤差で有意差が見られ

る。コレスポンデンス分析によると，40代以上が「よい」と評価している反面，30代は「よくない」とし，18～29歳は「普通」と考えている。30代の世代にとって，雇用の場が少なく，通勤の道路が不便など，行政への期待が高い部分が満たされていないことが不満として表明されている。定住性の問題と関係して考えると，生産年齢層で子育て中の世代にとって，条件不利地域の暮らしにおける経済的な厳しさが痛切に感じられている。財政力の弱体化が進行する中で，行政がこの中年世代の期待や不満に対してどのように有効な政策を出していけるかが，行政への満足度を高め，制度への信頼を得る上で重要な課題となろう。そしてその中心課題は，所得確保のための機会の創出に寄与する政策となると考える。

次に，身近な「地域リーダーの問題解決への応答性」について見てみよう。区長に対しては，49％の住民が「よい」と評価しており，「普通」が41％，「よくない」が8％と大半が好意的な評価を示している。地区別では上原では45％が「大変よい」と評価し，「まあまあ」14％，「普通」36％と，95％の住民が満足している。大岩2では「大変よい」が22％，「まあまあ」27％，「普通」36％であるが，「あまりよくない」と考える者が1割程度いる。政治的な関心の高いこの地区では，様々な評価への思惑があるものと推測される。吉尾は「大変よい」が16％，「まあまあ」が19％，「普通」が53％で，3地区の中で「大変よい」の評価が一番低く，「普通」と考える者が過半数を超えるという都市的な反応を示している。住民の価値観の多様さが，リーダーの評価にも影響していると思われる。男女別では，女性は31％が「大変よい」，14％が「まあまあ」，41％が「普通」と考えているが，男性はそれぞれ21％，29％，42％となっており，評価に若干の性差が認められる。女性にとって日常の暮らしの中で，地域リーダーとの関わりが男性以上に密接にあることが理由と考えられる。

この2変数に関する独立性の検定では5％の誤差で有意差が認められ，コレスポンデンス分析では30代は批判的な評価，40代以上は肯定的評価に明確に分かれる。20～29歳は「普通」となっているが，地域の意思決定に十

分な関係性や参画経験を持っていないことが理由ではなかろうか。このような反応は町の行政への満足度と類似したものである。リーダーが高齢化する中で，30代という生活者の中心的役割を担う世代が期待するものと，集落内のリーダーとの世代間格差が現れ始めていることを示すものである。政策的に地域リーダーの活動を支援するためには，30代世代の制度への信頼性を高めることが効果的である。このための手法として，例えばワークショップなどの参加手法を活用して地域の課題を考える場にこの世代の参加を促し，ともに地域コミュニティを支えていくという連帯感の醸成を図ることが有効であろう。旧来の地区の長老に従うという形から，幅広い住民の参加により人々のネットワークを強化し，協働の関係性を強めることが政策として有効である。

4．地域政策ツールとしてのソーシャルキャピタルの可能性

(1) 過疎対策としての地区力診断

近年，地域づくりが各地で盛んに行われており，条件不利地域の集落点検や地区魅力化計画，地域力強化法などが模索され，「地元学」や「地域学」などといった取り組みの体系化が自治体や集落，住民レベルの活動として生まれてきた。このような取り組みは地域住民の主体的な取り組みこそが地域政策にとって重要だという認識の広がりと捉えることができよう。

ところがこれまでの総務省過疎対策室所管の過疎地域政策事業は過疎地域を政策投資の遅れた地域として位置づけており，そこの住民の能力や地域のネットワークを向上させることで活性化を図るというソーシャルキャピタルの視点は弱かった。2002年に過疎対策室は『過疎地域における集落の強化に関する調査報告書』をまとめ，翌年度『地区力点検からはじめる地域づくりガイドブック』として全国の地方自治体へ過疎対策の政策手法の周知を行った。これによると確かに「過疎地域では地区（集落，行政区等）の機能強化や活性化が課題」とされ，住民が主体的に地域のことを理解し，行動に

結びつけることが目指されている。ノウハウに乏しい地域で住民が話し合いを始めるに当たっての手引として，上記ガイドブックは作成された。この中では地区力の診断枠組みとして，次の10の視点がおかれている。

1. 集落にはどのような住民が住んでいるのか
2. 集落の住民はどのように変化しているのか
3. 集落の住民は将来的にどのようになるのか
4. 集落はどんなところに位置しているのか
5. 集落の土地はどのように利用されているのか
6. 集落の産業はどのような状況か
7. 集落の生活基盤はどのような状況か
8. 集落にはどのような公共施設があるのか
9. 集落にはどのような地域資源があるのか
10. 集落でどのような住民活動が行われているか

　これらの項目は具体的政策を検討するに際し，地区を把握することに必要なアグリゲートデータとして纏められている。住民の基本属性，人口動態，社会基盤，産業の状況，観光・文化などの地域資源といった社会資本を中心としながらも，10番にソーシャルキャピタルに関係したものも取り入れられている。確かに住民活動の項目には，集会・寄り合いの頻度，住民グループ数及び名称，地域リーダーの有無，人数，集落共同作業の有無及び内容，住民主体のイベント・祭りの有無及び内容などが点検項目として列挙されているものの，この情報を他の要素とどのように関連づけ分析・評価するかという点については検討が不足している。手法としてワークショップなど住民参加型の地区力点検が推奨されており，情報の共有，意識の共有，意欲の共有，目標の共有が，地区力を高める実践的な政策プロセスとして考えられているのであるから，これを生かすために時系列，地域別で比較できるソーシャルキャピタル概念を構築し，その地域のソーシャルキャピタルの弱点を

押さえることで，それを活性化するための地域政策を検討できるようにすることが求められる。

(2) 現状分析から政策へ

これまで検討してきたように，まだ測定の方法については研究の蓄積が必要であるが，地域のソーシャルキャピタル分析が可能になってくると，次にソーシャルキャピタル要素の弱点に対して働きかけるために有効な政策ツールとしてのプログラム開発が求められる。では，ソーシャルキャピタルの視点を生かした施策として，具体的にどのようなものが考えられるのだろうか。これまでの過疎化のメカニズムは，ラフなスケッチではあるが次のように説明されよう。グローバリゼーションや産業構造の変化により農林業が産業としての競争力を欠くようになり，人々は経済的豊かさや自己実現を追求するため，都市におけるチャンスを求めて人口移動を始めた。その結果，地域では人口構造の不均衡化が顕著となり，経済活動が低下するとともに，これまで張り巡らされていた社会的ネットワークが機能不全に陥った。都市化の影響は人口の偏在化や産業構造の変化だけではなく，人々のライフスタイルや価値観の選択にも影響し，住民同士のネットワーク力の減少は都市のみならず農村地域でも常態化し，人々の連帯感は減少を始めた。そのような変化を始めたコミュニティは，さらにソーシャルキャピタルを失う負のスパイラルに落ち込み，最終的に住民同士が助け合える関係性を喪失したとき，都市では人口は喪失しないものの人々は機能的な人間関係の中だけで孤独に暮らすこととなるが，高齢者が中心となった農村地域では集落内での暮らし自体が困難となり集落崩壊へと進行していく。成熟社会に入ったわが国において，人口減少や高齢化の大きな流れを止める有効な政策は，国民構造を変化させるような大量の外国人労働者の導入などの抜本的な措置以外にあり得ないが，それは副作用も大きな政策であり簡単には取り得ない。人口が定常的に減少する社会において，地域で暮らす人々が安心や生きる満足感を感じられるような地域社会を持続していくための公共政策の研究が，今後重要とな

る。特にこれまでの過疎地域政策の事業評価として,もはや物理的な社会資本の整備だけでは問題解決が十分でないことも明白となっている。

本章の目的は,地域社会のネットワークを強化することができれば,弱体化したコミュニティ機能を強化・維持させることができるということを明らかにすることであった。そのためには,住民の相互信頼や連帯感が醸成されることが必要である。人々がコミュニティにアイデンティティを感じ,共に信頼のネットワークが張り巡らされた中で地域の方針決定に参画することで,制度や他者への信頼を再構築することが可能となるということがこれまでの分析で明らかになってきた。そのための手法として,住民同士の信頼や互酬性の規範,多様な組織への信頼醸成などソーシャルキャピタルを向上させる視点を政策化することが有効であり,「結合」「橋渡し」「連携」のネットワークを集落内および他集落や行政機関などとの間に育んでいけるような政策誘導が求められている。

具体的事例に当てはめて考えると,上原については住民間の信頼性,つまり住民同士の「結合」は辺地であり強いものがみられるが,社会性を持ったものにまで広がっていない。さらに住民間及び他地区とのネットワーク(橋渡し)を強化し,それを広げていくための様々な自発的結社を作り出していくことが一つの処方箋と考えられる。吉尾は,都市化の浸透で農村へも個人中心の生き方が広がり,また過疎の進行で近隣との人間的な関係性が粗になる過程で個人が原子化した生き方をしていることから,いま新たに住民の連帯・信頼・寛容について再度住民同士が学習する「結合」が必要であると思われる[21]。地理的な条件としては恵まれた地域であり,生涯学習による住民同士の「結合」の強化と「連携」の拡大を図ることで,ソーシャルキャピタルを高めることができよう。大岩2は「結合」「橋渡し」はそれなりに機能している。他集落や都市との「連携」が今後の課題であり,また高齢化が進行するなかで世代間の意識格差を埋めていくような集落のコンセンサスを形成するための取り組みが有効であろう。

本研究はソーシャルキャピタル概念の地域コミュニティ分析への応用と政

策・施策化について検討を進めてきたが,さらに多くの事例研究の蓄積を行い,ソーシャルキャピタルの構造分析と政策への導入方法について精緻な知見を得ていくことが必要である。

付記 本章は,上野眞也「ソーシャルキャピタルと過疎地域政策」岩岡中正・伊藤洋典編著『「地域公共圏」の政治学』ミネルヴァ書房,2004年で一部発表したものを大幅に加筆修正したものである。

注および参考文献
1) ソーシャルキャピタル概念の紹介としては,足立幸夫・森脇敏雅編著『公共政策学』ミネルヴァ書房,2003,271-283.宮川公夫・大守 隆編『ソーシャル・キャピタル――現代経済社会のガバナンスの基礎』東洋経済新報社,2004が参考となる。
2) Putnum, Robert D. ed., *Democracies in Flux : The Evolution of Social Capital in Contemporary Society*, Oxford University Press, 2002. McLean, Scott L., David A. Schultz and Manfred B. Steger, *Social Capital : Critical Perspectives on Community and "Bowling Alone"*, New York University Press, 2002. Seagert, Susan , J. Phillip Thompson, Mark R. Warren ed. *Social Capital and Poor Communities*, Russell Sage Foundation, 2001. Montgomery, John D. and Alex Inkeles ed. *Social Capital as a Policy Resource*, Kluwer Academic Publishers, 2001.
3) ロバート・D.パットナム,河田潤一訳『哲学する民主主義――伝統と改革の市民的構造』NTT出版,2001.
4) Putnum, Robert D. *Bowling Alone : The Collapse and Revival of American Community*. Simon & Schuster, 2000. Putnum, Robert D. and Lewis M. Feldstein, *Better Together : Restoring the American Community*, Simon & Schuster, 2003.
5) 篠原 一『市民社会の政治学――討議デモクラシーとは何か』岩波新書,2004,118.
6) Inglehart, Ronald, *Modernization and Postmodernization : Cultural. Economic and Political Change in 43 Societies*, Princeton University Press, 1997.テリー・N.クラーク,小林良彰編著『地方自治の国際比較――台頭する新しい政治文化』慶應義塾大学出版会,2001.
7) Lisa L. North and John D. Cameron, Rural Progress, *Rural Decay : Neoliberal Adjustment Policies and Local Initiatives*, Kumarian Press, CT, 2003.
8) The National Economic and Social Forum, *The Policy Implications of Social Capital : Forum Report No. 28*, Dublin, Ireland : Government Publications Sales Office, 2003.

9) OECD, *The Well-being of Nations : The role of Human and Social Capital*, OECD, 2001.
10) 宮川・大守，前掲書，32-33.
11) 同上，69.
12) 同上，8-11.
13) Christian Grootaert, *Integrated Questionnaire for the measurement of Social Capital (SC-IQ)*, The World Bank Social Capital Thematic Group, 2003, 9.
14) 利用するデータについて信頼性分析を行ったところ，クローンバックのアルファでは信頼性係数が 0.729 と 1 に近く十分高い信頼性の数値が得られ，データ利用には問題はないと考えられる。
15) 町議会への 2003 年 4 月から 12 月までの陳情件数は 32 件であり，うち行政区からの陳情が 16 件であった。3 地区からは，吉尾地区から 1 件が陳情されている。
16) この分析結果はイナーシャの寄与率が 1 次元で 0.878 と，87％の説明をしている。
17) R. A. ダール『現代政治分析』岩波書店，1999，第 9 章.
18) CFI は 0.916 と大変 1 に近く，IFI Delta 2 も 0.926 となっており，良い適合性を示している。また RMSEA は 0 に近い方がよいが，このモデルでは 0.067 であり，AIC が 119.469 と，適合している。「人が信頼できるか」の観測変数は 2 値で，「信頼できない」とする回答が 75％と偏りが大きいため，モデル内の変数からは除外した。
19) 篠原，前掲書，117.
20) Inoguchi, Takashi, "Broadening the basis of social capital in Japan", Robert D. Putnam ed., *Democracies in Flux : Evolution of social capital in contemporary society*, Oxford University Press, 2002. Inoguchi, Takashi, "Social Capital in Japan", *Japanese Journal of Political Science Vol. 1 Part 1*, Cambridge University Press, 2000, 73-112. 内閣府国民生活局編『ソーシャル・キャピタル——豊かな人間関係と市民活動の好循環を求めて——』国立印刷局，2003 年などが日本の代表的なソーシャルキャピタル研究であるが，更なる研究の蓄積が必要である。
21) 丸山真男「個人析出の様々なパターン——近代日本をケースとして」『丸山真男集 第 9 集』岩波書店，1996，377-424.

第II部

潜在的な地域資源

第5章

地域資源としての農林産物
——熊本県と葦北郡を事例に——

はじめに

　日本の農村には，早くから酒，味噌，醤油などの食品類，綿・絹などの織物類，それに陶磁器，漆器，刃物，木・竹・藁製品，和紙，茶，菜種油など，人々の生活に欠かすことのできない産物が数多く存在した。これらの品物は農業とは切っても切れないものであり，原料の多くは農産品で自給的性格が強く，農閑の余業として営まれてきた。しかし，農業の生産性が高まり，次第にこれらの産物が余剰品として，商人の手を介して市場に出回るようになると，地域の特産品として，また農村の家内工業として生産されるようになってくる。

　このような農産加工品は，第2次世界大戦前までは各地に多くみられたが，日本経済が高度成長の時代を迎えるようになってから次第に姿を消していった。しかし今日，各地の特産品は，大切な地域資源として見直され，その掘り起こしもさかんで，地域づくりにはなくてはならない存在となっている。

　そこで，ここでは熊本県および調査対象地域の葦北郡の農産加工品について，改めて地域資源としての視点から資料的な検討を加え，実態を把握することにした。そのため農村加工業や各種産物の種類，地域的特徴，存在形態などを中心に述べることから，全体としてのまとめは敢えてしなかった。なお，ここで述べた内容の一部は，参考文献として掲げてある論文や著書とし

て公表したものも含まれていることをお断りしておく。

1. 明治前期における熊本県の重要産物について

1871（明治4）年に来熊し，熊本洋学校の教師となったジェーンズ（L. L. Janes）は，1873（明治6）年に，「肥後人民耕作ノ進歩ニ良全ノ教導ヲ示シ，傍ラ国人許多ノ疑問ニ答フルニアリ」との動機から『生産初歩』を著している[1]。彼はこの書の中で，「肥後ニ於テ高価ノ産物三種アリ。即チ米，絹，茶ナリ。此ノ三種ノ如キ高価ノ品，他国ニ産スル稀ナリ。此産物ノ市場，国ノ中部ニ開ケタリ。絹，茶ハ永続ノ質ニシテ奢侈ニ用ユル品故，富人高価ヲ厭ワズシテ之ヲ求メン。農民此二種ヲ耕サハ，恰モ品物ヲ蓄積スル如ク，終始変ルコトナク，老年ニ至ル迄益ヲ得可シ」[2]と述べ，これらの生産を奨励している。

明治の初期，ジェーンズが熊本県（当時は白川県であったが，ここでは熊本県と称す）の重要な産物として推奨・奨励した米や絹・茶は，当時，全国的にはどのような状況におかれていたのであろうか。幸い，これを知る手がかりとして，山口和雄が「明治七年府県物産表」の分析をおこなっており，このなかの農業生産物の検討結果をみることによって概略把握することができよう[3]。

ジェーンズが最初にあげている米についてみると，そこでは総生産物価額の38％，農産物価額の63％を占めていて，各府県とも相当の量を産出しており，地域差が比較的少ない産物である。しかし，そのなかで新潟県を筆頭に滋賀・秋田・新川・千葉・愛知・名東・山口・飾磨・福岡・石川・敦賀・熊谷・新治・広島・白川・筑摩等の諸県が第一級の生産地とし，この17県で全生産額の約47％を産出している，と述べている。熊本県はこの頃から，すでに全国でも有数の米産地であったことがわかる。このほか，熊本県において米以外で，全国的にみて生産額の多かった農産物は，「芋類及蔬菜類」では甘藷が，「蔬菜類」では大根（蘿蔔）などがあがっている。また，「特殊

農産物」（綿類・菜種・繭・藍・煙草・麻類・飼料）のなかでは，煙草（刻煙草等も含む）が重要な生産地の1つに入れられており，麻も同様に比較的重要な産品であったといわれている。

次に，ジェーンズのあげた絹と茶であるが，農産物としてではなく工業生産物として扱われている。そこで工業生産物について見てみると，第一類（織物・生糸・綿糸）のなかでは，主要な産地として白川県の名をみいだすことはできなかった。第二類（酒類・醤油・味噌・鹽・砂糖・製茶）では，砂糖の産地として白川県の名がみられた。鹿児島・沖縄を除くと，讃岐をもつ名東県が最大の生産地で，白川県がこれに次ぎ，この両県で全生産高（鹿児島・沖縄を除く）の34％，生産額の54％を占めるという。製茶については，とくに京都・滋賀・静岡の産額が多く，この3府県で全生産高の60％，生産額の40％近くを占めていた。これらの分析の結果をみると，1874（明治7）年頃の熊本県における絹と茶の生産は，全国的にはそれほど大きな比重を占めていなかったといえよう。

続いて第三類（氈蓆類）を見てみると，畳表の主産地として，小田県を筆頭に石川・広島・白川・浜松・滋賀・大阪などの名がみられる。ここでは熊本県は，今日のい業産地の形成につながる地位を占めていたことがわかる。さらに，熊本県は藁製茣蓙の生産も多かった。第四類（油類・蠟類）のなかの蠟類については，大部分が櫨実を原料とする蠟及び蠟燭で，熊本県は加工地の大阪を除くと，長崎・愛媛・敦賀・山口・三潴・大分に次ぐ主産地（生蠟・蠟燭）として名を連ねている。第五類（陶器類・漆器類・桶樽類・金属細工類）では産額の多いものを見いだせなかったが，第六類（紙類）では，高知・磐前・愛媛・濱田・岐阜の諸県を主産地とし，その他の産地のなかに熊本県も入っている。この他，第七類（諸器械類・肥料類）では，熊本県は農具生産が敦賀・山口・新潟・奈良・大阪に次ぐ生産額をあげている。

さらに山口和雄は，重要な商業的農作物及び農村工業品として繭・生糸・綿・綿糸・麻・織物・藍・菜種・油・蠟・煙草・茶・酒・醤油・砂糖・紙・畳莚類の17品を選び，この合計生産額が多いほど商品生産が進展していた

と考え,農村商品生産の地域性を考察している。これによると,農業商品生産の度合いは,全国的には近畿・四国・関東・東山・北陸・山陽・東海・九州・山陰・東北の順に高く,九州地区では現在の福岡県(福岡・三潴・小倉県)の生産額が最も高く,これに次ぐのが熊本県で,以下,大分・宮崎・長崎・佐賀の順(鹿児島は除く)となっている。

こうしてみると,明治前期の熊本県においては,米(肥後米)が全国的にみても重要な産物であり,主要な米どころであったことがわかる。甘藷,大根(蘿蔔)などの蔬菜類や工芸作物としての煙草,麻なども重要な農産品であった。また,農産加工品としての絹と茶は,当時,まだ全国的にみて,重要な産地としての地位を築くまでには至っていなかった。しかし,砂糖や畳表,それに櫨実を原料とする蠟・蠟燭や紙,農具等は,全国的にみても比較的多くの生産額をあげていることがわかった。

2.「農事調査」にみる熊本県と葦北郡の主要農産物とその動向

(1) 熊本県の主要農産物とその動向

「農事調査」は,農商務省の訓令にもとづいて,1889(明治22)年の「農事調査要項」に従って各府県で実施されたものである。ここでは「農事調査」および『熊本県農事調査』について解題することが本旨でないので詳述しないが,内容について概略を述べておくことにする。

『農事調査』の内容・構成は各府県とも必ずしも同じではなかった。熊本県の場合は,「現況」・「調査主眼」・「管内総覧」・「市郡別」という構成になっている。「現況」では,農産物の産額・価額の増減の理由,品位・価額の進否,販路や販売方法,産額の5ヵ年間(1884~1888〔明治17~21〕年)の比較等が,「調査主眼」では,農産物の産額・価額・単位価額,それに農家が資本を必要とする事物やその時期,売買の慣習とその実況,種苗の購入・交換のための諸施設,肥料の種類や購入の便否,農産種別輸出入(移出入)の状況などが報告されている。また「管内総覧」の項では,物産に関する農・

第5章　地域資源としての農林産物

水・工産物の総額や主要な港湾・河川・森林・汽車停車場，それに銀行や各種会社の数と資本総額，重要物産・輸出入総額などが記載され，この後に「市郡別」の項で，農産物の産額・価額・単位価額や農業備考として交通運輸の便，肥料を得るための便否，農産物の販路，余業の種類などが記載されている。

　ここで，「管内総覧」の項の重要物産の箇所を見てみると，物産の収入総額は1,580万6,832円で，このうち農産物の収入は1,353万6,595円(85.6％)，水産物は40万4,201円(2.6％)，工産物が186万6,035円(11.8％)で，農産物が収入総額の85.6％を占め，当時，農産物が工産物の収入総額を大きく上回り，地域を担う産業の主体が農業であったことをよく示している。この後，重要な物産名が農産物，水産物，工産物に分けられて列挙されているが，収入総額の大半を占める農産物について見てみると米，麦，粟，菜種，煙草，甘蔗，甘藷，繭，生糸，砂糖，綿，藍，苧，茶，櫨実，楮などがあがっている。なお，工産物には窯業・土石類，食料品，繊維・織物類，紙・竹製品などが列挙されている。このうち，米は64％が管内で消費され，残りは大阪・東京・神戸・長崎などへ移出されているが，麦類の多くは管内の需要に供されている。産額の5割以上が移出にまわされるものとしては小豆(52％)，楮(62％)，茶(51％)などがあり，小豆は大阪・長崎・福岡に，楮は筑後の和紙産地がある福岡県に，茶は神戸・大阪・横浜の諸都市を仕向地としている。

　ところで，表5-1は，「調査主眼」の部分で示された「熊本県農産物」の表から作成したものである。内容を検討してみると，おそらく1888(明治21)年の実態をあらわしたものと考えてよいであろう。これによると，当時，熊本県の重要な農産物は，上述した主穀や商品性の高い作物以外にも，豆類や里芋，蘿蔔などの根菜類の生産額が多かったことがわかる。

　次に，主要農産物の動向を「現況」から見てみると，米は「廿年ニハ作付反別ノ減少セシニモ係ハラス産額ノ増加ヲ見ルハ畢竟気候平穏晴雨適度ヲ得タルト一般農家ノ米作改良ニ着手シタル結果ナリ」と述べている。また，

表5-1 熊本県における主要農産物（1888年）

地域	主要物産の生産額　（単位：千円）							
熊本県	米	(5,120.8)	麦類	(1,453.9)	粟	(1,122.5)	蕎麦	(81.6)
	大豆	(524.8)	小豆	(144.2)	蚕豆	(117.9)	蘿蔔	(180.9)
	甘藷	(130.5)	里芋	(558.2)	南瓜	(50.6)	雑菜	(58.5)
	菜種	(131.9)	砂糖	(163.6)	大麻	(201.8)	楮	(72.2)
	櫨実	(117.4)	藍	(135.1)	茶	(506.7)	煙草	(103.8)
	繭	(66.2)	生糸	(69.9)				

注1）米は粳米・糯米・陸稲の合計。
　　　麦類は大麦・裸麦・小麦の合計である。
　2）熊本県は生産額5万円以上。
資料）大橋博編『明治中期産業運動資料』（第1集　農事調査）第15巻13（長崎県III・熊本県），日本経済評論社，1980年より作成。

「廿一年ニ至リ農家ハ益々之カ改良ノ必要ヲ感シ続々其歩ヲ進メ良種交換水撰耕耘施肥ノ方法等ノ注意ヨリシテ大ニ其産額ヲ増加スルニ至レリ」と記し，粗悪な製法・俵装で肥後米の名声が失墜したなかで，米穀改良に向けての取り組みの一端がうかがえる。しかし，肥後米の品質向上は一朝一夕にはすすまず，その後も米穀改良の努力が続けられている。1899（明治32）年5月4日の『熊本県布達便覧』[4]をみると，当時の県知事徳久恒範は，「旧藩時ニ在テハ，全国ニ其比ヲ見サル肥後米モ，今ヤ防長・摂津米ニ数歩ヲ輸シ，阪神市場ニ於ケル声価益堕落スルハ，斯業ノ為メ実ニ遺憾ニ堪ヘサル所ナリ。畢竟近年一般調整粗悪トナリ，俵装不完全ニシテ脱漏米多キト，桝量区々ニシテ取引上不便ナルニヨル。依テ之カ救済ノ方法ヲ講スルハ刻下ノ急務（以下，略）」（訓令甲第42号）として，郡役所及び町村役場に対して米穀改良誘導方法を示している。なお，販路は「三角港築港以来大阪長崎等ノ商船頻リニ出入運送販売スル等益々販路ノ伸暢ヲ得タリ」という状況にあった。

　麦類（大麦・小麦・裸麦）は，品質・価格については，いずれも「種子ノ交換良種ノ選択等続々其改良ニ務ムル処アルヲ以テ幾分カ品質ヲ上進セシモ通シテ品位ノ進ムニ非サルヲ以テ未タ価格ヲ進ムルニ至ラス」状態で，多く

は「農家各自ノ用量ニ供シ其余アルモノハ地方仲買人ニ売却シ或ハ大阪長崎等ノ市場ニ輸送シ販売」されていた。綿や菜種といった商品性の高い作物についてみると，綿は品位・価格面については，麦類と同様の報告がなされているが，販売・販路の面では，綿は収穫時期に「各地ノ綿商農家ニ就キ之ヲ買集メ打綿トナシ熊本市其他各地方ノ需要ニ供」していた。ただ，「産額ニ至ツテ鮮ナク為メニ県内各地ノ需要ニ不足ヲ告クル」といった現状であった。菜種は外国種の試作などもあって，「品位稍上進シ価格モ亦上進ノ傾キアリ」と，記されている。

次に，甘藷と甘蔗についてみると，甘藷は「大抵自家ノ食料ニ供シ其余リアルモノハ之ヲ地方仲買人ニ売却シ或ハ福岡地方ヘ輸送販売」されていた。甘蔗も「大抵産地ニ於テ自之レヲ砂糖ニ製シ熊本其他ノ各市場ニ販売」されていたが，販路は「益々伸暢ノ傾向ナリ」と，述べている。

茶は，「茶業組合ヲ設ケ粗製濫造ノ弊ニ矯メ又品評会等ニ依リ漸次品位ヲ上進」するまでになっていた。販路は「各郡産地ヨリ直ニ長崎神戸横浜等ヘ輸出スルヲ常」としていたが，販路拡張には「日尚ホ浅キヲ以テ未夕十分ニ其目的ヲ達スルニ至ラス」という状況であった。

この時期，製糸は養蚕農家の増加とともに，次第に盛況に向かいつつあったことがうかがえ，「製糸ハ多ク地廻リ則太糸引ニシテ仲買人ノ手ニ集メ京都又ハ博多ヘ輸販ス細糸則輸出向ハ横浜ヘ輸出ス販路ハ頗ル円滑ナリ」と，述べている。この内地向けの糸と輸出用の糸の相場の違いについて，内地向けは「製造費少ナク且ツ工女毎戸糸引ヲナスニヨリ無用ノ費用ヲ要セス賃銭モ見込マス売却スルノ状アルヲ以テ糸価廉ナルモ割合ニ利益多」く，輸出品も「其製造スルノ処ノ入費如何ヲ顧ミス特別精製スルニヨリ自ラ品質モ上等ニ位スルヲ以テ其価格高値ナリ」といわれている。その一方で，「県下ノ製糸産額ハ尚少数ニシテ直輸ヲ試ミルノ力ナシ」ともいわれ，販売面についても「合同販売ノ得策ヲ知ルモ未夕其挙ニ至ラス」との指摘がなされている。

製糸業の進展とともに，養蚕も産額を伸ばしつつあった。当時，多くは自家製の蚕種でもって飼養していたが，3割ほどは他から良種を買い入れてい

たようである。蚕種の購入地については,「近年養蚕ノ業盛ナルニ随テ上州地方ヨリ購入スト雖モ管内ノ小飼養者ニ於テハ地方ノ蚕業会社ヨリ購入シ又ハ自製ノ蚕種ヲ用ユル者多シ」と,述べている。蚕種の販売は,「県下製種家ハ只郡内或ハ近郡養蚕家ニ直売スルヲ以テ別ニ仲買人等へ依託販売スル者ナシ」であった。桑園も荒蕪地の開墾や悪地を変換するなどして,面積も次第に増加をみるようになる。桑葉の売買については立木売買と刈取売買の2種類があり,立木売買は「立木ノ儘畝数ヲ見積リ売却」する方法で,刈取売買は「一貫目何程ト定メ売買」する方法である。この頃の蚕業の進展については,「競フテ改良ニ着意スルヲ以テ大ニ其効ヲ奏セリ少壮ノ子弟養蚕伝習生トシテ養蚕地ニ出懸ケ習得スルモノ年々輩出随ツテ実地ニ就キ講究スルヲ以テ駸々トシテ開進ス」と,述べている。また,「年来蚕室ヲ設ケサル者近時俄カニ之ヲ建設ス又ハ数人共同シテ桑園ヲ設ケ教師ヲ聘シテ生徒ヲ養成」する者もあったようで,盛況ぶりがうかがえる。

　煙草は価格・品質とも大きな変化がなかったようである。販路は「地方仲買人ニ売却シ或ハ大分長崎島原地方ヘ向ケ輸送販売」していた。楮については,「上等ノ畑地ニ植栽スル者ハ却テ損失スヘキ計算ナルモ山畑及開墾地ノ如キ斜面畦畔等ヘ植栽シタルハ仮令価格ノ下落セシモ利益アルモノトス」と,述べている。販路は「仲買人産地ニ入込ミ之レヲ買取リ或ハ産地ヨリ各所ニ輸出ス県下製糸業者ノ需要ニ剰余アル分ハ凡テ福岡佐賀地方製糸ノ原料ニ輸出」され,製糸業も伸長の傾向にあったことを示している。

(2) 葦北郡の主要農産物について

　『芦北町誌』(1977年)を見てみると,第5章「近世の芦北」,第11節「芦北の産業」の項のうち,「芦北の農業」では,次のような記述がある。

芦北の産物について,芦北風土記に次のようにかかれている。(矢野彩仙記録)
　当郡は至って暖地にて,区々蜜柑多く,家別に橙蜜柑有之,二見村甘渋

表 5 - 2 葦北郡における主要農産物（1888 年）

地域	主要物産の生産額（単位：千円）						
葦北郡	米	(147.4)	麦類	(48.2)	粟	(22.5)	蕎麦	(3.5)
	蘿蔔	(11.3)	甘藷	(55.3)	里芋	(15.2)	綿	(16.0)
	楮	(15.4)	櫨実	(26.2)	茶	(3.3)	煙草	(5.0)
	柿	(3.0)	苗木	(3.0)	木炭	(65.3)	薪	(35.9)
	杉材	(26.5)	松材	(75.7)	桧材	(6.2)	雑木材	(6.3)

注）葦北郡は 3 千円以上を採録した。
資料）前表に同じ。

柿多し，ざぼんは八代程には無之候也。産物山海之内海魚多し，水俣莨に，日奈久竹細工，シバカレイ，ナマコ，イワシ，海老，タチ魚，ガラカブ，シラグチ，松，杉，木炭，米熊本県第一等（大野米横居木），（以下略）

芦北風土記が，近世のどの時期に記されたものなのか定かではないが，これから芦北の海と山の幸ともいうべき主要な産物を知ることができる。海では多様な漁がおこなわれ，海沿いの暖地では蜜柑づくりがさかんであった。山あいの地では柿が実り，川沿いの狭小な平坦地をもつ大野村や横居木村は，早い時期から良質の米どころとして存在した。また，山地では松や杉材を産し，炭づくりも盛んで，煙草や手工品の竹細工の名もあがっている。藩政時代，佐敷には郡役所が置かれ，郡代のもとには 6 人の御山支配人が，さらに村々には数名の御山之口がいて藩有林野一般の民有林管理・保護に当たっていたといわれている。当時の芦北の林業は，槍柄・船舶・銃床・城塞などの用材供給地で樫，松，杉などの産地であった[5]。

それでは，『熊本県農事調査』の時期には，これらの産物はどのような状況だったのか，「市郡別」の項に示された葦北郡に目を移すことにしよう（表 5 - 2）。この時期，葦北郡の主要な産物は米，松材，木炭，甘藷，薪，麦，杉材，櫨実，綿，楮，里芋，蘿蔔などだったことがわかる。米麦以外では，松・杉材のほか，木炭・薪などの山林資源の比重が大きいことも特徴と

してあげられる。また蕎麦，甘蔗，煙草，柿，苗木なども，前者ほどの産額はないものの，郡内では重要な産物だったといえる。さらに，「農業備考」の「農産物中需用ニ余アル品及不足ノ品」の項目では，「余りある品」として米，綿，甘藷，煙草，茶をあげ，これらは地域外に運ばれ，地域の経済を豊かにするうえでも重要な産物だったといえる。一方，不足の品として粟，麦，大豆，小豆，蘿蔔などの名があげられている。また「余業ノ種類」の項目では捕魚，採藻，航海業，薪採，縄綯ヒ，木綿織などが採録されている。

　なお，「調査主眼」の部分では，先に述べた「熊本県農産物」の表のほかに，農家が資本を必要とする事物や季節および売買の慣習や実況，種苗の購入・交換，肥料の種類・購入の便否等に関する項目などが設けられている。このうち，「農家ニ行ハルル売買ノ慣習及ヒ其実況」のなかに，葦北郡にかかわる記述があるので，その部分について摘記しておこう。その1つは，葦北郡などの米穀改良組合においては，米穀売買に関する規約を設けている。組合において委員を置き，各自の収穫高を調査し，「米質ノ善悪俵装ノ精粗等厳重ノ検査ヲ遂ケ之ニ合格セサルモノハ普通米トナシ之ヲ斥ケ組合ニテハ取扱ヲ許サス」と，厳しい検査体制をとり，品質の維持に努めていることを記している。さらに，米の売買については「三井物産会社又ハ神戸輸出米会社等ノ派出人ニ売込ヲ約シ或ハ大阪市場ニ直売スルニアリ」と記されている。価格も1石に付き，普通米より20銭ないし30銭高値で売買できたようである（其二）。2つ目は，八代・葦北の2郡で産する綿は，「仲買人各戸ニ就キ之ヲ買取リ又ハ最寄耕作人数名申合セ仲買人ノ来ルヲ待チ売却スルモノナリ」と，述べている（其五）。3つ目は，葦北郡に限ったことではないが，茶は「仲買人産地ニ入込ミ製造家ヨリ買集メ又ハ仲買人自ラ金主トナリ生葉ヲ購入シテ製造スルモノアリ」と記し，品位の上等のものについては，「製造者自ラ神戸横浜等ノ各港ニ輸シ問屋ニ就テ売却セリ」と，述べている（其六）。最後に，甘蔗は「総テ砂糖ニ製シ仲買人ニ売ルヲ常トス」とある（其七）。

3．「町村是」の時期の主要農産物

(1) 「町村是」について

「町村是」は，前田正名の個人的な運動によって，1897（明治30）年前後から1920（大正9）年頃にかけて，全国的に作成された町村の実態調査にもとづく将来計画書である。柳田國男は，町村是を机上の空論と見抜いていたようであるが[6]，こうした批判はともかく，町村是の存在は各地の産業構造を検討するうえで貴重な資料といえよう[7]。ただ，現在のところ，その存在は限られた町村しか確認されていない。これまで，葦北郡では『日奈久町是』の所在がわかっているだけであったが，今回の調査で新たに『大野村是』と『佐敷町是』が芦北町の図書館に所蔵されていることがわかった。今回は，このうち本調査の対象地域である旧吉尾村に隣接する『大野村是』の検討をもとに述べていくことにする。

ところで，熊本県では1896（明治29）年の前田正名の来熊が，町村是の作成を促したといわれている[8]。1902（明治35）年1月13日の『熊本県布達便覧』にある「郡市町村是調査規定制定ノ主旨・同調査規定」（訓令甲第3号）[9]には，「茲ニ既往現況ノ調査ヲ遂ケ，将来ニ於遂行スヘキ県郡市町村是ヲ定メ，向フ十ケ年ヲ期シ其発達ノ度ヲ計リ，終始一貫，同一軌道ヲ進行シ，誓テ目的ノ地点ニ達シ本県富強ノ途ヲ啓発セント欲ス」と，記されていることから，一応，10ヵ年の将来計画を想定したものであったといえる。調査規定をみると，調査は2種類あって，1つは「既往現在ニ関スル事項」で，もう1つは「将来発達セシムベキ事項」（第2条）である。また，「本調査ハ，将来農工商，其他経済上ニ関スル事項ニツキ，官民歩調ヲ一ニシテ進歩スヘキ軌道タル郡市町村ノ産業奨励ノ方針ナルヲ以テ，最慎重ニス可シ」（第3条）と，実施目的が謳われている。

町村是の構成・項目は，各県によって若干の違いがあったようである。熊本県の場合，町村是の先進地といわれた福岡県を範としないで，九州以外の

町村是の構成を範としたといわれている。筆者が以前に検討した下益城郡の『東砥用村是』の構成は，1号から45号までの一連番号が付され，最後に「将来ノ目的方針」が付されている。1号から45号までの項目を列挙すると戸口，男女年齢別，業務別，業務別ノ二，建物，農業別，商業別，地籍・他市町村ニ於テ有スル地籍・他市町村人ノ本市町村ニ於テ有スル地籍，自作地小作地，鉱山，森林域内ノモノ・部分林域内ノモノ，域外ニ於テ所有スル森林・域外ノ人民カ域内ニ於テ所有スル森林，基本財産，共有財産，貯金，負債，牛馬，車両，船舶，会社，資本，農産，水産，水産製造，林産，鉱物土石，鳥獣，工産，商収益，報酬並俸給等，労働賃金，肥料並資料，雑収入，国税，県税，市町村税，農産資料，水産資料，水産製造資料，林産資料，鉱物並ニ土石資料，鳥獣資料，工産資料，雑支出，食費，衣住費，参考，累年比較となっている[10]。『大野村是』をみると，項目によっては該当しないものもあるが，基本的にはこれと同じ構成になっている。

(2) 『葦北郡大野村是』の検討

「町村是」の時代，わが国では産業の主体は農業で，近代工業はまだまだ発展の途上にあった。農業の生産性は低く，農民の生活は貧しい状態におかれていた。工業と呼ばれるものも，多くは農と工の分離が十分ではなく，農村に立地する工業の多くは農家の副業として営まれていた。『大野村是』を手がかりに検討をすすめる葦北郡の大野村や，今回調査の対象とした吉尾村のように，周囲を山地に囲まれ，山間の狭小な平坦地しか持たないような所では，地域の資源も限られており，こうした状態のなかで村民の生活を豊かにしていくことはきわめて困難な課題であった。当時の都市や近代工業は，まだ，多くの労働力を必要とするまでには至っておらず，人々の移動もそれほど盛んではなかった。地方の農山村は多くの人口を抱え，今日，過疎化・高齢化に悩むこれらの地域も，当時は逆に人口が増えることによって，今日とは違った意味で深刻な問題を抱えていた。

『葦北郡大野村是』（以下，『村是』と称す）によると，最初のページには

「明治三拾八年九月三拾日受」と記載されている。また,「将来ノ目的方針」の項には「今明治三十四年ニ於ケル実況ヲ調査スルニ」との記述があることから,村是の内容は1901(明治34)年当時の村の実態を示したものといえよう。中味を検討していくと,1901(明治34)年当時,大野村の戸数は529戸,人口は3,351人(男1,610人,女1,741人)で,1戸当たりの人口は6.3人を数えていた。このうち農業を営む戸数は455戸(86.0％),農業に従事する人は2,964人(88.5％)で,16～60歳までの人口は,男女合わせて1,921人を数え,全体の約6割近くを占めていた。

『村是』の収支計算によれば,収入(農・水・林産,鳥獣,工産,商収益,俸給並俸給等,労働賃金,肥料並資料,雑収入)の合計は16万6,378円42銭1厘で,支出(国税,県税,市町村税等,農・水・林産資料,鳥獣資料,工産資料,雑支出,食費,衣住費)の合計は16万1,243円51銭3厘であった。差し引き5,134円90銭8厘で,収入が支出を上回る結果となっている。

『村是』の「将来ノ目的方針」の項をみると,「本村ハ山野広ク耕地狭隘ナリ然レトモ未タ一般ニ林業的志想乏シク為ニ山野ヲ善用スル者勘ナク又耕種ノ業モ多クハ古来ヨリノ旧態ヲ墨守シテ改ムルコトナク能ク狭隘ナル耕地ヨリ多大ノ収実ヲ挙クルコトヲ努メス」と記し,それでも「概シテ富有ナラスト雖モ亦甚タ貧困ト云フ不能」と,述べている。しかし,「年々人口ハ増殖シ且ツ社会ノ進運ニ伴ヒ公課及私人ノ生活費ハ漸次嵩増」するなかで,「村民ノ大部ハ農業ニヨリテ衣食ノ資ヲ仰クニ因リ(中略)漸次貧弱ニ陥ルノ傾向アリ」とも述べている。そして1901(明治34)年の村の実況調査では,戸数529戸のうち相当の資産を有し,年々多少の財産を増殖する者はわずか59戸で,一家の維持が困難な状況にある者は470戸にのぼったという。『村是』は続けて,「収支計算ノ結果僅ニ一戸平均九円七拾銭余ノ剰余ヲ見ルニ過キサルハ要スルニ近年毎年凶作打続キ其困窮未癒ヘサルニ基因スルナラン固ヨリ近年米作ハ螟虫ノ蝕害其他ノ虫害等減少収穫ハ稍増収アルニ拘ラス麦粟作及本村細民ノ命脈ヲ繫キツツアル甘藷作連年不作ノ為巨額ノ食料ヲ域外ヨリ輸入セサルヲ得ス」と,記している。その後も,多くの細民は日々の労

働によって何とか生活を維持しているが，けっして十分ではなく，債務などもその額が年々増加している。今後，平年作以上の農況があっても，数年後には必ず困窮の惨状になり，中等以上の生活をしている者も，年々資産を減じるか負債をかかえることになり，一家の維持が困難になる。ましてや最下層に位する70戸，420人の生活については，今から予防策を講じなければならないと，いった主旨のことを述べている。そして，「各自覚醒非常ノ奮発ヲ以テ資産増殖上ノ大計画ヲ為シ以テ村民経済ノ基礎ヲ確立セサル可ラス是即本村是ヲ確立シ以テ村民ノ帰向スヘキ処ヲ示シ其繁栄発達ヲ企図セントスル所以ナリ」と，村是策定の目的を明らかにしている。

ところで表5-3は，当時の大野村の暮らしぶりを知る手がかりとして作成したものである。ここに工産物としてあげられた多くの種目は織物，食料品，藁加工品などで，自家用として，あるいは副業として多少の余分があれば売りに出される品々である。緑茶，縄類，草履，豆腐，澱粉，粉類，味噌などは，最も良い例である。林産物の薪，柴などもその類と思われるが，竹皮や棕櫚皮，楮皮，筍，櫨実などは，農家の副業的性格が強いもので，賃稼ぎが盛んだったことがうかがえる。また，賃労働として，ここに採録されたものの多くは，恒常的なものというよりは，農閑余業的な性格が強いもの（日銭稼ぎ）も多く含まれているものと思われる。本表によると，林業とかかわりのある材木搬出業や筏乗，木炭搬出業など，林業はこの村にとって，こうした面でも重要な産業であり，地域の特徴をよくあらわしている。このほか一般的なものとしては農作雇，人力車挽，荷車挽，牛車，日雇稼も主要な賃労働であった。

次に『村是』は，これを確定・遂行していくための進路として，「消極的進路」と「積極的進路」の2つを示している。前者は「村民ハ何カ故ニ歩調ヲ一ニシ目的ニ向テ進行セサルヘカラサルカ何故村ノ繁栄発達ヲ期セサルヘカラサルカ村民ノ福祉ヲ増進セサルヘカラサルカ等ノ理由ヲ知ラシムル」ためのものとして，後者は「之ヲ斯クスヘシ此ハ斯クセサルヘカラスト指摘シテ教導扶掖」するためのものである。具体的な「消極的進路」として，風俗矯

第5章　地域資源としての農林産物

表5-3　大野村における工産・林産物の生産戸数と賃労働（1902年）

工産物		賃労働		林産物	
種目	戸数	種目	人数	種目	人数
緑茶	503戸	農作雇	88人	杉	15戸
番茶	85	商業雇	3	松	68
畳表	132	工業雇	4	竹	129
畳	314	機械	1	竹皮	107
綿布	295	木挽職	4	棕櫚皮	330
交織	72	桧職	8	薪	515
縄類	480	大工	6	柴	468
草履	514	左官	1	木炭	37
草鞋	513	屋根職	7	楮皮	384
薬蓆	289	石工	3	筍	393
豆腐	466	竹細工職	1	樟脳	2
豆腐粕	473	鍛冶職	4	樟脳油	2
澱粉	458	桶職	3	椎茸	5
粉類	510	婢	1	雑菌	235
醤油	373	子守	15	栗実	65
醤油粕	325	人力車挽	16	椿実	71
味噌	425	荷車挽	12	櫨実	223
油類	316	材木搬出業	215	桐	5
牛履	400	牛車	202	茶実	50
モッコ	54	舟乗	8		
猫伏	202	筏乗	13		
フゴ	446	日雇稼	78		
糞	455	木炭搬出業	20		

注）工産の戸数は50戸以上を採録した。
資料）『大野村是』（1902年）より作成。

正と勤倹貯蓄, 納税準備の3つを掲げ,「積極的進路」としては農事改良や麦稈真田業, 養蚕業, 製茶業, 林業拡張, 柑橘業, 家禽家畜飼養の奨励など, 7つをあげている。ここで,「積極的進路」にあげられた内容について, 触れておくことにしよう。

　まず農事改良では, 米・麦・粟作の改良を第一にあげ, これらの種子交

表5-4 大野村における主要農産物の作付面積・生産額（1902年）

種目	作付面積	生産額
米	209町.6反	44,047円
麦類	196.4	8,403
粟	141.7	6,330
蕎麦	28.1	638
大豆	16.8	833
小豆	10.7	308
蚕豆	11.2	328
蘿蔔	7.3	742
甘藷	48.3	4,234
里芋	28.3	3,580
柿実	876本	492
麦稈	196.5	617
藁	209.7	3,686

注）米は粳米・糯米・陸稲の合計，麦類は大麦・小麦・裸麦の合計である。
資料）『大野村是』（1902年）より作成。

換，種子の選択，肥料の改良等が急務としている。これとともに，蔬菜栽培，甘藷の早作，馬鈴薯栽培などを奨励・改良して増収を図るとしている。そのための肥料改良策では，堆肥肥料の造成及び刈敷大豆の播種を先とし，次に燐酸肥料の購入をおこなうとしている。そして，これらを実行に移すために，肥料共同購入組合組織を各区ごとに組織し，肥料供給の途を開くとしている。

　大野村の当時の主要な農産物は米と麦と粟作であった。甘藷，里芋などの産額も多かった（表5-4）。麦稈真田業は，新たに起こった農家の副業である。その原料は，廃物とされていた麦稈を使用し，「其製品ハ外国輸出品ニシテ販路広ク将来有望ノ事業ニシテ老幼婦女子ノ副業トシテ格好」のものであると，大きな期待を寄せている。麦稈真田は1885（明治18）年に下田耕三によって始められた。彼は1887（明治20）年に下田組（熊本市）を創設

して麦稈真田の製造を始め，神戸の貿易商と取引を始めている。1893（明治26）年のシカゴ博覧会，1895（明治28）年の第4回内国博覧会などで好評を博し，この後，市場もアメリカからイギリスに移って，製品も太物の麦稈真田へと転換していった。しかし，従来の小麦稈は太物の製作に適さないことから，裸麦種を取り寄せて試作をする一方，在来の大麦種の改良にも取り組んでいる。この頃から麦稈真田は熊本市の下田組のような都市における工業と，生産の場を農村にも広げ，農家の副業として急速に拡大していった。麦稈真田も多くの輸出雑貨工業と同様，一般的に農村の低廉な労働力に依存し，相対的に低価格のもとで海外に市場を求めていった農村の工業としての性格がきわめて強い工業であった。こうしたなかで，家族の労働を自己搾取することができ，相対的な低価格維持が可能な農村で，副業として生成・発展をみたものである。しかし，これも先進産地との産地間競争に敗れ，1907（明治40）年頃を境に，熊本県の麦稈真田業は急速に衰退し，一時的なブームに終わっている。

　次に，大野村の養蚕業の現況について，『村是』は「未タ微々トシテ振ハス従業者四十七戸産額僅ニ九石九斗余ニシテ一戸平均二斗一升二合ニ過キス」と述べている。しかし，告や角割地区では，「毎戸些少ノ飼育ヲ為シ多少ノ収利ヲ挙ツツアルヲ以テ大ニ奨励ヲ加ヘナハ一大産業タルハ論ヲ俟タス」と，大きな期待を寄せている。「本村随所ニ好適ノ桑樹栽培地ハ遺棄セラレ植栽ノ余裕充分ナルヲ以テ最初桑樹ノ栽培ヲ奨励」を掲げ，当初は飼養戸数を400戸，毎戸5斗の飼養を目指している。さらに「進ンテ製糸ヲナストキハ収益一層大ナルヘキヲ以テ漸ヲ以テ奨励セントス」と，記している。

　製茶業の奨励については，「改善ヲ謀リ増収ヲ企図スルハ刻下ノ急務ニ属スルナリ」と位置づけ，本業が「本村民ノ天職ト云フモ敢テ過言ニアラサルナリ」とまでいい，改善に大きな意欲を示している。製茶業は養蚕業と違って，特別に大きな器具・機械を必要としないことから，「細民ノ事業トシテ其右ニ出ルモノナキヲ信ス故ニ最初茶樹ノ栽培殊ニ山茶ノ栽培法製茶ノ概略ヲ知ラシメ製茶業ノ有利ナルヲ示シ大ニ奨励勧誘セハ養蚕業ニ亞テ本村ノ副業

タルハ論ヲ俟タス」と記し，大きな期待を寄せている。

林業拡張とその奨励策については，「歳入不足ノ必要ニ駆ラレシ村民ニ容赦ナク濫伐頻ニ行ハレ林相ノ荒廃其極度ニ達シ之ニ伴フ必然ノ結果トシテ洪水氾濫用水涸禍等ノ患害相踵ヒテ至ルモノアル」と，現状の問題を指摘し，殖林養護と森林利用策を講じる必要性を謳っている。

果樹植栽の奨励では柑橘業を取り上げている。現状ではみるべきものはなく，「庭園内及付近ノ隅地ニ点々栽植シテ肥料ヲ施サス唯自然ニ放任」している状況ながら，それでも770円の収入を得ているという。ただ，「告地方ハ従来栽植シテ相当ノ利潤ヲ収メ其有利ヲ認識セルモノ多ク随テ勧誘ヲ加ヘサルモ猶年々多数ノ苗木ヲ購入シ栽殖ヲ怠ラス」ことから，これを全村に種類を一定にして奨励していこうとの方向を示している。

最後に家禽・家畜等の飼養の奨励であるが，「鶏ハ大抵毎戸飼養スト雖地鶏ト称シテ体躯矮少又産卵僅少ニシテ自家用ト為スニ過キス」といった状況であった。牛馬も同様に「大抵毎戸飼養ト雖モ体躯矮少労力弱ク」と記され，「今ヤ社会ノ進運ニ伴ヒ肉食ノ趨勢漸増加シ来ルハ明瞭」なことから，家鶏の改良飼育を誘導して産卵を増やし，運搬に供する以外，牛は牝牛，馬も牝馬に改め，仔馬・犢牛の繁殖と養豚の必要を説いている。

なお『村是』は，最後に米・麦・粟の増収，勤倹節約，蚕業・茶業・林業・果樹・家禽家畜・麦稈真田業らの収利について，「収利ヲ増加且節約セシメナハ一戸ニ対シ八拾円七拾銭七厘余トナル此金員ハ即経済上ノ余裕ナル之ヲ以テ負債ヲ償還シ或ハ蓄積増殖シ凶歳事変ニ備フヘシ之ヲ行フニ当リテハ終始一貫質素勤勉相戒メ相救ヒ徹頭徹尾期間ニ於テ目的ヲ達セント欲ス是レ本村是トシテ確定スル所ノ方針ナリトス」と結んでいる。

(3) 『熊本県統計書』からみた主要農産物の市郡別状況

ここでは，上で述べた「町村是」の時期に，熊本県の主要農産物が地域的にどのような特徴を有していたかを，これまでの推移とともに概観していくことにする。資料として『第23回熊本県統計書』を用いたが，本統計書は

1902（明治35）年の実態をあらわしており，『大野村是』とほぼ時期を同じくしている。なお，統計書では特用農産物に関して反別，収穫，一反歩収穫についてそれぞれ記載があるが，本表では反別だけをとることにした。また，蚕糸も生糸，熨斗糸，玉糸，屑糸及び屑物，真綿に分けて，それぞれについて数量・価額の記載がなされているが，ここではこれらの価額の合計だけを示してある。さらに，繭の飼養戸数・生産額も煩雑になるのをさけて春蚕，夏蚕，秋蚕の合計のみ示すにとどめた。

そこで，表5-5をもとに養蚕・製糸業から検討を始めることにする。まず，蚕糸の生産額からみていくと，菊池川流域に位置する鹿本・玉名・菊池3郡の生産額は県全体の51.6％を占めている。なかでも鹿本郡が生産額20万4,719円（20.7％）で最も多くの産額をあげている。これらに続くのが熊本市と飽託郡で，この2市郡で県生産額の20.4％を占めている。県中部の緑川流域に位置する上益城・下益城両郡も，多くの生産額をあげている。さらに，蚕糸の製造所数をみると，菊池郡が7，鹿本郡が6で，これらの郡では蚕糸の製造も盛んだったといえる。

次に，繭の飼養戸数・生産額について検討すると，ここでも玉名・鹿本・菊池の3郡が，飼養戸数で県全体の57.2％，生産額で54.7％を占め，桑の栽培面積においても50％を上回る高い比率を示していることから，この地域は養蚕業もきわめて盛んだったといえよう。上益城・下益城の両郡も，繭の飼養戸数と生産額，桑の栽培面積において，県全体の20％前後の比率を占めており，県北部に次いで養蚕業の盛んな地域であったことがわかる。これに対して，熊本市と飽託郡は，繭の生産以上に蚕糸の生産に比重があったといえる。これ以外の天草・阿蘇・八代・葦北の各郡でも広く養蚕業がおこなわれていたことから，熊本県の養蚕業は，当時，米麦に次ぐ重要な産業であったといえる。しかし，葦北郡は全県的にみた場合，蚕糸・繭の生産額の熊本県全体に占める割合は1％にも届かず，その地位はきわめて低かった。全般的に葦北，球磨，八代などの県南地方は，当時，収益性が高く，隆盛に向かいつつあった養蚕・製糸業に関しては，県北や県央の地域に比べての主

第II部　潜在的な地域資源

表 5-5　熊本県における市郡別農家数・米麦・特用農産物の生産額・作付面積（1902年）

市郡	農家戸数	米 作付面積	米 収穫高	麦 作付面積	麦 収穫高	蚕糸 製造所	蚕糸 自宅	蚕糸 生産額	繭 飼養戸数	繭 生産額
熊本	（専）4 （兼）5	町 ―	石 ―	町 0.9	石 5	戸 2	戸 121	円 83,807 8.5%	戸 587	円 2,401 0.3%
飽託	13,740 5,556	57,180	116,042	9,959.2	45,227	2	585	117,020 11.9	3,425	58,891 6.4
宇土	3,108 2,170	2,220.4	44,761	3,769.8	12,633	1	490	29,455 3.0	983	16,316 1.8
玉名	15,451 4,797	8,398.4	177,604	14,673.1	59,446	2	6,213	145,600 14.8	12,053	135,933 14.8
鹿本	8,453 2,789	5,387.9	94,943	10,385.9	32,742	6	3,554	204,719 20.7	8,330	183,670 20.1
菊池	8,455 1,489	6,866.7	112,858	10,174.7	33,062	7	4,792	159,027 16.1	10,958	171,164 18.7
阿蘇	10,008 2,833	7,871.4	92,151	4,424.8	40,833	―	553	18,696 1.9	2,862	54,209 5.9
上益城	9,790 2,022	7,323.1	113,827	7,850.6	37,907	2	1,430	76,604 7.8	6,098	101,151 11.1
下益城	8,255 2,332	5,819.1	107,908	9,024.3	28,115	2	1,050	67,015 6.8	4,375	115,879 12.7
八代	8,408 2,194	6,434.2	115,461	5,795.3	27,591	1	285	29,099 2.9	976	26,654 2.9
葦北	5,538 2,927	2,617.9	30,832	3,475.7	17,328	1	186	7,889 0.8	368	7,445 0.8
球磨	9,874 1,490	6,425.4	96,715	4,237.8	14,231	1	295	9,255 0.9	860	10,314 1.1
天草	18,208 10,830	7,388.1	105,818	10,976.9	26,239	―	1,365	38,875 3.9	2,964	30,851 3.4
合計	119,292 41,434	72,470.6	1,208,920	94,749.0	375,359	27	20,919	987,061 100.0	54,839	914,779 100.0

資料）『第23回熊本県統計書』より作成。

第5章　地域資源としての農林産物　　　　　　　　　　　　　　　145

茶 製造戸数	茶 生産数	桑畑 面積	茶畑 面積	菜種 面積	葉煙草 面積	藺草 面積	七島草 面積	楮皮 面積	葉藍 面積	実綿 面積	大麻 面積
戸	円	町	町	町	町	町	町	町	町	町	町
—	—	9.2	0.6	—	—	—	—	—	—	—	—
—	—%	0.2%	0.0%	—%	—%	—%	—%	—%	—%	—%	—%
60	73,870	317.1	39.6	991.0	198.8	3.8	35.9	10.1	34.0	—	1.1
	24.5	7.5	1.6	22.6	22.7	4.0	14.0	2.3	8.8	—	0.3
—	—	108.1	17.1	56.6	—	1.2	25.4	—	13.5	—	—
		2.6	0.7	1.3	—	1.2	9.9	—	3.5	—	—
467	884	668.0	95.0	207.5	—	1.6	1.1	14.0	1.2	—	2.1
	0.3	15.9	3.8	4.7	—	1.7	0.4	3.2	0.3	—	0.6
1,604	43,948	666.4	231.6	2.6	—	4.2	1.8	136.3	—	—	36.0
	14.5	15.8	9.3	0.0	—	4.4	0.7	31.0	—	—	10.7
1,132	4,467	779.9	94.1	409.4	210.2	—	—	28.2	20.7	0.8	10.7
	1.5	18.5	3.8	9.3	24.0	—	—	6.5	5.4	0.5	3.2
1,875	19,873	218.4	117.5	1,895.6	289.9	—	—	35.0	212.0	—	70.0
	6.6	5.2	4.7	43.2	33.0	—	—	8.0	54.9	—	20.8
2,592	24,101	321.1	62.8	218.7	128.5	—	0.6	36.0	1.4	1.0	1.3
	8.0	7.6	2.5	5.0	14.6	—	0.2	8.2	0.4	0.7	0.4
1,213	38,356	526.3	146.9	267.7	—	3.0	96.8	78.2	14.3	17.3	—
	12.7	12.5	5.9	6.1	—	3.1	37.7	17.9	3.7	11.7	—
1,574	44,545	271.1	474.9	193.8	—	81.7	82.3	18.7	11.6	17.8	—
	14.7	6.4	19.1	4.4	—	85.5	32.0	4.3	3.0	12.1	—
2,553	12,255	85.8	384.2	30.0	22.0	0.1	5.1	72.6	5.2	56.7	0.2
	4.0	2.0	15.4	0.7	2.5	0.1	2.0	16.6	1.3	38.5	0.1
5,900	37,988	87.7	780.0	105.0	28.0	—	—	8.9	38.2	5.5	215.5
	12.6	2.1	31.3	2.4	3.2	—	—	2.0	9.9	3.7	64.0
267	1,764	148.1	43.8	12.8	—	—	7.9	—	34.3	48.2	—
	0.6	3.5	1.8	0.3	—	—	3.1	—	8.9	32.7	—
19,237	301,991	4,207.2	2,448.1	4,390.7	877.4	95.6	256.9	437.0	385.4	147.3	336.9
	100.0	100.0	100.0	100.0	100.0	100.0	100.0	100.0	100.0	100.0	100.0

要な産業としての展開が遅れていたといえよう。

　熊本県の蚕糸業は，藩政期すでに，宝暦の改革をすすめていくなかで，桑の植栽や蚕飼いを奨励している。しかし，本格的な発展をみるのは明治期に入ってからで，それも生糸が輸出品として重要視されるようになってからのことである。1872（明治5）年には9ヵ所に県営の養蚕試験場を設けたり，1881（明治14）年には，県が桑苗と蚕種を配布し，翌年には蚕種講習所も設立している[11]。こうした努力の結果，1887（明治20）年を画期にして養蚕業は隆盛に向かうことになる。さらに，熊本県は1896（明治29）年に，各郡に対して製糸伝習所を設置し，生糸共同販売所を設けて良質の糸の生産を奨励している[12]。この結果，蚕糸業は1897（明治30）年頃には著しい発展をみるようになった。しかし，熊本県の蚕繭は，主として内地用粗製織物の原料として販売されてきた経緯もあって，原料が豊富であるにもかかわらず，器械製糸業は振るわず，粗製座繰糸が主流をなしていた。そのため，県は1902（明治35）年に共同製糸組合補助規定を作り，座繰あるいは足転製糸者25戸以上が共同し，輸出向生糸を製造する者に1組合100円の経費補助策を打ち出しているが[13]，こうした近代化政策も十分な成果をあげることなく終わっている。

　こうしたことから，明治30年代（1898～1907）の熊本県の製糸業は，熊本市と飽託郡を除いては，農家副業としての座繰足踏製糸が中心であり，とくに熊本県北部や上益城・下益城郡で広くおこなわれていた。一方，熊本市と飽託郡では近代的な器械製糸が盛んであった。

　続いて，茶の栽培面積および生産額についてみると，熊本市と飽託・宇土の2郡を除き，茶の栽培・生産は県下で広くおこなわれていた。なかでも球磨郡や八代・葦北郡では茶の栽培が盛んで，この3郡で県栽培面積の65.8％を占め，とくに球磨郡は31.3％の高い比率を示している。このほかでは，鹿本郡や下益城郡でも茶の栽培面積が多くなっている。一方，茶の生産額では飽託・八代・下益城・球磨郡が多くの産額をあげている。

　熊本県では，古くは安政年間（1854～1860）に宇治から3名の教師を招き，

第5章　地域資源としての農林産物　　　　　　　　　　　　　　147

上益城・阿蘇・八代・葦北・菊池・山鹿の各郡で茶業を奨励している[14]。これらの産地では長崎，神戸，横浜などから輸出を企てる者も多く，1887（明治20）年以降販路も拡大したといわれている[15]。『熊本県産業調査書』（1925年）によると，県南部の球磨郡では天然自生の山茶を大量に産し，水上，山江，四浦，五木，神瀬，一勝地，渡，藍田，上，久米などでは，茶業は農家経済のうえで最も重要な地位にあったと述べている。さらに，人吉町（当時）は県内最大の製茶集散市場として，数多くの問屋，再製移出業者も存在したといわれている[16]。

　八代郡や葦北郡でも茶業が盛んであったが，球磨郡を含む県南の地方で器械製茶工場の出現をみるのは，明治末期から大正期にかけてのことであった。また，県中部の上益城郡でも，年彌村や砥用が青柳茶の産地として有名であり，小川町は人吉町に次ぐ茶の集散地であった。また，県北部の鹿本郡の茶業は，岳間・岩野・内田村が中心で，山茶，畦畔茶に特徴があって，優れた品質の茶を産していた[17]。

　次に，これ以外の特用農産物についてみると，冬作の菜種と夏作の葉煙草は阿蘇郡と飽託郡で栽培され，地域的な偏りが認められる。葉煙草は，藩政期に芦北・阿蘇地方で始められたが，明治初年に市場で売買された葉煙草の大部分は，阿蘇地方で産した肥後黒葉，茂り葉，タテ葉などであった。これらは「肥後黒刻み」と称し，辛味が強烈だが咽喉を害しない特徴があることから，広く愛飲され，とくに漁村などで歓迎されたといわれている[18]。熊本県の葉煙草は，地方の仲買人に売却されるか，あるいは大分，長崎，島原方面に販売されていたが[19]，1898（明治31）年の葉煙草専売法が施行されたことによって，熊本専売支局が飽託郡黒髪村に葉煙草専売所を設置している。さらに，1905（明治38）年には熊本に煙草製造所が創設されている[20]。熊本県の農業にとって，米麦と養蚕は重要な作目であり，いわば保護的な性格をもつものであったが，葉煙草は専売制が施行されるまでは，すぐれて放任的，商業的性格をもった作目であった[21]。

　藺草・七島草についてみると，八代郡に著しく偏在している。八代郡のい

業は，すでに 1505（永正 2）年に現在の千丁町大牟田で，低湿地に藺草を栽培し，農閑期には婦女子がそれでむしろを織っている。藩政期末期には，藺草の栽培地も大牟田，新牟田，上土，新開，下村の 5 ヵ村にまで拡大している[22]。八代郡における藺草の作付面積も，1888（明治 21）年までは，まだ僅かに 35 ha（県全体の 90 ％以上）の面積にすぎなかったが[23]，それ以後，次第に増加をみるようになる。

　楮皮の生産は，鹿本・下益城・葦北 3 郡に集中している。これらは和紙業の動向とも深くかかわっている。明治 30 年代の後半から和紙業の衰退とは裏腹に生産を拡大していく[24]。このほか，阿蘇郡では葉藍と大麻が，葦北・天草の両郡では実綿が，球磨郡では大麻が栽培面積のうえで高い比率を示している。

　こうしてみると，熊本県の特用農産物のなかでも，葦北郡では暖地でかつ山間地の自然的特徴を活かした茶，楮皮，実綿などの比重が高かった。

　ところで葦北郡では，こうした農産物以外に，明治中期以降からの林業の著しい発展もあげなければならないであろう。「芦北林業」と呼ばれ，特徴ある林業地域を形成していくが，その特徴は，1 つは「松の短伐期林業」であり，もう 1 つは「上手な木場作の採用」であった。芦北地方の林業は，日本の石炭産業の発展によって筑豊や三池炭鉱の坑木需要の増大によって，それらの坑木供給地となっていった。芦北の林業は松の伐期 20 年位というのが大きな特徴であった。一方，八代・田浦・佐敷・水俣の各港は，有明海域の航路と結びついて格好の坑木発送基地となっていった。また，木場作は本来，食料の自給的性格が強く，甘藷（さつまいも）の階段状耕作が広くおこなわれていた[25]。

4．『吉尾村誌』・『大野村誌』にみる主要産物

　『葦北郡誌』の第 4 編に町村誌が収録されている。主な統計は 1924（大正 13）年度末のものである。表 5 - 6 はそれをもとに，吉尾村と大野村の戸

第5章　地域資源としての農林産物

表5-6　吉尾・大野村の戸数・人口・特産品

事　項		吉　尾　村	大　野　村
戸数・人口（人）	戸数	482	576
	本籍人口	3,880	3,923
	男	1,940	—
	女	1,940	—
	国勢調査人口（1920）	2,729	3,522
	男	1,333	1,696
	女	1,396	1,826
	国勢調査人口（1925）	2,937	3,599
	男	1,493	1,760
	女	1,444	1,839
職業・戸数（戸）	農業	418戸（86.7）	2,135人（94.4）
	工業	15（3.1）	10（0.4）
	商業	23（4.8）	77（3.4）
	官公吏	8（1.7）	4（0.2）
	宗教家	3（0.6）	—
	教員	3（0.6）	15（0.7）
	雑業	12（2.5）	—
	自由業	—	6（0.3）
	交通業	—	15（0.7）
特産品（年産額・円）	材木	47,500	
	木炭	3,600	7,500
	楮皮	8,200	900
	櫨実	4,300	
	茶	3,000	
	紙	1,800	
	鮎	9,520	
	棕櫚皮・同製品	2,800	

注1）職業戸数欄の大野村は職業人員。
注2）（　）内の数字は％。
資料）『葦北郡誌』名著出版、1973年より作成。

数・人口，職業・戸数，特産品を示したものである。当時，吉尾村の戸数は482戸，本籍人口は3,880人であった。大野村は戸数576戸，本籍人口は3,923人で，面積規模の大きな大野村（面積5,594町歩）が戸数・人口数において，吉尾村（面積2,540町歩）を上回っていた。人口では，両村とも第1回国勢調査時の人口よりも，第2回の国勢調査時の人口の方が多くなっている。両村の職業構成については，吉尾村は戸数で，大野村は人数であらわされており直接の比較はできないが，いずれにしても，戸数・従事者人口からみても，ほぼ9割前後が農業に従事していたことになる。

特産品については，大野村は木炭と楮皮しかあがっていない。これに対し吉尾村では材木，鮎，楮皮，櫨実，木炭，茶，紙，棕櫚皮など，多彩な品目があがっている。この限りにおいては，吉尾村では林業が村の経済に占める割合がきわめて大きかったとはいえ，球磨川の鮎漁もかなりの産額をあげていた。

ところで，表5-7は『熊本県市町村便覧』(1951年) をもとに，1950年頃の両村の土地，世帯・人口，主要農作物，養蚕，山林等の実態を示したものである。ここでは村域が広く，吉尾村と比べて比較的広い平坦地を持つ大野村では，米麦以外にも豆類や野菜，煙草などの多彩な作物が生産されている。これに対して，吉尾村では米麦以外は，せいぜい甘藷，大根といった程度の作物である。両村とも養蚕もみられる。

山林は，吉尾・大野村とも私有林が多くの面積を占めている。先に芦北林業について若干触れたが，その後の経緯を見てみると，1927（昭和2）年の鹿児島本線の敷設が林業の発達に及ぼした影響も大きく，とりわけ筑豊炭田向けの坑木生産地域として重要な位置を占めるようになったといわれている。しかし，地元民による自主的・積極的経営がおこなわれるようになるのは，第2次世界大戦以降のことであった。しかし，この芦北の「坑木林業」も，その後は石炭産業の合理化とマツクイムシの被害拡大によって，急速に衰退に向かうことになる。また，木場作もイノシシの被害の増大や柑橘園化の進展で次第に消滅していった[26]。

第5章 地域資源としての農林産物

表5-7 吉尾・大野村における土地・人口と農林業

事項		吉尾村	大野村
土地（町）	田	69.1	224.5
	畑	61.9	67.8
	山林原野	2,452.7	3,923
	その他	80.7	1,336
世帯・人口（人）1947年	世帯数　本籍人口	520	776
	1947年	562	734
	1950年	592	753
	人口　本籍人口	3,425	5,449
	1947年	3,413	4,315
	1950年	3,559	4,521
	男　本籍人口	1,542	2,704
	1947年	1,693	2,071
	1950年	1,763	2,238
	女　本籍人口	1,883	2,745
	1947年	1,720	2,244
	1950年	1,796	2,283
主要農作物（町）1947年	水稲	65	212.4
	陸稲	—	1.4
	小麦	—	46.5
	裸麦	61	154.6
	粟	—	11.9
	甘藷	21	3.5
	馬鈴薯	1	—
	大豆	—	9.5
	小豆	—	4.5
	ソバ	—	2
	大根	5	7
	白菜類	2	—
	菜種	0.8	2.1
	煙草	—	6.2
養蚕（町）1948年	桑園面積	0.1	5.4
	戸数	3	8
	収繭高	24.5	39.23
山林（町）1949年	国有林	56 (56)	1,041 (625)
	公有林	124 (99)	184 (162)
	私有林	1,768 (1,528)	3,698 (3,100)

注1）主要農産物の—印は該当数値なし。
　2）山林の（ ）内数字は針葉樹林面積。
　3）養蚕の収繭高の単位（貫）。
資料）熊本県統計協会『熊本県市町村便覧』1951年。

注および参考文献

1) 山田龍雄「L. L. Janes『生産初歩』について」九大農学芸誌, 26-1, 1972, 445-454.
2) 新熊本市史編纂委員会『新熊本市史』(史料編第6巻・近代Ⅰ), 熊本市, 1997, 387-402.
3) 山中進「区誌・郡村誌からみた都市と農村」新熊本市史編纂委員会『新熊本市史』(通史編第5巻・近代Ⅰ), 熊本市, 2001, 836-859.
4) 前掲書2, 496-497.
5) 岩本政教『熊本県の地理』光文館, 232, 1964.
6) 岩本由輝『論争する柳田國男』御茶の水書房, 1985, 228-239.
7) 牧野洋一「南九州における郡是・町村是調査の所在目録」社会福祉研究所報, 7, 1979, 107-116.
8) 前掲書7.
9) 前掲書2.
10) 山中進「産業革命期の熊本県における農村加工業の存在形態――町村是の検討を中心に――」熊本大学教養部紀要(人文・社会科学編26), 1991, 71-91.
11) 熊本県蚕糸振興協会『熊本県蚕糸業史』1980, 88-90.
12) 大日本蚕糸会熊本支会『熊本県蚕業史』1916, 186.
13) 前掲書12.
14) 熊本県内務部『熊本県産業要覧』1910, 102-103.
15) 大橋博『明治中期産業運動資料』(第1集, 農事調査, 15-3, 長崎県Ⅲ, 熊本県), 1980, 9-10.
16) 熊本県『熊本県産業調査書』1925, 474-477.
17) 前掲書16.
18) 熊本県近代史研究会『近代熊本農業年表』1961, 12.
19) 前掲書15, 21.
20) 前掲書18, 62.
21) 熊本県たばこ耕作組合『熊本県たばこ史』1968, 110-111.
22) 熊本県農政部『熊本県い業の現状と課題』所収, 「熊本県い業年表」による.
23) 農林省熊本統計調査事務所『奮起しよう「肥後表」の銘柄確立』5, 1968.
24) 山中進「地方衰退地場産業にみる産地変容の諸条件――熊本県城北和紙産地の事例――」地域研究, 29-2, 1989, 1-17.
25) 三浦保寿『熊本県新誌』日本書院, 1963, 290-291.
26) 青野壽郎・尾留川正平『日本地誌20』二宮書店, 1976, 471-472.

第6章

地名の記憶
―― 球磨川流域の資源と林産業 ――

はじめに

　球磨川は，水源地である球磨郡の水上越から川辺川，万江川など30余りの支流を合わせて，河口の八代海にいたる。113 kmもの急峻な流れに沿って，縄文・弥生期の出土品や遺構を残す集落が数多く点在し[1]，人々が川とともに生きてきたことを示している。人々の生活を支える資源は深い山地と球磨川であった。上原(うわばる)・吉尾・大岩地区（以下，3地区と称す）もまたそのなかの1地域である。林産業と河川運搬業が盛んであった時代とはどのようなものであったのだろうか。各地区の人々にインタビューをおこない，ありし日のわが村の記憶を「しこ名」とともに教示いただいた。しこ名とは土地台帳上にある大字・小字以外の通称地名のことで，我々が各地区での生業を知る上で貴重な手がかりとなる。また各地区ごとに節を構成したが，都合上，別地区の話も織り交ぜた箇所もある。

1. 上原地区

(1) 外の世界と結ばれた"秘境の里"

　上原集落は標高約400 mの山中にあり，24世帯63人が住んでいる（2002年現在）。田地面積は極めて少なく，地区面積のほぼすべてが山林である。かつて平家の落人がこの山奥にたどり着き，村をつくったという。"秘境の

里"というイメージは，近年の地域振興策の一環としておこなわれたソバ作りや，伝統的な臼太鼓神楽復活の喧伝によって，より一層世間に浸透している。芦北町中心部の佐敷から赤松トンネル経由で約21 km。車で約40分。鬱蒼とした木々に覆われた細い山道をひたすら登った果てに上原がある。たしかに秘境と呼ぶにふさわしい道程である。しかし，1955～65年頃まで，上原集落からは四方に向かってのびる山道があった（下記の①，②参照）。上原は外の世界としっかりと結ばれていたのである。「（隣地区である）海路，大岩，黒岩，坂本村の久多良木までの山道はたいがい4 km。むかしは1里って言わしたですね。小1時間あれば子供でもかよえた」と，地元の人は昔の山道について語る。かつての上原は，外の世界としっかりと結ばれていた。

① 海路地区の内木場（うちのこば）方面

平谷川にそって約5 kmの道を降りれば球磨川である。鉄道の海路駅があり，筏流しの河岸（かし）もあった。上原の分校は低学年までなので，高学年の子供たちは毎朝連れ立って海路小学校へ降りていった。行きは40分，帰りは1時間かかった。また内木場集落の方へはウチノコバミチ，コガクラサコ，尾根をはしるクリノキトウゲがあった。海路地区の人は内木場へ行くにも一度上原を抜けていったという。

② 久多良木（くたらぎ）地区の板持・陣内（じんのうち）方面（坂本村）

小字本迫と尼ヶ谷からは，板持や陣内へ行く山道があった。子供の足で小1時間あれば行くことができたという。ちなみに上原と久多良木は町村境であり古くから郡境でもあった。久多良木には山城があった。城主については諸説があるが，戦国時代には相良長唯（後の17代当主義滋）が一時在城している[2]。天正年間には相良家臣の深水氏も在城したとされる[3]。陣内，馬場，満所（まんどころ），鬼丸という小字があり，クラヤシキ・ミズクミサコ・ジンノイワといった通称地名がある[4]。どれも郡境の山城であったことを彷彿とさせる地名である。村境の峠は久多良木越と呼ばれた。この近くにはイチキノヤシキという0.5～1町歩ほどの木場があった。このヤシキ地名もまた久多良木城と関連ある出城を思わせる。1935～45年生まれの中学生は，板持からさ

第6章　地名の記憶

らに2km離れた田上中学校に通い，その後は，陣内中学校に学区が変わった。朝，子供たちは出がけに杉皮を持っていくのが日課だった。そして駄賃をもって家に帰る。おやつは山の栗や椎の実である。塩を少し買い，タケンポ（竹筒）に入れて学校へ行く。帰りに道草をしてサゴの葉を摘み，塩をかけて食べればうまかったという。境には仏さまがあり，いつも花が手向けられていた。また小字牟田からも陣内へいたる木馬道（きんまみち）があった。木馬とは木材の運搬具である。枕木を敷き，その上に木材を積んだ梯子状の橇（そり）を走らせる。滑りをよくするために油も塗った。重油・廃油を入れたタケンポ，木を固定する鎹（かすがい），ブレーキ用のワイヤーを背負い，重いカシの枕木を次々に敷いて運んでいった。気を緩めて事故を起こし，亡くなる人もいた。人手は少なくとも2人は要るので，親子でおこなうことがあった。相手の動きをよく見極め，「オーイ」「オーイ」と大声で合図を送りあう。まだ小柄な少年たちにとって，枕木をかついで帰るのが一番きつかったという。

　山道のきつさといえば……と，奥さんたちが上原の嫁入りの話をしてくれた。昔，花嫁はわざわざ八代駅前まで着付けに行かねばならなかった。帰りの車中，裾が汚れぬよう，化粧が落ちぬよう，お付きの人があれこれ世話を焼いてくれた。しかし駅に降りればそこから先は山道。裾を帯にしっかりとつんからげ（まくり上げ）て，長靴を履いた。ものすごい姿だが，人生に1度きりの晴れ姿を汚さぬよう，一生懸命歩いた。
　また，山道を登って，外の世界の人々がやってきた。碾き臼や傘直しの人，マンガン掘りの子連れの男。鍋底直しの親子は，御堂に寝泊りをしていた。子供の竹松が家を廻って御用聞きをする。父親は竹松が持ってきたものを堂で繕っていた。箕・ショウケ直しの人は「鹿児島から来た」と言っていた。祈禱師のオマドンは遠く田浦町のイムタから来ていた[5]。マッポドンとも呼ばれ，人の心をよく解るおばあさんだった。悩みごとで心の弱った人の話をよく聞き，なかなかよい助言を与えてくれる人だった。魚や肉の行商人は氷を詰めて売りに来た。品切れになればあまった氷をくれるので，子供た

156 第II部　潜在的な地域資源

表 6-1　上原地区における通称地名と寺社・信仰物・町有林など

番号	通称地名・寺社など	種類	備考	小字
1	アカンタノサコ	山林・木場	海路との境界近くにある迫。上原から最も海路側にある木場のサク場。迫奥が二俣（クロンタ・アカンタ）となり，さらにその左俣が二俣（トンバタケ・クロンタ）になる。小さな川が流れていた。	
2	イッテンサコ	山林・木場	アカンタノサコの迫口の右平にあるサク場。	
3	アカンタ	山林・木場	アカンタノサコの二俣の右側の迫。アカンタビラともいう。高田部などに行く山道があった。	
4	クロンタ	山林・木場	アカンタノサコの奥は更に二俣となるが，その右迫にある木場。	
5	トンバタケ	山林・木場	アカンタの迫奥の二俣の左迫にある木場。	東　原
6	ヘボノキ	山林・木場	トンバタケノサコの左平にある木場。	
7	イモンビラ	山林・木場	アカンタノサコの隣のサコは途中で二俣に分かれているが，その二俣よりやや下部分にある平の木場。1町近くあった。	
8	オツオンダン	山林・木場	イモンビラの平の一部。	
9	イクサンゴウチ	山林・木場	イモンビラの二俣の左迫にある木場。クロンタの迫とは尾根越しに隣り合っている。	
10	タケンノ	山林・木場	イモンビラの二俣の右迫の奥にある木場。小字東原の木場の中で最もオバ（山の尾根）にあった。坂本村との境界ちかくにあった。	
11	タンジ（タニジリ）	山林・木場	小字谷尻のうちには迫（シライワノサコ）が1つしかない。谷尻とはシライワノサコの迫口付近の通称だったのだろうか？	
12	シライワノサコ	山林・木場	小字谷尻にひとつしかない迫。川が流れている。	
13	シライワ	山林・木場	シライワノサコにある。サクの出来がよい木場。境界を400～500 m越えた辺りまでシライワと呼び，木場を作った。	谷　尻
14	フッコジ	水源池	シライワノサコの谷頭にある水源池。	
15	エノキサコ	山林・木場	小字谷尻と小字小谷の境となる迫で，シライワノサコの尾根越しにあった。	
16	イワクビ	山林・木場		?

第6章　地名の記憶

番号	通称地名・寺社など	種類	備考	小字
17	ゴンゲンダキ	滝	海路へ降りる旧道の途中にあった。	平谷迫
18	ベニイワ	岩	白い火打石が取れた。	
19	コガクラサコ	道	内木場集落へいく山道。	
20	ソオレ	山林・木場	道路を挟んでコガクラサコの迫口の反対側にあった。	
21	クリノキトウゲ	道	小字永谷から内木場へつながる一つ目の山道。	
22	地蔵	信仰物	クリノキトウゲにある。	
23	ウチノコバミチ	道	小字永谷から内木場へつながる二つ目の山道。	
24	コダニ・コダン	?	小字小谷のうちどこの通称であるか聞き取りできず。	小谷
25	湧水	湧水	海路への道路脇にある。小字小谷と小字平谷迫の境にあり、通行人はここで一休みしたのだろう。	
26	アテノキヒラ	山林・木場	平谷川へ落ちる迫川近くにあった。	
27	ニタクボ	山林・木場	アテノキヒラの脇にあった。	
28	タビノキサコ	山林・木場	小字永岩との境の山の斜面にあった。	
29	ナガイワ	?	小字永谷のうちどこの通称であるか聞き取りできず。	永岩
30	町有林	山林	海路への道沿いにあった。約2町。	
31	ホンサコ	山林・木場	渕上米作家裏の迫。4～5反歩の田もあった。	
32	町有林	山林	本迫の田の少し上にある小さな町有林。	
33	ヤボシイワ	木場・山林	イチキノヤシキよりも奥にあり、8反歩ほどあった。	
34	地蔵	信仰物	ヤボシイワより奥、坂本村との境にある。	本迫
35	コダン	山林・木場	小字本迫の山の尾根というが、小字小谷の間違いか？	
36	ナクサコ	迫	下村家より少し道下にある谷らしい。坂本村久多良木地区小字啼迫にいたる。	
37	イチキノヤシキ	山林・木場	ナクサコよりサコ奥、久多良木との境界近くにある。0.5～1町歩。	
38	マエダ	田畑	神社や御堂の前から渕上（米）家辺りまでの田畑を総称する。	

番号	通称地名・寺社など	種類	備考	小字
39	ヒゾエ	田	マエダのうちの小さな田。	本迫
40	お不動さま	信仰物	ソーズノサコとの境の小高い丘にある。	
41	ソーズノサコ	田	清水迫と書く。谷奥まで田があった。	清水迫
42	観音さま	信仰物	御堂のなかに安置されている。おこもりや百万遍繰りをした場所。	
43	氏神さま	信仰物	池の上にある。	
44	摩利支天	信仰物	池の上にある。	
45	久多良木越	道	ソーズノサコ沿いにある山道の峠（境界）で久多良木地区の板持へいたる、1里（4km）の道のり。一時上原の子供たちはこの道を中学校へ通った。	
46	地蔵	信仰物	久多良木峠にある。	
47	タデンタ	山林・木場	久多良木越の先にある、久多良木地区の小字タデン田のこと。	坂本村の内
48	タデンタノサコ	迫	同上。	
49	マエサコ	田畑	小字尼ヶ谷の田畑を含む、上原地区集落の前にある広い田畑の総称。	前迫
50	ナワシロダ	田	旧下村家の前にあった苗代を育てるための田。	
51	イッタンマ	田畑	マエサコのうち。イッタンドコとも呼ぶ。	
52	アカミチ	道	赤い粘土の坂道で、集落から旧桑園や小字牟田、尼ヶ谷の田畑へ通う里道。舗装道路もあるが、こちらの方が歩きやすいという。	尼ヶ谷
53	アマガタニ	田畑	アカミチの左下に広がるなだらかな迫。迫奥には田が4反ほどあり、畑は広い迫口にある。	
54	桑園・蚕小屋	桑園	現在は茶畑や造林となっている。	
55	キンマミチ	道	吉田忠男家が使っていた。小字牟田との境の窪んだところから始まり、坂本村久多良木の小字陣内に出た。	
56	コノ	田	マエサコからつらなる田の総称で範囲は東は分校前、西は道路の三又あたりまで。	小野
57	海路小学校上原分校	学校	もとは8畝の田んぼだった。	
58	清水	湧水	分校前に湧き出す清水。	

第6章 地名の記憶

番号	通称地名・寺社など	種類	備考	小字
59	ツガムノ	田	コノの内にある広い田。	小野
60	キンノキダラ	田	コノの内。	
61	トオリヤマ	田	コノの先に広がる段々の田畑。上原で一番西にある6反の田の総称。	通山
62	マガリマツ	樹木	山すそに松の木があったが今は枯れた。	
63	ヨリヤダ	田	トオリヤマの内。ヨリヤダ・ヒラキノタは棚田。	
64	ヒラキダ	田	トオリヤマの内。一畝の田。	
65	ヤマンクビ	果樹園	トオリヤマの棚田の一番下にあった畑。現在は岩本武利家の栗林。	
66	マツワラ	山林	トオリヤマから上原越までの自動車道路沿いにある山林。	
67	サコダ	田畑	場所の聞き取りせず。おそらくトオリヤマの内にある田のようだ。	
68	ホントウゲ	峠	トオリヤマから内木場集落へ行く道の峠。ここはちょうど小字通山と海路地区の小字五十鹿倉、小字峠迫の境にある。	
69	地蔵	信仰物	本峠にあるお地蔵さん。	
70	ムタ	田	トオリヤマの棚田よりも上のほうにある比較的ゆるい棚田（湿田）の総称。近年は排水工事によって乾田となり、上原地区では一番収穫量の高い地域となった。	牟田
71	田んなかの岩	岩	ムタの田んぼに突き出た岩。神様の岩だとされる。	
72	スイゲンチ	湧水	上原の主たる田（ムタ，コノ，マエサコ）の水源池である。	
73	イデノオ	田	ムタの1番下の田。栗林もあった。	
74	ソウエン	桑園	ムタの周辺山林と隣接する小字尼ヶ谷の山林を開墾した。	
75	ナラノキダン	山林	久多良木境にあった山林。	
76	フルビラキ	桑園	第1期（戦後直後）の小字牟田の山林開墾地。最初は畑だったが，第2期の開墾で桑園に転作した。現在はお茶畑か造林。	
77	シンビラキ	桑園	第2期（昭和40年代）の山林開墾地。現在はお茶畑か造林。	

番号	通称地名・寺社など	種類	備考	小字
78	ウシロサコ	田 ?	小字後迫の内どの総称であるかは聞き取りしなかった。	後迫
79	オノミチ	道	小字後迫から大岩地区の小字岩屋河内に行く尾根道。	
80	オヤボ	畑	4～5町歩の切畑だった。現在はお茶畑。	
81	オメキイワ	岩	小字後迫から黒岩地区へ向かう自動車道路脇にある大きな岩。	
82	サルイワ	田	小字後迫から黒岩地区へ向かう自動車道路沿いにある迫。棚田になっており、上原の人たちも耕作していた。	白木迫

表6-2 吉尾地区における通称地名と寺社・信仰物・町有林など

番号	通称地名・寺社など	種類	備考	小字
1	ナガツル	集落	かつては吉尾川両岸に店や家があった吉尾温泉中心地。昭和19年に山潮被害を受けた。	永鶴
2	ユノツル	集落	8軒家あり。現在の吉尾温泉。	湯鶴
3	ユノダン	田	旧吉尾小学校付近の田。	湯ノ段
4	マルオ	集落	12軒あり。	丸尾
5	マルオノサコ	迫	マルオの奥にある迫。涸れ川が流れている。	
6	カワゾエ	田	吉尾橋から見て右岸の川下一帯の田地。市居原のうちでもっとも面積がひろい。	川添
7	イチイバル	集落	25軒あり。吉尾保育園や公民館がある。	市居原
8	ヨシオバシ	橋	市居原中野の間。山潮ではここで木や土が塞き止められた。	
9	ナカノ	田	吉尾橋から見て左岸一帯の田地。	中野
10	タケノサコ	迫	かつては迫のうちに田があった。	
11	マエダンイデ	用水路	マエダという田（場所を特定できず）にかかる井手。	竹ノ迫
12	ナカノンイデ	用水路	かつての吉尾川本流。現在はナカノの田にかかる井手。	

第6章　地名の記憶

番号	通称地名・寺社など	種類	備考	小字
13	フルミチ	道	吉尾川流路の変更前の里道。ナカノンイデ沿いにある。	竹ノ迫
14	ホンノサコ	集落	36軒ほどあり、吉尾地区の中心地。	
15	明竜寺	寺	浄土真宗。	
16	観音堂	堂	吉尾公民館の横にある。通称は"お堂"。旧9月24日が祭日でお神酒上げをして、昼は相撲大会、夜は青年団が酒盛りをした。	本迫
17	ソノヤマ	山林	明竜寺や観音堂の裏手の山。お墓がある。	
18	水の神さま	信仰物	ソノヤマのうちにある。2軒でお祀りしている。	
19	ノケシタ	田	詳細は不明。	除下
20	オサキ	山林	詳細は不明。	尾崎
21	マエガワチ	迫	樫山があり、焼き子一家が炭焼き窯を作っていた。吉尾集落の水道を迫奥から取水している。	前川内
22	サゲガワチ	迫	"堤川内"と書く。かつて吉尾集落の水道をここから引いていたが、新幹線工事によって渇水した。	堤川内
23	カガマタ	山林	立川地区との境界に1番近い迫。標高400mの山あり。迫の口にはヤオリ・ナガセといった田がある。	鹿賀俣
24	コガクマタ	迫	カガマタの東隣りにある迫。	
25	ナガセノヤマ	山林	カガマタノサコとコガクマタの間にある山のこと。	
26	ナガセ	田	ナガセノヤマの山すそにある。8畝歩ほど。	
27	ヤオリ	田	ナガセと俣合橋の間にある田。	
28	シンチ	田	俣合橋より川上にある。現在は耕作放棄地。	
29	大明神さま	信仰物	シンチの田の近く、道路脇にある。祭日は旧9月9日。ダンゴやお赤飯を持参してお神酒上げにいった。	
30	山の神さま	信仰物	大明神さまから少し山の奥にある。祭日は旧11月5日。	

番号	通称地名・寺社など	種類	備考	小字
31	マタイ	田	"俣合"と書くという。大岩川と立石川が合流し吉尾川となる地点。道も三叉路になっている。新幹線の高架線があり，その付近の田のこと。	鹿賀俣
32	ムカイドウメン	田	ムカイドメともいう。	
33	マタイノイデ	用水路	大岩川から（ムカイドウメン脇）取水する。マタイ（俣合）の田にかかる井手。	
34	イデ	用水路	マタイノイデよりやや川上から取水する。水が落ちる田は不明。	
35	マキドデ	堤防	明治～大正時代に築いたと思われる石垣の堤防。	堂免
36	ゴシャメンチ	田	6反歩ほどあり，籠瀬地区の人が所有している。	
37	ゴシャメンノイデ	用水路	ゴシャメンチにかかる井手。	
38	コガクラ	山林（？）	詳細は不明。	
39	フセンサコ	迫	平野集落の内でもっとも大きい迫。	
40	ウッツギノサコ	迫	フセンサコは迫奥で二股に分かれており，その左迫のこと。	
41	フセノツル	田	フセンサコの川が大岩川に合流する地点に広がる田の総称。	古屋敷
42	フセンツルノイデ	用水路	フセンツルにかかる井手。	
43	フルヤシキ	田	大岩川を挟んでフセンツルの対岸となる田の総称。	
44	フルヤシキノイデ	用水路	取水口は平野集落の南はずれ。	
45	山の神さま	信仰物	平野集落の山の神さま。フルヤシキノイデの近くにある。	
46	ヒラノ	集落	10軒ほどの集落。	平野
47	ヒラノノサコ	迫	平野集落の裏にある迫。	
48	ヒラノノオモテ	田	大岩地区小字桑鶴との境にある。	

第6章　地名の記憶　　　　　　　　　　　　　　163

表6-3　箙瀬地区における通称地名と寺社・信仰物・町有林など

番号	通称地名・寺社など	種類	備考	小字
1	ウノキ	田	箙瀬地区でもっとも川上にある迫。川岸の田は反当6～7俵の収穫量でもっとも良く収穫がある。	宇ノ木
2	ジャボチ・ジャブチ	淵	川淵。子供の飛び込み場。大蛇の言い伝えあり。	
3	カミウノキ	田	ウノキの奥にある迫。	上宇ノ木
4	ホンサコ	田	家河内の南下にある迫。	本迫
5	マツハラ	田	面積は1.5町歩。	
6	ノンボ	田	本迫付近。鉄道線と川の間の細長い田のこと	
7	イエガワチ	集落	箙瀬集落の中心。	家河内
8	サイリン寺	寺	家河内にある寺。西南戦争の折に焼失した。	
9	シタノタン	集落	家河内の川縁の8軒のあたりを指す。	
10	ウトンサコ	田	ウトンタニともいう。反当約4俵の収穫量、面積は1町歩あった。	宇土迫
11	イワヤグチ	田	箙瀬駅のあたり。地図地名では宇土。5反弱の田。	岩屋河内
12	エノキヅル	田	6軒家あり。	
13	ワダ	集落	吉尾川河口の南岸、4軒の人家があったが現在は1軒のみ。	和田
14	ワダサコ	田	5反歩弱あった。	
15	ワダクチ	岸	和田迫の河口のこと。いかだ流しの河岸場だった。	
16	ヒアタリツル	畑（？）	本村家の大きな牛小屋があった。	日当崔
17	ヨナノヒラ	集落	4軒家あり。船大工の村山さんや床屋さんがいた。	ヨナノ平
18	ワシトミヒラ	集落	9軒家あり。	上蔀平
19	エグチサコ	迫	ワシトミヒラに流れる迫。	
20	ナガセ	瀬	ヨナノヒラ付近の瀬。	永瀬

表6-4　大岩地区における通称地名と寺社・信仰物・町有林など

番号	通称地名・寺社など	種類	備考	小字
1	ツルカワウチ	田	県道田浦線沿いの田地。	鶴川内
2	オリキダン	山林		
3	タナリザコ	迫	涸れ川の迫。タナリダンとも呼ぶ。	田成迫
4	フッデラ	田		古寺川内
5	テラヤシキ	畑	フッデラの上、1反歩程度。	
6	テラオカ	山林		寺岡
7	ムカイツル	田・畑	川の東岸の田畑。	向鶴
8	ネンダサコ	田・山林	字は茶木鶴だが、ネンダ（野稲田）集落の東谷に位置するため、この名がついたと思われる。水量多い川あり。	茶木鶴
9	シオツル	集落	ショッツルとも呼ぶ。7軒ほどある。	塩鶴
10	山の神さま	信仰物	塩鶴集落の奥に祀られている。	
11	ミナミヒラ	田地山林	ミナンヒラとも。	南平
12	地蔵	信仰物	攻迫との境の尾根にある。	
13	セメン峠	峠道	岩屋川内の集落から東隣の内木場に至る峠道。小河内紙を売りに行った道。	攻迫
14	地蔵	信仰物	セメン峠の途中、最も高い峠にある。ここを下ると上原、内木場に分かれる二股あり。	
15	セメンサコ	迫	棚田の広がる迫だった。	
16	コウモリサコ	迫	一反程度の田地。	蝙蝠
17	オオヒラ	畑・山林	岩屋平の上にある。	大平
18	ワカレヒラ	畑・山林	岩屋平とともに畑があった。	分レ平
19	イワヤヒラ	畑・山林	大平、分レ平と合わせて、大岩のうちで最も規模が大きい山腹の畑。コンニャク、三椏、茶などを作った。	岩屋平
20	イワヤガワチ	集落	約30戸の集落。紙漉きの里として知られていた。	岩屋川内
21	ジョウガヒラ	畑		城平
22	ネンダ	集落	約10戸の集落。"年田"と書くという。	野稲田
23	イットダ	田	等級の一等田、あるいは一斗田か。	
24	オオノ	集落		大野
25	デグチ	?		出口

第6章　地名の記憶

番号	通称地名・寺社など	種　類	備　　　考	小　字
26	ミチミッドン	信仰物	山の神さまと言われている。大野との堺にある。	出　口
27	コビランサコ	迫	北隣の大岩地区との境となる迫。	小　平
28	カナヤマ	集　落	約10戸ほどある。"銅山"と書く。かつては銅が採れた。	木ノ根平
29	キノネビラ	田　・　畑		
30	ミズナシ	迫	銅山集落奥の迫で涸れ川。	水　無
31	ハイタテ	山　林		灰　立
32	カバンサコ	山　林		糀　迫
33	キタビラ	山　林		北　平
34	ミゾノクチ	山　林		溝　口
35	ニシビラ	山　林		西　平
36	クラタニ	山　林		倉　谷
37	ニシキダニ	山　林		錦　谷
38	ワタセ	田	道沿い。	渡　瀬
39	ホンカワウチ	集　落	大岩地区のうちもっとも大きな集落。	本川内
40	イチガタニ	山　林		市ヶ谷
41	ナベグチノサコ	迫	深く続く迫。	鍋ノ口
42	イチコシ	田	鍋口迫の手前にある。	市　越
43	ミョウゴウサコ	迫	深い迫で奥に地蔵がある。	妙　合
44	オガワ	山　林		小　川
45	マツノツル	田　地	川沿い。	松ノ鶴
46	ウトンサコ	迫	水量豊富な川がある迫。	
47	クワツル	田	田浦線沿いの田地。南隣平野の境となる。	桑　鶴

ちが彼らの後ろをついてまわったという。チョロマッドンはひょうきん者で体格のよい行商人だった。やがて黒岩や海路地区へつながる山道は舗装され，現在の道路となったが，それ以外の山道の多くは人の通行が絶え，消えていった。

(2) 木場作（焼畑式農業）と造林

　3地区では焼畑式農業を木場作と呼ぶ。焼畑式農業とは，山林の一定区域の樹木を伐採した後，下地を焼き払って耕地を一定期間造成し雑穀・野菜類をつくり，その後造林をおこなう，という循環式農業である。木場は戦時中から戦後の食糧難の時代，だいたい1955年あたりまで作っていたという。上原では2002年8月に焼畑・ソバ蒔き体験会があり，約40年ぶりに木場焼きが復活した。以下はその情景である。

　場所は小字尼ヶ谷の山林で，1ヵ月ほど前に伐採してある。「火を入れるぞォ！」という掛け声とともに，火を入れる。まずは木場の4隅のうち，左辺の上から下へ点々と火をつけていく。火は縦に一直線となり，ゆっくりと右へ進む。だんだんと煙の匂いがしてくる。次に上辺に点々と火をつける。これもまた一直線にのびる炎となる。上辺の炎はゆっくりとそのまま降りていく。最後に右辺に点々と火を入れ，一直線の炎となる。三方の炎のラインは段々と中央に集まってくる。すると風が起こり中央で竜巻がパッとまわる。「火は風を呼ぶ」というのもうなずける話だ。乾燥しすぎると火の回りが早く延焼する危険があった。煙がどんどん風上に舞い上がってくる。上原の人々は余裕をもちながらも機敏な動きで火の足りない場所には足し，時には消しながら見守る。あまり強い火では焼け残りができ，あとの作業が面倒になる。じわじわとゆっくり，まんべんなく焼ければ上等だという。

　昔は，焼いてから1週間ほどしてソバ，アワ，キビ，ダイコンなどを作付けした。ソバ蒔きをするときは，灰が舞い上がって耳や鼻の中まで真っ黒になった。暑い日などは幾ら水筒の水を飲んでも喉が渇いて仕方がなかったという。ソバは1週間で芽が出て2ヵ月で収穫できる。このように夏に火入れ

する木場は夏木場と呼ばれた。3月に火入れをする木場は春木場と呼び，ナタネ・サトイモ・カライモ（サツマイモ）を作付けした。春の方が乾燥しているので延焼の危険があったという。サトイモやカライモは，木場でつくると味がいい。アワはよく炒って搗くと香ばしかった。アワとコメは8：2の割合で混ぜて炊いた。真っ白な白飯弁当の人がとてもうらやましかったという。

　上原には11の小字があるが，そのうち10の小字に迫(さこ)，山(やま)，谷(たに)がつく。そして調査で確認した限りにおいて，19の山林・木場地名があった。上原でも木場作がやんで久しいが，1935～54年生まれの人々が，山の名をこれほど多く記憶していることに驚かされる。「道のない山はない」というほど，上原の人々は近隣の山を知り尽くしていた。海路地区と隣り合わせの小字東原にはアカンタノサコとタケンノウノサコという大きな迫がある。アカンタノサコ筋にはアカンタビラ，イッテンサコ，クロンタ，トンバタケ，ヘボノキと呼ばれる木場があった。もうひとつの迫そのものには特に呼び名がなかったが，迫筋にはイモンビラ，オツオンダン，タケンノ，イクサンゴウチという木場が広がっていた。小字谷尻には迫が1つあり，シライワという地区境の尾根筋に木場があり，その近くにはフッコジという水源池がある。小字本迫との境はエノキサコという迫で木場がある。小字本迫には渕上米作家他の裏手にホンサコという迫がある。ここにも8反ほどの木場ヤボシイワ，隣村境に0.5～1町歩ほどの木場イチキノヤシキがあった。

(3)　男牛(おとこうし)──山仕事のパートナー──

　上原の男たちはそれぞれに男牛1頭を連れて山へ出かけた。写真1は上原では珍しい女牛である。じっとカメラを見つめている。当時のカメラで顔がぶれていないのだから，よほど撮影した飼主とコミュニケーションが取れていたのだろう。そして飼主の方もこの女牛が可愛いからこそ，写真を撮ったのだろう。人々はこまやかな愛情をもって牛を世話し，山仕事のパートナーとするために仕込んだ。飼い主（家主である父）と牛の絆は強い。父以外の

第Ⅱ部　潜在的な地域資源

写真1　上原の女牛

人間を主として認めない。父がいないところで女子供が角をけしかけられることもあった。父の代わりに山仕事に行った息子を散々てこずらした上に，帰路何を思ったか，村に入る一歩手前で立ち止まり，梃子でも動かない。やってきた父の一声でスタスタと歩き始めた，という笑い話が残っている。上原にはチカダレ（力だれ）という古い言葉がある。ハミ（餌）を食べず元気のない牛が，ダッシャマ（牛馬を使って山から木材を搬出する作業のこと）の最中に力尽き，泡を吹いて座りこんでしまう様子をあらわす。「歩いてくれなければ家に帰せない。そんな時はベロを引きずり出して焼酎を飲ませると，味にたまがって（驚いて）立ち上がる。酔っ払ってだまくらかして歩かせた」という。ダッシャマの仕事がある時，つまりどこかの山主が山を切り開く時は，午前に1回，午後に1回，山から重い木材を牛に付けて降ろす。重労働なので連日牛を働かせられない。重い荷と山道で爪を痛めぬよう，日に3度もクツ（牛用の草鞋）を履き替えさせた。年に1度，博労さん（ばくろう）（久多良木の字鬼丸の人やジゼンセのニシさん）が1～2歳の若牛を連れて登ってくる。そろそろ若い牛を仕込もうという人は，この時に買い付ける。上原における博労さんの世話人は，村並家のヒトシやんだった。上原でダッ

第6章　地名の記憶

写真2　ワイヤーによるダッシャマ

シャマをするならばオス牛でなければならない。メスよりオスのほうが高く，飼えばよくハミを食べ懸かりが増える。ダッシャマは良い金稼ぎだったが，その分経費がかかった。良い牛，つまり立派な体躯で性質が従順な牛は当然高値だ。逆に"癖もん（気が強かったり，曲がった性質）"の牛は安い。どちらを買うにしても自家用車1台を買うようなものだ。牛の良し悪しは顔つきや色艶で見定めるという。そこで知恵のある人は安い癖もんであっても性質を見定めて買い付け，上手に仕込んでよい牛に仕立てた。博労さんは使い古した牛を連れて山を降りていった。たいていキンヌキ（去勢）をせずに使ったというから，上原の男たちが荒い牛たちを見事に仕込んで山仕事を行っていたことが察せられる。くねくねと折れ曲がった道では修羅を使った。木材の搬出は牛のダッシャマからワイヤーによる搬出が主力となるが，やがて山道が舗装道路となり，トラック輸送に代わっていった（写真2）。

(4)　稲　作

上原の米作りは早い。5月末には田植えをおこない，9月半ばには刈り取

写真3 稲の早期栽培の実験

りをする。高冷地なので苗代は温床（おんしょう）で作る。写真3は上原における稲の早期栽培風景である。撮影年代は不明だが，おそらく1957年ごろに熊本県下で推進された水稲早期栽培のブームの時期だろう[6]。

　上原の稲作の中心部である平坦地には，東西に細長い緩やかな傾斜の田が広がっている。この一連の田は部分部分でアマガタニ，トオリヤマ，コノ，マエサコの通称で呼ばれている。アマガタニには水源池があり，平坦部の田を潤している。アマガタニの田畑が上原でもっとも広かった。しかしムタはその名の通り湿田であったが，近年耕地改良によって乾田化し，上原において最も収穫量が多くなった。ムタには大きな岩が突き出ている。これは神様の岩なので，基盤整備のときにも除けたりせずそのままにしている。また小字牟田と久多良木の境にはナラノキダンと呼ばれる山林があり，この近くの窪みからキンマミチを作ってダッシャマをしたという。アマガタニの内で下の棚田はタニジリという。小字尼ヶ谷の山林は戦後直後に開墾され，畑ができた。フルビラキと呼ぶ。1965年ごろ小字牟田の山林も含めて再び広範囲に開墾し，桑園を作った。これをシンビラキと呼んでいる。トオリヤマのうちにはヒラキダ，ヨリヤダという田があり，ヤマンクビという畑があった。

第6章　地名の記憶　　　　　　　　　　　　　　　171

マツワラという山林もあった。トオリヤマの端にはマガリマツと呼ばれた松が立っていた。コノの棚田にはツガムノやキンノキダラという田があった。マエサコには個人のナワシロダがあった。かつてはソーズノサコやホンサコにも田んぼがあった。高冷地の上原では低地よりも気温が低くなるのが早い。寒くなると稲穂が膨らまない。立春（新暦2月4〜8日頃）から数えて210日ごろは台風襲来の時期にあたるので，風祭を行って無事の収穫を祈った。

(5) 心のよりどころ

　小字の本迫（ほんさこ）はその名の通り，小さな上原の中心地であり，隣の清水迫（しみずさこ）（地元人にはソーズノサコの方が正しい呼び名である）には，文字通り冷たい湧水をたたえた小さな池がある。ここには氏神と摩利支天が祀られている。清水迫と本迫の間にある小山の頂上は平らで広場になっており，不動明王（通称お不動さん）が祀られている。清水迫のお堂には観音さまが祀られている。旧3月23日はお不動さま，10月1日は観音さま，11月1日は山の神さまの祭りがある。お堂では百万遍繰りという古い慣わしがあった。"108"の10倍である1,080個の大きな長い数珠を，名号を100万回唱えながら回す。ちなみに京都百万遍知恩院の数珠は桜の木製で350キロもあるという[7]。1920〜1945（大正9〜昭和20）年生まれの女性たちもうろ覚えであるから，この百万遍繰りは，かなり昔に廃れていたようだ。坂本村の片岩地区，中津道にも同様の民俗行事があった[8]。赤痢流行（幸いにも上原では流行しなかった）や日照りの時におこもりをして，拳大ほどある大きな数珠をみんなで繰ったという。おこもりといえば旧暦28日のおこもり（通称おこさん）や二十三夜待があった。これはおばあちゃんたちが寄り合う慣わしであり，寝てはいけない，人の悪口を言ってはいけない，という決まりがあった。久多良木地区の地蔵講や堂の二十三夜待など，外のおこもりに出かけることもあった。また臼太鼓踊りは町の無形文化財に指定され，今やソバとともに上原の名物となった。上原の臼太鼓の最も古い証は，「天正十年六月吉日　　モ（鋳）

シ 㙰カネ 樋口兼助照光」と刻まれた金鉦である。天正十年六月といえばちょうど織田信長が本能寺の変で自害している。また明治時代以降の作と思われる絵巻「臼太鼓御神楽之謂」には，天岩戸ほか48の神楽が列記され「右四十八庭御神楽ノ禄相伝タル者也　東肥葦北上原邑　奥密也」という文言で締めくくられている。描かれた唐風の衣装の踊り手は，球磨郡内に伝わる踊りの衣装と類似している。球磨川を挟んで球磨地方の踊りが3地区周辺まで広がっている。江戸時代の芦北一向宗（浄土真宗）は禁教地の人吉藩へ潜入し，その信仰（仏飯講）を守り伝えた。念仏踊を継承する臼太鼓踊りが，逆に球磨川を越えて芦北山間地域に広がったことは興味深い。奥密といわれるように各家の長男だけが踊りの参加を許されていたが，戦争が厳しくなり途絶えた。女性たちは踊りをなつかしみ，見よう見真似で踊り始めた。

(6) 桑園開拓と養蚕

戦後，国有林（通称官山）と小字尼ヶ谷の開拓は戦争直後と1970年頃の2段階で行われた。戦争直後は一部の住民の払い下げから始まり，畑が開かれた。そして養蚕が行われるようになり，1969年着工1970年3月完了をめざした「上原地区開拓パイロット事業」が行われた。国有林9.74 ha，民有林3.14 haの計12.88 haの田地に桑園12.24 ha（圃場面積8.3 ha）を造成し，21戸の増反（1戸当たり0.58 ha）による農家経営の安定を図る目的があった。国庫補助50％，県費補助5％，地主負担金は45％だった[9]。あらたな道路の建設，酸性土壌の改善工事も行われた。人々は戦後の開拓をフルビラキ，養蚕のための開拓をシンビラキと呼んでいる（写真4・5・6）。養蚕は17，18年前まで盛んだったが，5，6年前まで行われていたという。とあるお宅で拝見した1970～71年の上蚕精算金計算書，上繭内渡金計算書によると，1970年初秋，晩秋，晩々秋，1971年春，夏の5回の出荷時期があり，純利益は181,548円となっている。

第6章 地名の記憶　　　　　　　　　　　　　　　173

写真4　シンビラキの前にて

写真5　アマガタニの桑園

(7) **イノシシ**

　球磨川沿岸地域は狩猟が盛んであることは知られている。もともと3地区ではイノシシはいなかったが，段々と増え始めた。立川地区では放していた飼い犬がおしりにブスリと2つの穴を作って帰ってきた。イノシシにやられたのだという。田畑の被害が多くなったため，害獣駆除で猟を始めた。この

写真6　日雇い仕事をする上原の女性たち

地域ではイノシシはシシと呼ぶ。シシの通う道はウジという。寝床をカクラと呼ぶ。ちなみに隣地区海路との境には五十鹿倉（こじゅうかくら），小鹿倉（こがくら），という小字がある。古くからここ一帯に獣のカクラがあったことを思わせる。ウジとカクラを確認し，みんなで犬を連れ，銃で撃つ。厳冬の山中で2時間でも3時間でもガタガタ震えながら待ち構え，道なき山中を駆け回る。なかなかハードだが，ようやく仕留めて肉をわけあい，料理することは楽しく充実した喜びでもある。ちなみに吉尾地区ではごく最近までイノシシを飼っていた。魚をやったりしたがそのうち食べなくなった。雪降りの日に母親からはぐれたウリ坊が岩陰にちぢこまっていた。その姿が哀れで懐に入れて持ち帰ったのだという。

2．吉尾地区

(1) 吉尾集落

　吉尾は旧吉尾村の中心地で役場や学校があった。本迫という小字もまた，ここが古くからの中心地であったことを示しており，中世～戦国時代の城が

あったという伝承がある[10]。この城は1558〜1570年（永禄年間）に相良家臣，吉尾大学とその子，塩山浅ノ助が居城したと伝えられる。『熊本県の中世城跡』によれば，最も集落で高い場所にある吉尾健男宅一帯はソノ（園）と呼ばれ，吉川吉水宅一帯をキド（木戸）と呼ばれていた。また山の斜面に築かれた墓地の最上段には1859（安政6）年に建立された相良家臣の吉尾大学の墓碑がある[11]。この城山に北面する谷は平野という集落である。フルヤシキ，ドウメン（堂免とは堂の改築・祭祀運営経費をまかなうための田），ムカイドウメンという通称地名があり，平野と吉尾は城山を要とした山村の山城空間を形成していたことがわかる。古寺河内は昔お寺があったという伝承のとおり，建物の礎石があった。片隅に寄せてあったが井堰を作るときに使ってしまったという。テラヤシキとよばれる1反歩の田んぼがある。ちかくにはミョウゴウの石と呼ばれる岩がある。ある時，この石から南無様の魂が飛んでいき，松の大木にとりつき火災が起きた。それでテラヤシキにあった寺が焼けてしまったという伝承もある。ちなみに，吉尾地区は西南戦争を経験している。官軍は地区内の山（小字加賀俣・堤川内・竹迫の尾根筋）をひそかに抜け，籠瀬地区にいた薩摩軍を襲った[12]。家々には120年前の「サツマが来た」時の思い出話が残っている。「おなごはおらんか⁉」と薩摩が悪さをするので女たちは髪を男のように短く切ったこと。寺の半鐘を勝手に下ろして釜の代わりにして鶏を煮て食べたこと。「人は隠れておらんか」といって襖を刀で突いて廻ったりしたこと。体験者である年寄は突然やってきた薩摩軍のおそろしさを小さな子供たちに語った。そして，小高い丘を指差して「そこからサツマが撃ちよったげな」と教えてくれたという。サツマが逃げるときに軍資金を隠すよう頼まれた家は，その後村で一番の金持ちになったげな。そんな話もまことしやかに語られた。籠瀬地区の永瀬や和田のあたりにはサツマの詰所があった。サイリン寺という寺はこのときに焼失したという。

(2) 鉄道駅と吉尾温泉

　鉄道開通以来，3地区の近くで最も大きな駅は白石駅だった。ここにはダッシャマされた木の製材場もあった。谷川旅館，東茶店（ひがしちゃてん）という宿があった。橋のたもとには酒屋があった。鍼灸院，その他の商店で賑わいを見せた。ダッシャマを終えた男たちが，酒で疲れを癒す場所でもあった。製材後の木材，パルプ材，木炭，杉皮などは貨物列車で運ばれた。球磨川沿いの県道は"馬車道"と呼ばれていた。やがて馬車は消え，トラックで八代へ運搬した。鉄道にディーゼル車が登場すると，白石駅より北には海路や吉尾といった小さな駅が出来た。白石駅には1965年頃駅員は10人程いたが10年前には2人，1989年には無人駅となった。大仁田から白石駅まで客馬車が通い，やがてバスとなった。これより北にある吉尾駅は白石駅よりも小さな規模だが，小字永鶴や湯ノ段の川沿いには吉尾温泉街があった。吉尾温泉は球磨川沿岸の日奈久，湯浦，湯出温泉とともに知られ，海岸線の干拓地である鏡町や八代市内からも多くの湯治客が訪れた。山手には人家や宿屋もあった。自転車屋，2軒の散髪屋，警察の駐在所。そして筑後屋，高野屋という宿には温泉客のほかにも行商人が泊まっており，学校の先生も部屋を間借りしていた。また，昔はブト（ぶよ）が刺して化膿したのをチフスと勘違いされ，敗血症で死ぬ人があった。筑後屋の親方は蟹採りの最中，ヒラクチにかまれて死んだ。医療が発達していない時代であったからこそ，温泉の薬効は，薬草とともに重要なものだった。温泉は毎日の野良仕事や山仕事の疲れ，草ぶり（仕事中に草負けして肌荒れを起こすこと）を癒してくれた。

　海岸線の八代市日奈久から吉尾へ来る行商の女性たちは，ヒナグさんと呼ばれて親しまれた。戦後の物資不足がきっかけで1951年頃からはじまった日奈久駅前の朝市は有名である。ここで商品を仕入れたヒナグさんたちは，八代駅を経由して肥薩線に乗り，毎朝吉尾駅に降りる。駅にはリヤカー置場があり，荷を積んで吉尾のほうへ向かう。カンラン（キャベツ），深ネギ，イチゴ，牛乳，豆腐，パン，リンゴ，バナナ。頼めば刺身やメロンを持ってきてくれた。やがて馬車道と呼ばれた国道219号線が舗装され，自動車が普

及し始める。外で働く人も増え,買い物の便がよくなってくると,ヒナグさんが訪れることはなくなった。

(3) 吉尾川

　山から落ちる水は勢いがあり,大雨や台風の季節には河川が氾濫する危険が常にあった。吉尾の人々もまた,地区の中心を流れる吉尾川の氾濫を防ぐために長年努力を続けてきた。
　大岩川と立岩川は,吉尾地区のはずれである小字加賀俣で合流し,吉尾川となる。ちょうどシンチと呼ばれる田のあたりで,開通したばかりの新幹線の高架線が走っている。400mほどの堤防があるがだいたいがコンクリートで,一部の堤防は雑草で覆われている。雑草をかきわけてみると,びっしりと石が詰まれている。吉尾博さん(79歳)は,祖父や父からこの堤防を築いた時の話を聞かされた。昔からこの合流地点は決壊しやすく,吉尾の人々にとって悩みのタネであった。そこで大金をはたいて田浦から大勢人夫をやとい,この石垣の堤防,マキドテを築いた。難儀な仕事だったが,おかげで水害が減ったという。また,吉尾中学校より100mほど川上にある堰から,中野掛りの井手が分かれている。この井手は500mほど山つきに(山すそに沿って)走り,公民館付近でふたたび吉尾川と合流する。もともとの吉尾川とは中野掛りの井手のほうが本流であった。吉尾の里道も,中野掛りの井手ぞいにあった。しかし河川の氾濫の防止や耕地を広げるために,大がかりな流路の変更工事をおこなった。これは吉尾イエモさん(79歳)が,子供の頃母から聞いた話であるので,正確な年代は定かではない。新しくとも明治から大正の時代であろうか。最大100mもの流路変更は,当時の人々にとって大工事であったことが察せられる。
　しかし水害の危険と苦労は完全に解消することはなかった。吉尾の人々には2つの大水害の記憶がある。ひとつは戦時中の1944年7月21日の大水害で,吉尾橋から下流の市居原の田は,すべて流されてしまった。ちょうどここは迫川の合流地であり,どっと水や流木が押し寄せ,橋にひっかかってし

まうのだ。戦時中の苦しい生活の中で丹精こめて育てた稲はもちろん全滅だった。「たった1日で田んぼが川になってしまった」という。小さい子供たちも勤労奉仕で石拾いをした。まだ一輪車がない時代だったので，いちいちブッショゲ（ショウケ）で石を田から出す。再び田んぼにするために，表土は取っておかなければならないから，畳よりも大きな竹編みを作り，それで石と表土を選り分けた。2つ目の大水害は1982年7月にあった。このときは昼間に吉尾川が決壊した。明竜寺に80人は避難したという。土石流は置いてあったユンボが流されるほど強く，吉尾には誰も近づくことができなかったため，自衛隊がヘリコプターで物資を運んだ。このときは2回の鉄砲水があったという。

　吉尾川は子供たちの遊び場でもあった。テゴ（テボ）を使ってウナギを獲った。竹細工の上手な人が，野良仕事の片手間にテゴやショウケ，ザルを作っていた。小1時間で100匹釣れるときもあるほど，魚もよく獲れた。鮎かけもした。学校のそばに小さな池があり，女の子たちはシジミを採っていた。こういったことが子供たちのささやかな小遣い稼ぎであった。学校の掃除水を汲みに川に行ったが，冬でも温かい温泉水が湧き出るのでありがたかった。また，戦時中の子供たちは，勤労奉仕で川床のバラスを担いで出したこともあった。

(4) 箙瀬地区の鮎かけと筏流し

　球磨川の名産は鮎である。山に住む人々にとって川魚は無塩で（海産物のように塩漬で食する必要がない）摂取できるたんぱく質源だが，鮎は川魚特有の生臭さがなく，むしろ香気あり，人々に愛された[13]。旧吉尾温泉街のおもかげを残す旅館は，鮎料理と自家製味噌や食前酒で客をもてなしており，球磨川流域の食文化を伝えている。海路・箙瀬・白石地区では筏流しと鮎漁の現金収入で生活を支えていた。吉尾川が球磨川に流れ落ちる地点に箙瀬地区がある。球磨川の川岸約2kmにわたって上蔀・ヨナ平・日当鶴・和田・岩屋川内・家河内という小規模集落が点在する。箙瀬地区では家河内と岩屋

河内が主たる集落である。地区内は上(のんぼり)と下(くんだり)に分かれており、家々はクチャ、ツルオウ、ツルオ、オモテ、カミなどの屋号をもつ。そして小字岩屋口、宇土ン迫、本迫、上宇ノ木迫には大小4つの迫があり、かつては美しい棚田が広がっていた。岩屋口には4反の田があり、川沿いには細長いエノキヅルと呼ばれる田があった。家河内の川沿いにはノンボと呼ばれる細長い田があった。宇土ン迫の田地面積は1町歩（反当4俵）あった。本迫での収穫は反当2～3俵（マツハラという1.5町歩の田があり、その内にミチウエ、ミチシタという田もあった）ほどあり、宇ノ木迫は反当6～7俵の収穫があった。また面積も最も大きかった。基盤整備は行われていない。屋敷野地区とは宇土ン迫と本迫の道で結ばれ、ここから屋敷野の人がやってきた。本迫のほうが本道だった。佐敷の諏訪神社の祭日にはここをとおって佐敷へ遊びに行った。籃瀬の人々は鮎かけと筏流しの現金収入で資産をもち、旧吉尾村の中心地や人吉・八代市にまで土地を増やしたが、そもそも彼らは4つの谷の棚田と川沿いの細長い田をコメ収穫の基盤としていた。しかし現在は棚田の耕作は高齢者には難しく、放棄地が増えている。

　この岩屋河内・家河内より上流には、一番瀬、二番瀬、三番瀬というアバ（鮎かけの網場）があった。この他にもアバの呼び名は大小合わせて多くあった。つまり"籃瀬"とは集落の呼び名というよりも、球磨川の中に数限りなくあったアバの総称として認識されてきたのである。一番瀬の近くにはジャボチという大蛇が棲みつくといわれる深い淵があり、子供たちの飛び込み場所だった。岩屋口の前には歩いて渡れるくらい浅い瀬があり、この瀬の手前に簗(やな)を打ち、産卵のために下流にくだる落ち鮎を採った。1月16日の山神様の祭日に舟を清めてお神酒上げをし、1年の豊漁を祈願する。鮎漁は6月1日から11月の落ち鮎の季節までで、その間、特に漁をひかえるべき忌日はない。おとりとなる種鮎はメスで、秋は特に産卵期なので収穫があった。鮎つりの針は材料を買って自分で作る。村山さんという専業の船大工がいた。舟は幅1m、長さ7mと細長く、杉で造る。杉が1本あれば2艘仕立てることができた。プラスチック製の舟ならもっと短い舟でよいという。み

んなお弁当を持って日がな一日鮎かけをする。八代市にヨリフジという鮎問屋があり，集落のなかに仲買人がいた。買付けには鉄道を使って来ていた。1941年生まれの浅野区長さんの話によると，自分より3つ上位の世代までは筏流しを経験しているという。また漁協には10人ほど加盟していた。1952年ごろまでは鮎つりがおこなわれていた。ダムの話が起こったとき，鮎かけや筏流しで生計を立てていた人々は白旗を立てて反対運動をした。

　箙瀬地区では，あちらこちらに筏流しの河岸があった。ある程度乾燥させた木材で筏を組む。その上に荷物を積み，カズラでしっかりと縛る。カズラは吉尾の人は小字竹ノ迫の山林へ取りに行ったという。筏流しはなかなかよい賃金でやっていた。筏流しを専業でやっていたのは河口さんで，ちょげどんの愛称で呼ばれていた。

　山から平地へは牛で出し，そこからは馬車に付け替える。馬車で白石駅や筏の流し場へ運んだ。製材しない杉，桧材，薪，割れ木などは筏に積んだ。木炭は貨物トラックだったという。八代市のジャカゴウ（蛇籠）という荷揚げしやすい岸まで流した。蛇籠は明治初年に修築された物揚げ場があり，物資輸送や離島通交の基地だった[14]。彼らはヨキ（鉈）を脇にぶち込んで，列車に乗ってそれぞれの集落へ帰っていった。ちゃんと定期券を持っていたそうだ。萩原町のトモの堤防の上には繁華街があった。トモとは現在の八代市古麓町(ふるもと)の球磨川右岸1.8kmにわたる萩原堤(はぎわらづつみ)のことである。「その日稼いだしこ（分），そこでチャンチャカ酒盛りをやって，女郎屋でお金を落としてしまう。昔の人は気も太か。気もよかけん，せっかく働いてもそこで身ぐるみはがされるような人もおった（笑）」という。しかし1958（昭和33）年の瀬戸石ダム完成によって，鮎釣りや筏流しといった伝統的な生業が消えた。

(5) 炭焼き

　吉尾中学校裏には木炭検査の技師さん（坂口すなおさん）が住んでいた。「お葬式帰りの足で窯に行くと火が消えるから行ってはいけない」という戒めがあった。吉尾区長の話によると，ゴツゴツした土の痩せた岩場には身の

第6章 地名の記憶

しっかり締まった樫山が沢山あった。焼き子はそんな樫山を見て何百俵炭が出来る，と見積もり，持ち主と交渉し，上木を買い，そばに炭窯を作って焼き始める。松やスギは切った跡に芽が出ないが，樫は芽が出るので特に植樹はしない。岩石の上に樫が群生しており，カシヤマと呼んでいた。こういうところの樫は生長は遅いがしっかりしまっていて重い木ができる。焼き子は地元の人のほかに，白炭窯を立てる他所人がいたが，白炭を作るのは技術もむずかしかった。普通の黒炭は焼き上がったあと窯にいれたまま鎮火させるが，白炭は外に出して砂をかけて鎮火させる。そうすると金属をたたいたような音の出る，硬くて上質の木炭ができた。昔，吉尾区長の持ち山がある前ノ迫の中ほどに，球磨地方から来た紀州出身の焼き子一家4人が3年ほど住んでいた。親方は人吉にいたという。家族で年中炭焼きをしていた。木馬道から父と少年は樫の木を切り出していた。焼き子一家の郵便物は吉尾家に届いたので，それを届けに行った。子供たちは学校にも通っていた。紀州窯を立てた焼き子は他に3人ほどいた。仕事が終われば焼き子は去ってしまうが，湯浦にいた焼き子はそのまま定住したという。

(6) **木場作について**

　木場作は，マツを切った後にこの作業に入る。マツを切った後には灌木（雑木）などがどうしても生えてくるので，みんなが鉈や鎌を持って山に入って，シタギ（下木）・シタグサ（下草）などを刈り，よく燃えるようにした。下草払いの作業は，秋の稲刈りの前後からを始め，年末に火入れをして終わる。火入れは親戚や知人にも頼んで，夕方の風の少ない時をえらんでおこなった。火入れをする前には御神酒を捧げ，火入れの時には，火が燃え移らないように3mから5mの境界（防火線）をつくった。この防火線を「アヒリグチ」といっていたが，その日のうちに鍬で打ってつくり，火入れのときは5m間隔で火を見張る番人をおいた。火は上から最初につけて，次に外側から火をつけて順次下っていった。山を焼いた後は，1人1人の持ち分を区分し，小豆を作るときも，そうして自分自分でやった。持ち分の広さ

は，それぞれの山によって違っていた。年が明けると小豆・キビ（これらを「マキモノ」といった）などの植え付け準備をし，3月頃になると植え付けた。

　火入れの時期になると，村の人たちは「木場をさせてほしい」「木場を払わせてほしい」と山主に頼みにくるが，山主は木が育つことが楽しみだし，下払いの手間も省けることから，これらの人たちに無償で山を貸した。木場作をする人たちにとっても，山では焚き物（薪）がでて，山主からその焚き物ももらい，それで普段の煮炊き，風呂などの燃料にすることができて大変助かったようである。私たちのところでは，「ヤンモコ」と称していたが，薪は梱包し，それに担ぎ棒を突っ込んで担いでいった。吉尾には入会地はなく，山はみんな山主の所有であった。作付けするカライモは自分自分でもっていた。蔓は平地の畑で養成して山に持って行った。

　作物は，最初は小豆，キビなど，深く耕さないでも作付けできるものを栽培し，2〜3年してから，カライモ（甘藷・サツマイモ）を植え付けた。場所次第であるが，肥沃なところでは10年くらい作付けすることができるところもあったという。あまり土地が肥えていないところでも4，5年は作付けできたようである。この付近は耕地が少ないことから，木場作が主に行われたが，貴重な土地の活用法であった。火入れ後，2年か3年したらまた植林をした。植林は1反（300坪）で，1間に1本，つまり1.8 mくらいの間隔で植えたから，その間に作物を作ってもいいわけで，支障なくカライモを作ることができた。植林した木は4・5年たっても，大きくて1.4〜1.5 mくらいで，山主にとっては下払いなどの手間も省けて都合がよかった。木は木場作で育っていったともいえる。里芋はいくらか肥沃な迫（サコ）の窪地で栽培された。ところで，春，カライモなどを植え付ける時期になると，マキモノなどよりもずっと忙しくなる。山に入って「サイ」を作る作業をしなければならないからである。サイは，孟宗竹を幅3 cm，長さ40 cm位に割って先を研ぎ，抜けないように打ち込むが，山には枝条などが残っているからそれも打ち込み，そこに土を寄せ，こんもりと土を盛ってつくられた。肥料な

どは使わず作土の肥沃なところではカライモは長くて10年くらい作ることができた。マツやスギ・ヒノキを植えていた所は、みなこのようにしていた。戦後、5～6年はそんな作業をして暮らしていた[15]。

(7) うしなわれた古い言葉

　吉尾イエモさん (73歳) が子供のころ、近所に元士族の老女がいた。「いらっしゃった」は「ござった」といい、「あなた」を「こなた」、「ありがとうございました」は「かたじけのうござった」と、たおやかな吉尾言葉を話すひとだった。イエモさんの母は一人住まいの彼女を気遣い、井戸の水汲みにイエモさんを遣った。帰り際になるといつも「こうは、こうは、ちょうじゃあんた（これはこれは、ごめんください）」と丁寧に頭を下げた。丸い可愛いクツをくれたこともあった。ちなみに上原地区の橋本よし子さん (77歳) の祖父母たちには、「だんだんなあ（さようなら）」と言えば「ちょうじゃなあ（さようなら）」と返す挨拶の文句があった。今は失われた古い言葉がたくさんあった、という。

(8) お寺と御堂

　吉尾には浄土真宗の明竜寺という寺と公民館脇に観音堂がある。昔、お寺には水俣からきた堂守の尼がいた。雨が降ると女性たちは寺につどい、話に花を咲かせながら日頃溜めていた繕い物をした。夜になれば尼さんから活け花やお経の手ほどきを受けた。かつては糸車で糸を紡いで染め、機織りをした。裁縫学校を出た人は着物の仕立てを頼まれることもあった。余談だが、足半（あしなか）や草鞋、もんぺ、下駄も手作りだった。雨が降れば男の子は裸足で駆けていく。女の子は下駄を履いた。カバンは藺草で作った。

　草切りに出るときも、みんななんとなく堂の前に集まって連れ立って出て行った。9月9日は大明神、同月24日は観音さま、11月5日は山の神さまのお祭りで、蒟蒻にしょうゆをかけて食べる。お赤飯も食べる。お神酒上げをした。旗を立て幕も引いた。吉尾では夏の暑い時期に週1回"村休み"と

呼ばれる日があった。いわゆる遊び日というもので、皆で寄り合い、ヨモギやソーダのダンゴ、ヒネリダンゴに黒砂糖をつけて食べた。

3. 大岩地区

(1) 野稲田
大岩には野稲田(ねんだ)という集落がある。実際に野稲を作ったことはなく、本来は"年田"と書くのだという。今は4軒ある。ネンダの田は水掛りがよく、水はけも良かったため、1962～63（昭和37～38）年まで二毛作で麦を作っていた。反当でおおよそ4～5俵の収穫量があったという。もっとも広い田はイットダン（一斗・一等段か）という田だった。あらゆる迫の隅々まで田を作っていたが、次第にサルやイノシシが多くなり、迫の田は耕作放棄するようになった。裏手にはジュンヤマと呼ばれるぽっこりと丸い山がある。頂上は広場になっており地蔵が立っている。40年ほど前まではこの広場で村祭りがあり、相撲が行われていた。ずいぶんとにぎやかな祭りだった。大岩は八代への出稼ぎが多かった。また八代の人が山を買うこともあった。その管理代として下草刈りをした。

(2) 大河内紙(おがわちがみ)の生産
大岩地区の岩屋河内(いわやがわち)と銅山(かなやま)は江戸時代から続く紙漉きの里として知られる。ここで漉いた紙は大河内紙と呼ばれ、純楮紙（ワラ等を混ぜない紙）である球磨紙の誇りをもっていた。1945年ごろ、岩屋河内の主婦が紙製の衣服を作る方法を、製紙工場の技術指導員に相談した。子供たちに満足な野良着を与えることができなかったためである。指導員はその熱意に応えて、紙布の見本を奥州から取り寄せ、激励したという[16]。原料は楮（3地区一帯ではカジと呼ぶ）で、ミツマタは使わなかった。カジを仕入れる人々は「カジ皮剝ぎ」と呼ばれた。彼らはどんな遠いところでも出かけて原料を仕入れた。平地に多いミツマタに比べ、カジは山に生えている。山から切りだして

水に晒して釜茹でし，煮れば皮がやわらかくなり，はがしやすい。原木を背負って帰るひともいたが，たいていは剝いだ皮を持って帰ったという。できあがった紙を売る行商人は，泊りがけだった。佐敷・日奈久・八代から球磨郡にいたるまで広く売りに行ったという。ちなみに和紙には悪紙と吉紙という区別がある。これはそもそも材料が違う。芯に近い柔らかな部分を使って漉くと障子紙のように白くやわらかい（吉紙）。外皮の硬い部分を使うと分厚く硬い紙（悪紙）になる。土台紙とも呼んだし，コメ袋の内側にも使った。湿気や防虫にもなるという。戦後，坂本村や八代市内にある十条製紙や日本製紙の工場でのパルプ生産が盛んになった時期と並行して，大河内紙の生産は衰退した。戦時中の混乱や人手不足が原因であり，和紙そのものの需要が減っていったのである。

(3) 岩屋平の畑

3地区のなかには，自家用に細々と蠟をつくる家もあったが，たいていは肥後製蠟会社にハゼの実を出荷した。大岩の岩屋平には幾本もハゼの大木があり，実をちぎりに会社から人が雇われて来た。しかし戦時中，大きな木は葉の蔭が田畑の育ちに障るため，カゲキリしてしまった。岩屋平のなだらかな広い斜面は畑となっていた。石がゴツゴツした場所はカジやハゼの木があり，日蔭になる畑にはコンニャクを作った。お茶畑もあったという。蜜柑，お茶，少量の柿などを4～5年作ったことがあったが，あまり現金収入にならなかったため，途絶えた。養豚の種豚を飼っていた家もあり，甘藷ツルや米ぬかを発酵させたもので育てていた。

(4) 造 林

3地域のみならず，芦北町における木場作はアカマツ・スギ・ヒノキ造林と一緒に行われていた。終戦直後からスギの元山立木価格は上がりはじめ，その後1965年にいたるまでの20年間で47.5％も高騰した。ちょうど高度経済成長期である。このような造林の好況は1961年に輸入材木の関税が全

廃されるまで続いた。また鉱山の坑木（坑道内での落盤を防ぐため，壁・天井に敷き詰める木材）であるアカマツの造林は，戦後における芦北林業の代表格だった。熊本県の坑木生産量は全国1位。芦北地方は主要生産地であった。坑木の規格基準は胸高直径が16～17 cm。おおよそ20年の短期伐採が可能である。スギやヒノキに比べて市場価格は安かったが，北九州地方での高い需要があったため，芦北地域でも特に盛んに作られていた。ちなみに佐敷には坑木商がいて，計石港(はかりいし)から炭鉱へ出荷していた。文献によれば，1941～53年にいたるマツクイムシ被害によって打撃を受け，1980年ごろには廃れていたという。1961年ごろに被害が甚大だったという人もいる。また1955年頃からマツクイムシが出てくるようになり，65年頃が一番ひどかったという話もある[17]。文献と聞き取りでは10年前後のタイムラグが生じるが，太平洋戦争直前の1941年頃からマツクイムシ被害が発生し，昭和30～40年代にそこここの山が被害にあったといえる。坑木を仲買する山師にとっても，マツクイムシ被害は死活問題だった。城下武男さん（76歳）は，夫婦で長年山の買い付けをしていた。夜明け前から日が暮れるまで，生き残ったアカマツ林を探し回った。アカマツが生き残った山はたいてい高冷地だったという。1948年，芦北町から約60 km離れた（直線距離で35 kmほど）五ヶ荘近くの泉村は山が肥え，岩奥というところにアカマツがあった。笹越トンネルの道脇からワイヤーでアカマツを出したという。

(5) 銅山(かなやま)集落

銅山は古くからその名のとおり銅が採れた場所である。また岩谷河内同様に大河内紙の生産地としても知られた。小さな集落だが上口(うわくち)，下口(しもくち)のふたつに分かれている。モトイエの屋号を持つ金口家は，集落のまとめ役を代々果たしてきた。他にはホリ，ムカイ，タンナカといった屋号がある。集落の奥にはハザミノサコと呼ばれる迫があり，人家がある場所はハザミダンと呼んでいる。かつて鉱夫の宿泊所であった金口家は，部屋が幾つもつらなっており，民宿のような雰囲気がある。当主であるやすしさんは，子供の頃に坑道

に鉱夫と一緒に入ったときの話をおもしろおかしく話してくれる。やすしさんの奥さんは朗らかで面倒見がよい。金口家の庭に集落の人々が自然と集う。そんなご夫婦の人柄に町職員がほれ込み、一時期民泊していたこともあった。大河内紙保存会も発足して紙漉き小屋もあり、体験学習が頻繁に行われている。

(6) 木場作の話

上木を切った跡を木場を作りたい人に貸す場合もあった。その場合、山の所有者が上木を切り、苗木を用意する。借りる側が山を4～5人で焼き、作物を作付け、3年目に苗木を植える。その跡の下草切りや雑木を払うのも借主の仕事だった。造林初期の作業を請け負う代わりに、無償で木を作らせてもらうというやり方だった。黒岩地区は「地が良か」、つまり山の土壌が肥えており、作物のできがよかった。また対岸の球磨村神瀬や一勝地では、より長い年数木場作を行っていたという。木場の最後の年は痩せた土地でも生育するバカソ(メナガ)を作って締めくくったという。

おわりに

2001～2004年の間に数度実施した現地調査では、3地区27名の方々にインタビューを行った。1920～48年生まれの方々なので、おおよそ1800年代後半～1965年頃までの話であり、197もの通称地名(寺社、石仏などの信仰物もふくむ)と、それにまつわる生業の話をうかがった[18]。どの地区にとっても、球磨川の河川運搬と川沿いにある肥薩線や国道219号線が、彼らの生計を支える上で重要な役割を果たした。これらの交通手段によって八代市や佐敷、日奈久といった海岸部の旧宿場町とも結ばれ、交易があった。高度経済成長期における木炭や坑木需要の減退、スギ・ヒノキ造林業の衰退により、林産業で生計を立ててきた3地区の人々の生活は変化していく。1957年に瀬戸石ダムが完成したことによって、江戸時代以降活発であった筏流

し・鮎かけといった生業が消えた。そして，明治から戦後の九州地方における経済活動の大動脈であった鹿児島本線が，西海岸線側に移動した。3地区は主要な人と物の流通の動脈から外れ，静かな山間の集落へと変わっていった。

　調査の際には5,000分の1縮尺という大きな地形図を持参し，人々の記憶をたどり，ありし日の地区の姿，通称地名を復元していった。「ああ，ややこしか。財産調べのごたなあ」と冗談めかして笑われる方もあった。たしかに，地域資源を調べるということは，財産調べのようなものだ。すでに多くの山林では造林・木場作がやみ，山道は消え，田畑の耕作放棄が進んでいる。記憶をたどることに時間がかかるが，思い出すことは限りなくある。インタビューは時に4時間近くにわたり，真っ白な地図はマーカーペンで書いた通称地名で埋まっていった。彼らの手仕事の見事さと，地域資源である山と川の豊かな知識。こういった生活力は個人のみで成立したわけではなく，他者との協力があってこそ育まれていった。3地区の人々は力を合わせて地域資源を共有し，大きな時代の変化の中を生き抜いてきたのである。

聞き取り調査協力者（敬称略，順不同）
【上原地区】　橋本よし子（1928年生），宮本キクノ（1920年生），宮本ヤスノ（1945年生），坂下ユキノ（1930年生），稲田シズオ（1935年生），稲田エミ子（1936年生），吉田忠雄（1942年生），吉田キヌ子（1948年生），吉田幸（1927年生），吉田ミツ子，下村キミエ，村並登（1929年生），村並ヒサ子（1931年生），渕上米作夫妻，岩本武利（1936年生），宮本学（1946年生），岩田豊紀夫妻

【吉尾地区】　吉尾博（1926年生），吉尾イエモ（1932年生），田中法義（1935年生）

【箙瀬地区】　浅野睦雄（1941年生）

第6章 地名の記憶

【大岩地区】 松田稲雄（1924年生），城下武男（1929年生），鬼塚一貞（1932年生），橋本敏雄（1937年生），橋本イウ子（1940年生），金口やすし夫妻

この他，多くの方々。なお，掲載した写真はすべて上原地区在住の吉田忠雄氏から提供いただいた。

注および参考文献

1) 熊本日日新聞社熊本大百科事典編集委員会編『熊本県大百科事典』熊本日日新聞社，1982，232．
2) 熊本中世史研究会編『八代日記』青潮社，1980による（1544（天文13）年2月9日・1554（同23）年3月20日・1562（永禄5）年4月25日条他）．
3) 後藤是山編『肥後国誌』下巻，1917，386．
4) 熊本県教育委員会『熊本県の中世城跡』熊本県文化財調査報告第30集，1978，263．
5) 田浦町にはイムタという小字はなく，通称地名と思われる。具体的な場所は不明。
6) 『熊本県史』現代編　熊本県，1964，288．
7) 瀬田勝哉『木の語る中世』朝日新聞社，2000，178．
8) 角川日本地名大辞典『角川日本地名大辞典　熊本県』角川書店，1987，1555．
9) 下村キミエさん所蔵資料「上原地区開拓パイロット事業の概要」による。
10) 熊本県教育委員会葦北郡支会『葦北郡誌』，1926，130．
11) 前掲書4，275．
12) 前掲書10，563．
13) 『球磨川物語』葦書房，1979，112．
14) 前掲書1，422．
15) この部分は，2004年10月芦北町吉尾出張所にて山中進教授が聞き取りした内容である。
16) 成田潔英（きよふさ）『九州の製紙業』丸善出版株式会社，1949，20．
17) 山中進「芦北町における山間地集落の暮らしの変化と高齢者農業の実態について」『山間地集落のくらしと政策』熊本大学地域連携フォーラム，2004，53．
18) 表6-1の上原地区では"山林・木場"としてあるが，表6-2～4（吉尾・箙瀬・大岩地区）では種類を"山林"としている。これは上原ほど明確に木場焼きをした場所とそのしこ名が聞き取れなかったためである。"山林"とした山のなかでも広く木場作が行われていたことを付言しておきたい。

第III部

持続可能な地域づくりへの挑戦

第 7 章

行政と大学の新しい協働
―― 水俣・芦北地域振興を事例として ――

はじめに

　本章では，熊本県水俣市，葦北郡芦北町[1]，津奈木町を管轄する熊本県芦北地域振興局という県行政における地域振興の現場の第一線で県，町，大学，地域住民が連携して地域づくりに取り組んだことについて，県行政に携わる者の視点で整理を行う。
　熊本県では，これまで「日本一づくり運動」，「卓越のムラづくり」などの地域づくり政策を実施し，一定の成果をあげてきたが，数年前からは都市と農村の交流事業をメインとした地域づくり政策を実施している。都市と農村の交流事業にも，地域住民に対する非日常性を演出するなどの効果は見込まれるものの，地域における過疎化，少子・高齢化は予想以上に進んでおり，交流事業を推進することだけではその解決につながるとは考えにくい。
　数年後には集落としての機能が維持出来なくなることが予想されるほど，地域が抱える過疎化，少子・高齢化の問題は深刻である。このような状況における公共政策はいかにあるべきかという課題を検討する中で，熊本大学と芦北地域振興局が連携して調査研究事業に取り組むこととなった。
　地域における過疎化，少子・高齢化問題は，社会構造的な問題であり，簡単に有効な施策が打ち出せるとは考えておらず，大学と地域住民との交流だけでも実施できればという気持ちも確かにあった。だが，年を追うごとに，大学と地域住民との交流が深まり，地域が抱える問題に深く関わることが出

来るようになった。調査研究方法も学問的に確立されたものがあるわけではなく，地理学，政治学などの分野における研究者と協働で試行錯誤しながら，地域の特性を引き出すような調査手法をとってきた。

ここに，これまでの取り組みの成果を記録することで，今後の地域政策形成の一助になることが出来れば幸いである。

1．地域づくり政策の挑戦と限界

(1) 地域づくり政策の歴史

県地域振興局の各種事業は，地域の活性化を目的としている。地域政策において「活性化」はよく使われる言葉だが，その概念は曖昧で抽象的である。本来，活性化とは化学用語で「物質の原子・分子のエネルギーを高めて，化学反応を起こしやすい状態にすること」であるが，地域における活性化とは「地域に住む人たちが自分の住んでいる地域に誇りを持ち，いきいきとして生活している状況」を指すものと理解することができる。

このような地域を県下に実現するため，広域自治体の出先機関である県地域振興局は郡市単位で設置されており，管内の社会資本整備，農林漁業の育成，公衆衛生管理，社会保障給付，市町村行財政指導などの業務を行っている。また，地域住民が地域にある歴史，文化などの資源を見直し，地域のアイデンティティを確立することで，地域の誇りを取り戻すという地域づくり活動に対する支援も業務のひとつである。この地域づくり活動に対する支援である地域づくり政策は，県地域振興局の企画調整部門が担当している。

地域づくり政策は，1970年代後半以降，それまでナショナルミニマム実現のため，国主導で進められてきた画一的な各種施策が浸透した結果，「地域」の個性がなくなったという指摘を受けて，地域自らが地域の問題に主体的，自主的に対応し，個性ある地域を確立するために始まったものである。

それは，地域のシンボルとなる施設整備や地域資源を活かした特産品の開発，あるいは地域住民が地域の今後進むべき方向を住民同士で話し合い，検

討することなどで地域のアイデンティティを確立することを目指すものである。このような地域づくり政策は全国各地で取り組まれた。なかでも大分県の平松知事が提唱した「一村一品運動」[2]は全国的に有名であるが，当時，熊本県では細川知事のもと「くまもと日本一づくり運動」[3]に取り組んだ。

「一村一品運動」は，大分県が江戸時代ひとつの藩ではなく，いくつもの藩に分かれていたため，県としてのまとまりが弱いということを逆手にとり，市町村の個性を活かした特産品づくりに取り組んだものであった。「梅栗植えてハワイに行こう」のキャッチフレーズで有名な大山町が代表的な成功事例である。

これに対して「くまもと日本一づくり運動」は，数や量で日本一を競うというものではなく，自然，歴史，文化，産業など熊本が持っている素材を活かしながら，あらゆる今日的課題（教育，福祉，産業など）について，全国のモデルとなるような取り組みを行い，「魅力ある田園文化圏の創造」を目指すという運動である。この運動の自治体における成功事例は，西の高野山と言われる釈迦院の表参道の御坂に3,333段の日本一の石段を整備した中央町[4]，木の復権を願い，地元産の小国杉を使った一連の木造公共施設群の整備と，ジャージー牛乳などを使った特産品開発に取り組んだ小国町，農耕行事であった野焼きを，新たに観光素材としてとらえ，伝統文化・伝統芸能も取り込んだ「阿蘇の火まつり」の取り組みを始めた阿蘇郡12町村からなる阿蘇広域市町村圏協議会などである。民間の成功事例は，地域問題に取り組むだけでなく，県内地域づくりリーダーとのネットワーク化にも取り組んだ，宇土市に本拠を置くまちづくりグループ「熊本県青年塾」などである[5]。

国もこのような地方の取り組みを支援するため，1987（昭和62）年度に「ふるさと創世」[6]を打ち出した。その代名詞のごとく有名になったのが，1988（昭和63）年度から1989（平成元）年度にかけて推進された「自ら考え自ら行う地域づくり事業」である。この事業では全国の市町村に地方交付税として一律1億円が交付された。いわゆる「ふるさと創世1億円事業」[7]で

ある。この1億円の使い道が大きな話題となり，地方自治体の識見が問われることとなったが，まさに「地方の時代」の到来を告げる象徴的なトピックであった。

　このように，地域づくり政策の必要性が問われた背景のひとつには，地域における過疎化の進展がある。1970年代には，地方から都市部への人口移動は一段落したものの，地域の過疎化問題そのものが解消したわけではなかった。地方の人口がどんどん減少すれば，地方における一定の生活水準の維持が困難となり，地域社会の存立が困難となる。このような危機感から，国においても1970（昭和45）年から「過疎地域対策緊急措置法」を時限立法で制定し，現在は2000（平成12）年に制定された第4次の「過疎地域自立促進特別措置法」により過疎対策が講じられている。国の過疎対策も，当初は地方における人口定住策が中心であったが，地方から都市部への人の流れに歯止めをかけることが困難であったため，定住人口の維持から交流人口の増加へと政策の重点が移っていった。

(2) 熊本県の地域づくり対策

　それでは，このような時代背景の中で，熊本県はどのような地域振興策を展開したのであろうか。

　熊本県における地域振興策は，国主導による地域開発政策（「新産業都市建設促進法」，1962年），「高度技術工業集積地域開発促進法」（通称：テクノポリス法，1983年）などによる地域指定を受け，税財政上・その他優遇措置を講じ，あるいは直轄事業を実施することによって地域振興を推進してきた。県による単独事業としての地域づくり政策が登場するのは，1980年代半ばの「くまもと日本一づくり運動」以降である[8]。ここでは，国主導の政策への追随ではなく，県が独自政策として実施した地域づくり政策について詳しく見てみよう。

　熊本県の地域づくり政策は，大きく第1期（1983（昭和58）年から1992（平成4）年），第2期（1993（平成5）年から1996（平成8）年），第3

期（1997（平成9）年から1999（平成11）年），第4期（2000（平成12）年から現在）に分けて考えることができる。

第1期は，厳しい地域間競争の中で，県内各地域が創意と工夫を凝らして地域の個性と独自性を生かし，「どこよりも」「ここだけ」を基本に，活力と個性あふれる地域を創っていこうと県，市町村，民間一体となって県民運動として展開された「くまもと日本一づくり運動」の時期である。この運動では，既に述べた中央町，小国町の他に泉村では，秘境と平家伝説という地域資源を生かした「平家伝説の里づくり」に取り組み，村民大学による意識啓発，秘境サミットなどの地域交流や平家伝説館整備が実施された。また1950年代後半から漬け物づくりに関わってきた下村婦人会（湯前町）による新しい特産品開発などの取り組みがある。それと併せて，地域住民が自分たちの夢や地域の将来について夜通し語り合う，いわゆる「夜なべ談義」も行われた。この時期は，地域づくり活動の黎明期であり，「夜なべ談義」などを通して，県内各地にその後の地域づくりリーダーとなる人たちが誕生し，そのネットワーク化が図られ，彼らを中心とした地域づくり団体も結成された。宇土市の「熊本県青年塾」は，社団法人の許可を得て活動の幅を広げていった。この他にも，「南部地区市民の会」（熊本市），「いずみシンポ塾」（泉村），「球磨・人吉じゃっ隊」（球磨・人吉地域），「おぐにみらい塾」（小国町）などの地域づくり団体が県内各地で組織され，1992（平成4）年に，県内の地域づくり団体のネットワーク化を図るため「熊本地域づくり団体協議会」も設立された。

第2期は，地域づくりリーダーのネットワーク化，地域づくり団体の交流が更に推進された時期である。この時期は「くまもと日本一づくり運動」には積極的に参加しなかった市町村においても，地域づくり活動の動きが出てくるなど，地域づくり活動の拡張期であった。国土庁のアドバイザー派遣事業などを活用して「まちづくり情報銀行」を作りあげた宮原町などが，その代表的事例である。

第3期は，地域づくり活動の充実期で，地域づくり活動を経済活動に結び

つけ，持続可能な運動にしようとした時期である。県では「卓越のムラづくり」[9]という地域づくり活動を実施し，ゆとりと豊かさを実感できる質の高い地域社会（ムラ）の創造を目的とし，県内数ヵ所でモデル的な取り組みを支援した。この取り組みは，「地域からの産業づくり」と「こだわりのふるさとづくり」に分けられる。

　「地域からの産業づくり」は，地域の産品や生活そのものを資源として活用し，市場の発想を重視しながら，地域から商品やサービスを提供してビジネスの展開を図るものである。つまり，地域に存在する農産物などの資源を利用し，マーケティングの視点を取り入れ，売れる商品を開発することで経済的に自立することを目指している。7町村で7つのプロジェクトが実施されたが，農産物を利用した商品開発だけでなく，地域が有する文化などを活用した商品づくりにも取り組まれた。七城町の七城メロンのブランド化，倉岳町のシモン芋を利用した健康食品の開発・販売，鹿北町のアヤスギを使ったエクステリア材の商品化と竹炭を住宅の床下調湿剤として活用する手法の開発，水上村の自然体験型観光の促進と商品化などがその成果である。

　また，「こだわりのふるさとづくり」は，多くの地域住民が主体的に地域づくり活動に参加することを目的としている。そこでは，ワークショップという手法を導入し，地域における今後の暮らしを充実させるために，住民が協力して行うべきことなどを，住民が話し合いながら決定していった。この取り組みの成果は，矢部町における棚田保全のためのオーナー制度，熊本市のベッドタウンである合志町のすずかけ台団地自治会を中心としたまちづくり，熊本市川尻地区の「南部地区市民の会」の河川清掃活動，水俣市の「寄ろ会みなまた」による環境に配慮したまちづくりなどである。

　第4期は，都市と地域（農村）との交流を推進することで地域活性化を図ろうとした時期である。地域づくりの底辺を広げるため，これまで地域づくりに取り組んだことのない地域を対象に，都市と地域との交流，いわゆるグリーンツーリズムを展開しようとしたものである。この交流事業は，農林水産分野から始まった手法であるため，目的は多少異なるが，類似の取り組み

をしている部局は県庁内にも複数存在した。そのため，県庁内の農政，林務，観光など，関係する部局を集めて，組織横断的な検討会が実施され，県庁内における認識の共有化が図られた。また，実証事業が県内数ヵ所で行われ，交流事業を実施していく上での課題の検証も行われた。

　2001（平成13）年度から2年間で，県内約10地域で実証事業が取り組まれ，このうち県芦北地域振興局管内では，芦北町の3地域で実証事業が行われた。

　この事業により，交流事業を継続する上で，次のような課題が明らかになった。第1の問題は収支である。交流事業を実施することに慣れていない地域では，必要以上にその準備に時間を費やすため，事前準備に要した人件費までを経費に算入すると経費が高くなってしまう。そのため必要経費を参加料だけで賄うよう参加料を設定すれば，他地域で実施されている類似のものより参加料が高くなってしまい参加者が見込めない恐れが生じ，事業を展開することが困難となる。第2の問題は，地域住民と参加者の間の調整や広報などを行うコーディネーターの役割をする人が必要なことである。地域住民は自らが持つ知恵や技術を参加者に伝えることはできるが，交流事業の取り組みを広報し，参加者を募り，受け付けまでを行うことは困難なため，そのような役割を果たすことができる役場，NPOなどとの連携が必要となる。

　この結果を踏まえ，県芦北地域振興局では，経費の中でもウェイトが高い人件費を抑え，効率的に交流事業に取り組むことが可能となるよう，地元関係者のスキルアップを図るため研修事業を実施した。この研修事業は，管内で同じ認識を持った人たちのネットワーク化の推進にも寄与した。

(3) 地域づくり活動の限界——少子・高齢化の現状——

　活力と個性あふれる地域を創るため県，市町村，民間が一体となった県民運動として展開された「くまもと日本一づくり運動」は，県内市町村間に競争原理を導入する契機となった。各地域が創意と工夫を凝らして地域の個性

と独自性を生かし,「どこよりも」「ここだけ」を基本に,県内各地で地域が有する資源を見直す動きが始まった。地域のシンボルとなる施設整備や地域産品を使った特産品開発などを通して,これまで曖昧であった,地域のアイデンティティが確立された。県内の過半数の市町村で何らかの取り組みが行われたことから,この運動は熊本県において地域づくり活動を根付かせ,拡大させる起爆剤の役割を果たしたといえよう。同時に地域住民の意識を変化させ,県内各地域には,地域づくりリーダーや地域づくり団体が誕生し,住民の手による地域活性化に向けた独自の動きも始まった。特に,小国町では小国杉を使った宿泊施設である「木魂館(もっこんかん)」の館長を中心に各種イベントを開催したり,都市と農村との交流を進める「九州ツーリズム大学」を主催するなど,全国的にも注目される特色ある活動を実施するまでになっている。「くまもと日本一づくり運動」は,提唱した細川知事の話題性もあり,熊本県を全国にPRする効果も大きかった。

　その反面,「くまもと日本一づくり運動」は,数量的なものを重視するナンバーワンを目指す運動なのか,質的なものを重視するオンリーワンを目指す運動なのかわかりにくいところなどがあり,県内すべての市町村にまで,その取り組みの趣旨が十分に理解されるまでには至らなかった。

　また,ゆとりと豊かさを実感できる質の高い地域社会の創造を目的に取り組んだ「卓越のムラづくり」の「地域からの産業づくり」,「こだわりのふるさとづくり」も,一定の成果はあったと言える。「地域からの産業づくり」は,市場からの発想を取り入れて売れる商品づくりに取り組み,地域に経済的な価値をもたらすことを目指して行われた。その成果として,七城町ではメロンの品質管理にこだわり,地域ブランド化に成功した。2003(平成15)年度には,町内にある物産館の売上が,約13億円にまでのぼっている。倉岳町のシモン芋も菓子,ふりかけなど各種の商品の原料として使われるようになり,着実に販路を広げていった。また,水上村では,自然の恵みを大切にする地域の暮らしを資源に,都市と農村との交流を行う「水の上の学校」に取り組み,年間数千人が水上村を訪れるようになった。

第7章 行政と大学の新しい協働

「こだわりのふるさとづくり」は，これまで地域づくりリーダーや地域づくり団体を中心に進めてきた地域づくり活動では，地域住民に地域づくり活動が十分に広がらなかったことを踏まえ，ワークショップという手法を取り入れ，誰もが地域づくり活動に参加しやすい取り組みを進めた。その成果として，矢部町の菅地区では全86戸，280名が参加する地域づくりの活動が行われるようになった。また，宮原町では総合振興計画が策定されるにあたり，ワークショップの手法を用いて住民の意見を取り入れた住民参加の総合振興計画づくりが行われた。

しかし，「卓越のムラづくり」は，そのネーミングと取り組み内容との関連性がわかりにくいということと，3年間という短期間の取り組みであったため，全県的な広がりにはならなかった。

このように，県の地域づくり政策が市町村の地域づくりを刺激し，推進するという意味で一定の効果は認められたが，地域づくりに積極的な市町村や地域住民の動きを，周辺の市町村や地域に拡大していくという意味では十分な成果が上がったとは言えない。そのため，県は，地域づくり活動に参加する人たちを更に増やすため，誰もが参加しやすい都市と農村との交流事業を中心とした地域づくり活動を推進することとした。

この都市と農村との交流事業には，地域住民にとっての「非日常性の演出」効果がある。都市部住民との交流は地域住民にとっては，お客様を迎えることであり，日頃とは違う顔ぶれの人たちと話をし，他所者から見た地域の評価を聞いたりできることが交流事業の一番の効果である。また，交流事業の参加者が，参加料のほか，宿泊料を払ったり物産品を購入することで，地域経済活性化にもつながることも効果として考えられる。

しかし，このような交流事業に携わる地域住民が全くのボランティアでは事業は継続しない。そのため，人件費などの必要経費を参加料で賄う必要があるが，既に述べたように，地域住民が初めてこの事業に携わる場合，事前準備に多くの時間を費やしてしまい，結果として必要経費が高くなる。これを解決するためには，事業回数を多くし，延べ参加者を増やすことと，地域

住民がそのノウハウを学び，スキルアップすることが必要となる。
　交流事業に携わっている地域住民は，他所者と交流し「非日常性」を楽しむことに関心がいきがちであり，経費的検討が十分にはなされない傾向がある。地域に住む人らしい鷹揚さではあるが，このままでは交流事業は永く続かない。交流事業を継続するには，取り組むべき課題が多くあることを地域住民に理解してもらうことが重要となるが，それには多くの時間を要すると考えられる。
　交流事業の継続が可能となるような対策を行う一方で，中山間地域の現状を見るとき，交流事業による地域づくりが，地域の抱える過疎化，少子・高齢化という構造的な問題の直接解決にどれだけ効果があるのかという疑問が生じてくる。
　中山間地域における過疎化，少子・高齢化の進展を食い止めることは出来ないとしても，今後の人口推移予測などを基にした公共政策を検討し，行政として何らかの手は打てないのかという疑問を抱えることとなった。本来なら，地域づくり政策には，このような地域全体をプロデュースする視点が必要であるが，県ではそのような取り組みが十分にはなされていない。
　現在，県庁では地域づくり政策は「地域振興部地域政策課」が，出先機関である地域振興局では企画調整部門である「振興調整室」が担当している。縦割りに組織化された県庁内では，地域づくり担当セクションが，農政，林務，土木などの関連部局を集めて，地域振興策を議論した上で，事業を決定するという調整まで行うことは容易ではない。また，予算が縦割りで流されてくるシステムの中では，県の出先機関である地域振興局でも総合的な地域づくりを推進することは簡単ではない。
　とはいえ，過疎化，少子・高齢化の現状を目の当たりにしたとき，そのような行政の制度的な問題はあるにしても，本来の地域づくり政策が行うべきこと，すなわち過疎化，少子・高齢化に関する問題を踏まえた公共政策を検討することの重要性は強く認識される必要がある。このような社会構造の変化により引き起こされている問題に対して，地方自治体だけで対応できるよ

うな抜本的な解決策が簡単にあるとは思えないが，従来の分野別・所管別の公共政策では解決がうまく図れないということも事実である。新しい政策アプローチを考えるうえで，県地域振興局だけで検討するのではなく，第三者機関との連携を視野に入れる必要性が生じてきた。

このように，非常にローカルな地域づくりに取り組むなかで，地域が抱える構造的な問題を凝視する必要性がでてきたが，この問題を論じる前に，芦北町[10]が直面している過疎化，少子・高齢化という地域課題について整理しておくこととする。

芦北町の人口は，2004（平成16）年現在16,143人であるが，1960（昭和35）年の27,230人と比較して約40.7％人口が減少している。県全体では，この間微増傾向にあったことを考えると人口流出が著しかった地域といえる。

また，14歳以下の年少人口は，1960（昭和35）年には10,116人（年少人口比率：37.2％）であったが，2004（平成16）年では1,958人（年少人口比率：12.1％）にまで減少している。県全体の年少人口比率は，1960（昭和35）年33.9％であったが，2004（平成16）年では14.5％に止まっていることと比較すれば，少子化の進展が県内でも進んでいる地域である。

なお，65歳以上の老年人口は，1960（昭和35）年2,018人（高齢化率：7.4％）だったが，2004（平成16）年では5,117人（高齢化率：31.7％）と高齢者の割合が高くなっている。

このように，統計数字からも深刻な過疎化，少子・高齢化の様子を窺うことができるが，実際に中山間地域に入り，地域の人たちの話を聞き，地域の様子に触れることにより問題の深刻さが一層実感できる。

若干の差はあるものの，中山間地域の集落では，40歳代以下の住民がほとんどおらず，50歳代が集落内では若手と呼ばれている。60歳以上の高齢者が主な担い手として農業に従事し，農業生産活動に必要な水路の保全などの作業も担っている。100名程度の集落内に小学生が1人しかいないというところが散見される。このような人口構造の大きな変化から芦北町では，小

中学校の統廃合を進めざるを得なくなるほど児童・生徒数が減少している。かつて芦北町は，熊本市，八代市に次ぎ県内で3番目に小中学校数が多い自治体であった。これは，町の面積が広く，山間地であるため，集落が町の全域に散らばっていたことが大きな要因であった。ところが，この数十年の間に子どもの数が激減し，複式学級そして，ついには廃校という状況になったのである。現在では，小中学校の数は21校から13校にまで減少しており，ここ数年間で更に半分近くまで減少する見込みである。

　また，高校進学に際しても，県立高校が町内に1校はあるものの，大学進学などを考えて，熊本市の高校に進学する場合は，高校入学と同時に親元を離れ下宿しなければならない。一番近隣の都市である八代市の高校に進学する場合でも，早朝，電車に乗って通学する必要がある。この通学列車は2004（平成16）年3月，九州新幹線部分開業に伴いJR九州から第3セクター方式の会社に経営が委譲され，利用料金がこれまでの1.3倍となった。このように教育に要する経費負担はますます大きくなるなど，教育環境としても大変厳しい状況である。

　さらに高校を卒業し，地元に就職しようとしても，水俣・芦北地域の有効求人倍率は，0.28（2004年10月）と県全体の0.59を大きく下回っており，県内11の職業安定所の有効求人倍率と比較しても，牛深市に次いで低い状況である。製造業（水俣市にあるチッソ株式会社，IC関連企業が中心），建設業を除くと，農林業を中心とした地域であるため就職先がなく，若者が地元に残りたいと思っても残れる雇用状況にはない。毎年，多くの若者が進学・就職のため地域外に出て行くがそのほとんどが帰郷することはない。芦北町の人口は，毎年約250名ずつ減少しているが，ほとんどが若年層を中心とした他地域への転出である。その数は，地元高校の1学年の定員より多いことからも，若年層を中心とした人口減少が芦北町においていかに深刻な問題であるかが窺える。

2. 県と熊本大学との研究連携

(1) 経　緯

　過疎化，少子・高齢化については，知識として理解はできるものの，実際に水俣・芦北地域の中山間地を訪ね，その生活の実態に触れることではじめて過疎化，少子・高齢化が地域の存続にとって，抜き差しならない深刻な問題であることが実感できる。

　若者が定住しない状態があと10年続けば，ほとんど高齢者しかいない集落が数多く県内に発生することとなる。そこでは集落としての機能を維持することは困難となることが予想される。自然消滅することを放置するのではなく，地域政策としてそのような集落に積極的に対処する方法としては，「集落移転」と「集落合併」の2種類が考えられる。現在の状態が続けば，地域は，将来このような苦渋の選択をしなければならない状況になるかもしれない。コミュニティの存続が危ぶまれている地域での公共政策のあり方，つまり住民が安心して暮らすための医療・福祉政策，農林業を含む産業政策，防災・国土保全対策と連動した山林，農地の保全などはどうあるべきなのか。人口の都市集中が進行し，都市部から地域への人口の移住ということが想定しにくい状況下では，根本的な解決策は期待できないものの，地域住民の意向が反映された政策を実現することにより，住民が前向きに地域において生活できるシステムを検討することは重要である。

　コミュニティの存続が危ぶまれている地域における公共政策を検討することは，地方自治体にとっても必要なことである。なぜなら国の三位一体改革により地方交付税制度などの見直しが行われる一方で，担税力を有する地域住民が，過疎化，少子・高齢化により，減少することが予想されるなど，地方自治体の財政見通しも厳しい状況にあり，これまで以上に公共政策の選択と集中を図り，効率的な公共政策の実施が求められているからである。

　地域における過疎化，少子・高齢化問題を検討するにあたり，連携先とし

て民間シンクタンクも考えられたが,過疎化,少子・高齢化が地域の総合的な問題であることから,幅広い分野への対応の可能性が高い,熊本大学が連携先として選択された。この場合でも,過疎化,少子・高齢化問題を解決する有効な手法が簡単に見つかると想定していたわけではない。しかし,行政と大学が地域課題を共有し,社会構造的な問題に取り組むこと自体に意義があると考えられたのである。

熊本大学では法人化を目前に控え,新しい大学戦略を模索中であった。その戦略のひとつが,地域課題の解決に大学の知的財産を活用するというものであった。そのために,熊本大学は地域連携フォーラムを設置し,阿蘇や水俣での地域づくりに関するフォーラムや男女共同参画セミナーを開催するなど,大学と地域との連携に取り組んでいた。

熊本大学にも水俣病に関するフォーラムを開催するなど,水俣・芦北地域に関するある程度の知識はあったものの,社会構造的な地域課題である過疎化,少子・高齢化に対し,いかに取り組むべきかということについては,完成された知見,ノウハウが蓄積されているというわけではなかった。とにかく現地を見て,地域住民と交流していく中で方法論は検討しようということとなり,2泊3日で熊本大学の教授・学生併せて約30名が参加する「水俣・芦北環境学習ゼミ」[11]を実施することとなった。この事業では,1日目に芦北町立吉尾中学校(2004年廃校)の生徒による「ホタル幼虫」の研究成果発表,地域づくりに取り組んでいる人たちとの意見交換,交流会などを行い,2日目には,芦北町上原地区での高齢者による地域づくりの概要説明,意見交換会,そば打ち体験,水俣市湯出地区でのタウンウォッチング,3日目にはタウンウォッチングで知り得たことを使って,湯の鶴温泉活性化策についてのグループ討議,発表などを実施した。

「ゼミ」と銘打ったことから,大学教育の一環として学生に対する授業の延長のような形式で実施された。学生の視点から地域の実情を見てもらい,新しい地域活性化のアイディアを出してもらうことを目的としたものであったが,単なるアイディアフラッシュでは意味がないため,学生に対する水

俣・芦北地域の概要説明，地域づくり実践者との意見交換などの事前学習が実施され，公共政策の視点を持って地域を観察するための準備がなされた。

このように，大学の講義と連携させ，現地学習の場として水俣・芦北地域を利用することで，学生に対する教育効果を高めるとともに，大学と地域住民がともに地域活性化のための公共政策を検討することも可能となる。しかし，地域にとっては，大学の教育の場として活用されることよりも，大学が有する知的資源を地域が抱える問題に直接還元してもらうこと，つまり，大学の研究事業の対象として位置づけられる方が地域のメリットは大きいと考えられた。

単発のイベント的事業ではあったが，このゼミを実施したことで，熊本大学の研究者が，本県の普遍的な課題である中山間地域における過疎化，少子・高齢化の問題に触れることとなり，その問題が地域の持続可能性にとって緊急性・重要性があるという認識を県と大学が共有する契機となった。また，地域の人たちが大学の訪問を好意的に受け入れてくれたこともあり，地域のために大学として何かできることはないかという，地域と大学との未来に向かった良好な関係性を醸成する機会ともなった。

(2) 水俣・芦北地域総合政策研究（1年目）

環境学習ゼミの成果を検討し，現状を踏まえた公共政策のあり方を検討することが重要であるとの考えから，今後の展開について県芦北地域振興局と熊本大学で協議が続けられた。

大学が有する知的資源を活用して中山間地域を活性化する方法として，例えば地域住民に対する生涯学習講座の実施など，いくつかの方法を検討したが，最終的に3年間程度かけて大学と行政，地域住民の連携のもと，地域が抱える問題点を抽出し，具体的な活性化策の立案，検討を行う「水俣・芦北地域総合政策研究」が実施されることとなり，初年度は，まず，地域の現状把握のためのアンケート調査が実施された[12]。

本事業を実施するに当たって，地域住民の協力が得られ，調査結果を地方

自治体の公共施策にも反映できる可能性が高いところという観点から場所を選定し，芦北町の吉尾，上原，大岩2地区が対象地域として選ばれた。

調査内容としては，「公共政策にかかる住民の意識調査」，「住民の政治意識調査」，「公共政策にかかる世帯の調査」，「中学生の意識調査」の4種類が実施された。

この調査は，地区住民の生活意識および政治意識の違いの原因が，地理的状況と地区住民の年齢，性別，就業形態等の違いに起因しているのではないかという仮説のもとに実施された。詳しい調査報告は，『平成14年度水俣・芦北地域総合政策研究報告書〔調査編〕』[13]に記載されているためここでは詳細には述べないが，近接する集落内でも生活意識及び政治意識には年齢，性別等により違いがあるということがあらためて立証された。

調査結果の特徴的なものとして，地域への愛着度は，30歳未満と60歳以上が高く，30～59歳は「住み続けたくない」，「あまり住み続けたくない」という意見が多かった。他地域で暮らしたい意向も，30歳未満と60歳以上は「思ったことがない」，「ほとんど思ったことがない」という意見が多いのに対し，30～59歳は「いつも思っている」，「できればそうしたい」という意見が多い。これは，就業して子育てをする環境として，中山間地域である3地区は条件的に厳しいことの表れであろう。

もうひとつ特筆すべき特徴として，一家の総収入としては500万円未満が約80％，そのうち300万円未満が約60％を占めるなど総じて収入は高くない。しかし，幸せ度は，単純集計では「非常に幸せ」と感じる者が27％，「やや幸せ」が59％と，調査地区の住民の幸せ度は大変高いように思われる。また，自己の生活程度の認識については，上流と考えている者が2％，中の上3％，中の中31％，中の下19％，下28％，わからないが18％である。全国のデータでは，上1％，中の上10％，中の中57％，中の下26％，下4％となっており，全国より生活程度が下流であると認識している人たちの割合が若干高いが，傾向は変わらない。調査結果からこれらの地域には，都市部の経済市場原理や貨幣経済とは異なる自立した生活基盤と，豊かさを

保障されているような自然とともにある暮らし方があるのではないかと想像される。それが何であるかを研究することがこれからの課題であるが，地域の中の助け合い，連帯感，食料自給力，豊かな自然とゆったりした時間の流れ，あるいは物質的な価値観にふりまわされない生活環境を受け入れた諦観の上にある穏やかさなど，多様な要素が推測される。このような調査の一端からも，都市部に住む者の感覚とは異なる，私たちが忘れてしまっている自然とともに暮らすという「豊かさ」が存在することに，改めて気づかされることとなった。

　この調査については取りまとめの段階で，県芦北地域振興局，町役場，地域住民と熊本大学を交えた中間報告会が催され，調査結果の報告と住民の意見交換が行われた。各地域の住民の生活意識，政治意識などの調査結果には，地域住民からも共感する意見が多かった。この意見交換において，他の地区から嫁いできた女性の「ここの生活に慣れるのに20年かかった」という発言には大変な重みが感じられた。というのも時々地域を訪れて住民と交流し，その優しさに触れることで地域の良さを実感している県職員の感覚は，旅行者の感覚に近いものであり，地域が日常生活の場となれば条件として非常に厳しいということに改めて気づかされる一言だったからである。

(3) 水俣・芦北地域総合政策研究（2年目）[14]

　前年度の調査結果を踏まえ，2003（平成15）年度は，過疎地域の地域活性化に向けた政策提言を行うために必要な補足調査が実施された。具体的には，対象地域のデータを芦北町全体，熊本県，全国のデータと比較することにより，地域の特性を整理することや，農地利用の変遷などを関連文献や地域住民からの聞き取り調査を実施することで，これまでの地域の成り立ちや産業の推移を明らかにすることであった。

　また，芦北町内の行政区長全員，役場の地区担当者に対する「芦北町のソーシャルキャピタル（社会関係資本）に関する調査」を行い，行政区内の住民の地域行事への参加度や地域問題解決に向けた住民の連携の強さなどと

いうソーシャルキャピタルに関する調査も行われた。
　それらの知見を基礎に，研究成果と行政の取り組みが連携されることを目的として，大学と県芦北地域振興局，竹崎一成芦北町長，助役，企画財政課長を交えた意見交換会が実施された。
　そこで山中進教授は，本書でも論じているように地域を総合的・多面的な視点から見ていく必要性を指摘し，「近代以降，芦北地域がどのような産業で成り立っていて，どのような生活がなされていたのかを，歴史資料をもとに見ていくことが重要である。明治期の資料である『大野村是』を見ると，非常に多様な産業や物産がこの町にもあり，狭い村の中で自給自足的な生活ができていたことがうかがえる。現在考えられる地域活性化策のひとつとして，狭い地域の中でも昔のシステムを復元することができないか」という報告がなされた。
　また，上野眞也助教授は，本書第4章で分析しているように，まず，人口の推移予測から芦北町の過疎対策には時間的な制限があること，三位一体改革に伴う地方交付税の減少なども加味した財政分析やシミュレーション結果から，財政的な制限もあり過疎化，少子・高齢化には早急な対策を講じる必要性があることを指摘した。その場合，集落の人々のネットワークが持っている地域力，つまり地域の人々の連帯感や行政に対する信頼感という，地域が持っている社会関係資本としてのソーシャルキャピタルを，多様な政策の中で活用することの重要性について指摘があった。また，熊本県内の全農業集落を対象にした調査分析結果を基に，人口が減少せず生き残れる農業集落の条件も明らかにされた。
　このような大学の提言に対し，竹崎芦北町長は，「過疎の問題は，町としても正直言って打つ手がないといった感じである。町の力量や知恵の不足もあるかもしれないが，特効薬は見いだせない状況にある。現在もいろいろな方策を試みているが効果は見えず，それよりも交流人口を増やすことの方が施策として進めやすいと思っている。芦北町にしかないものをどんどんPRしていくことで町に関心を持ってくれる人が増えるのではないかと考えてい

る」との話があった。

2004（平成16）年度の3年目については，大学が地域貢献事業や大学院研究費，拠点研究事業などの資金を，この芦北をフィールドとした中山間地域政策研究に投入し，引き続き調査研究が進められている。

3．県と大学，市町村，住民との協働

(1) 県と大学，市町村，住民との新しいネットワークの構築

過疎化，少子・高齢化という構造的な問題に取り組むにあたっては，既に述べたとおり，学問的にも確立された方法があるわけではなかった。そのため，今回の事業推進に関しては，県と大学で地域の状況を踏まえながら調査内容，方法について随時，検討・協議しながら進めることとなった。

確かにこれまでも，大学が地域問題を取り上げるということはあったが，それは教員個人の関心と資質に負うところが大きかった。今回は，熊本大学が組織的に地域課題に対応した最初の事例であるといえよう。また，県としても調査方法を検討するに当たり，大学教員の考えを受動的に受け取るだけではなく，市町村の意見を踏まえながら，大学と協議して決定するような取り組みが行われてきた。

今回の事業の特徴は，従来の地域づくりリーダーの養成や特産品を開発することを目的とした政策とは異なり，むしろこれまでの地域づくり政策が扱わなかった高齢者が中心である地域を対象に，公共政策の在り方を検討するという新しい試みであったことである。このため，県，大学，町が共に対等の立場で試行錯誤の議論を重ねて調査を実施していくこととなった。このように県，大学，町が連携して，調査を進めていくうちに，次第に地域住民も巻き込んだ対等なパートナーシップが構築されてきたと考えられる。調査結果は未だ見えないが，新しい試みに取り組むことで少しでも地域住民のために貢献したいという県，大学，町の共通の姿勢が地域住民に理解された結果であろう。

大学と調査を開始した当初は，予測できない部分が多く，どこまで事業効果が期待できるか不明なところもあった。しかし，調査開始から3年を経て，大学，行政，地域の交流が深化する中で，地域住民も好意を持って熊本大学を受け入れている。2003（平成15）年度の調査時に，大学教授から地域住民に対して，コンニャク芋栽培の効用に関する話があったところ，地元では早速その栽培に取りかかったことからも，地域住民の大学に対する厚い信頼が窺える。また，芦北町長からも廃校となった中学校を大学の山間地域政策研究施設として活用してほしい旨の提案があるなど，この事業を契機に着実にパートナーシップは深まっていると考えられる。

(2) 県と市町村との協働

役場と連携し，大学とともに地域に入るという今回の新しい試みは，役場担当者が地域情報に精通し，地域づくりに情熱を持って進める担当者であったため地域住民からも好意的に受け入れられ，スムーズな調査研究を行うことができた。

今回の調査では，地元住民との窓口として芦北町役場企画財政課園川民夫係長に担当いただいたが，町職員は，地域の暮らしや人間関係などの地元情報に精通しており，住民とともに考える仕事の進め方などには大変学ぶべきところが多くあった。

地方行政を考えるとき，地方自治法では，都道府県と市町村は普通地方公共団体として位置付けられ，対等協力の関係にあり，その間に上位下位の関係はない。しかし，その事務処理に当たっては，双方が競合しないようにしなければならず，事務分担の基準として，まず市町村が基礎的地方公共団体として一般的に地域的事務を処理し，都道府県は広域的地方公共団体としての事務を処理することとされている。つまり，市町村は基礎的な地方公共団体として，住民に最も身近な第1次的地域団体であることを意味し，そのために，住民の日常生活に直接関係する事務を包括的に処理している。これに対し，都道府県は市町村を包括する広域の地方公共団体として，市町村で処

理するのが適当でない①広域的，②市町村の連絡調整的な事務，③一般の市町村が処理をすることが不適当と認められる程度の規模又は性質の事務（補完事務）を担当することとなっている。

　実務の現場では，地方自治法に規定してあるようにすべての事務について，県と市町村の役割分担が理論的に整理出来るわけではない。しかし，地域住民との関わりの深い地域づくりを進める上では，理論的にではなく経験的に役割の違いを感じることができる。地域づくりは，県がリーダーシップを発揮して推進するような性格の事業ではなく，地元の人たちと対等な立場に立って進める事業であるため，行政と地元の人たちとの信頼関係が最も重要となる。ところが，信頼関係は一朝一夕に形成できるものではなく，ある程度の時間が必要となる。概ね3年程度で異動することが多い県職員にとって，地元の人たちの信頼を得ることは時間的な制約もあり，困難な場合も多い。それに対して役場の職員は，どのセクションに異動しても地域住民と接する機会は多い。また，住民として地域の行事に参加する機会も不断にあり，一般に地元に対して人脈を持っている。熱心な町職員ほど，休日返上で地域活動に参加するなど，大変忙しい仕事ぶりである。このような地道な活動が地域の人たちから認められることで，初めて真に行政と住民の協働の基礎となる信頼関係が得られるということがこの事業を通しても立証された。また，具体的な住民の反応を感じながら仕事を進めることができるという，地元公務員としての仕事の醍醐味もそこに感じることができるのである。

　この事業でも，地域住民との調整は主に町，大学との協議や事例調査は主に県という役割分担のもとに事業を進めていった。きちんとした協議を行って県と町の役割を決めたわけではなかったが，事業を進めていくうちに自然とこのような形が出来上がった。これも，組織を超えた県と町の信頼関係があったからだと思われる。これらのことを通して感じるのは，県だけで地域づくりを実施することは容易ではないということである。日頃から住民と接する機会が多い町役場との連携がなければスムーズに事は運ばない。すなわち，町役場と県が組織を超えて連携し，足りない部分を補い合いながら事業

を推進することができる関係づくりこそ，県が政策を推進するにあたって重要となるのではなかろうか。そのために，県は，日頃から，町役場から求められる情報を素早く的確に提供したり，必要なバックアップを行うなどの支援を実施し，町役場から信頼を得ておくことが大切になる。

今後，広域的な行政需要に対応する必要性はますます大きくなり，市町村をこえた広域的な政策・施策の有効性は高まると思われる。地域づくりなどの広域的な地域政策に対して，都道府県は，市町村との深い信頼関係のうえに立った政策・施策を実施していくことがますます重要になると考えられる。

おわりに

地域が直面している過疎化，少子・高齢化という社会構造的な問題を解決・緩和するため，何らかの地域活性化策を考えるという水俣・芦北地域総合政策研究事業であったが，過疎化，少子・高齢化が複雑な問題であるため，未だ抜本的な政策提言をなすまでには至っていない。しかし，これまでの種々の調査研究から，住んでいる地区や年齢，性別などの違いにより，地域の人たちの地域への愛着度，生活の満足度，政治への関心度など意識や考え方が違うという実態や，戦前の農山村社会の暮らしぶり，調査対象地区から若者が他の地域に転出する状況などが明らかになった。また，地域住民のネットワーク力であるソーシャルキャピタルを高めるという，新しい公共政策の可能性についても実証することができた。地域への政策・施策の提言にはまだ多くの調査，研究が必要であるが，熊本大学は，2005（平成17）年度以降も，独自に芦北町をフィールドとして，継続的な中山間地域の振興策について調査・研究を行うことを計画しており，遠からず具体的な政策提言が示されることが期待されている。

今回の調査事業の成果のひとつは，大学と地域住民との交流を通して，着実に大学と地域との間に信頼関係が築かれてきたことである。2002（平成

14) 年度に調査を開始して以降3年が経過し，熊本大学が真剣に自分たちの地域のことを考えていることが，地域の人たちに理解されたこともあり，大学と地域住民との間にすっかり打ち解けた雰囲気ができあがった。大学の研究者たちからも，何とか地域の人たちのために自分たちの持っている知的資源を活用したいという熱い気持ちを感じることができ，地域と大学を結びつける契機として県事業も一定の役割を果たすことができたと考えている。

　また，県と市町村との関係についても改めて考えることができた。概ね3年程度で異動する県職員は，地域の人たちから見れば「よそ者」である。しかし，一般的に地域づくりは「よそ者，若者，わさ者[15]」が担い手になると言われている。その意味で，県職員は，よそ者の目で地域を評価することが可能である。このことは，住民と同じ目線である役場職員とは違う視点である。地元に精通した役場職員と，よそ者の目を持った県職員とが連携することで，より一層地域づくりの取り組みがうまくいくのではないかと考える。

　芦北町の山間地域で会った住民の表情は，皆やさしくていきいきしていた。生活する条件としては厳しいため，相互扶助の精神が今なお人々の間に自然に存在している。そのため，市場経済の視点では計れない質の豊かさをこの地域の人々は享受している。だからこそ，このようなやさしい表情になれるのであろう。このことは，利便性を追求する都市部での生活ではおよそ得られない対極的な財産であり，本来，人間が生きていく姿というのはこのようなものではないかと考えさせられた。このような地域に住む人々がこれからも，いきいきとした生活を送るためには，引き続き行政が，過疎化，少子・高齢化で壊れない持続可能な地域社会づくりについて取り組むことがますます必要となってくる。上野眞也助教授が指摘するように，今後残された大切な10年間を失われた時としないために，県，町，大学が連携をしながら，住民との対話を通した地域づくり政策を立案するためのシステムを研究していくことが重要と考える。

注および参考文献

1) 2005年1月1日，芦北町と田浦町が合併し，「芦北町」となった．
2) 平松守彦『平松守彦の地域自立戦略——廃県置州への道』毎日新聞社，2004．
3) 熊本県「くまもと日本一づくり運動」，1987．
4) 2004年11月1日，隣接する砥用町と合併し，「美里町」となる．
5) 熊本県「日本一づくり運動顕彰事業レポート」，1988，5-28．
6) 岡本全勝『地方交付税　仕組と機能』大蔵省印刷局，1995，234-236．
7) 岡本全勝『地方交付税　仕組と機能』大蔵省印刷局，1995，236-248．
8) 伊藤維年『熊本県産業経済の推移と展望——自立と連携をめざす地域社会——』日本評論社，2001，271-290．
9) 熊本県「卓越のムラづくり Handbook」，1999．
10) 2005年1月1日に合併する前の「芦北町」のデータを記載している．
11) 熊本大学地域連携フォーラム『平成13年度　水俣・芦北環境学習ゼミ事業報告書』2001．
12) 熊本大学地域連携フォーラム『平成14年度　水俣・芦北地域総合政策研究報告書〔調査編〕』2002，92-300．
13) 熊本大学地域連携フォーラム，前掲書，12-70．
14) 熊本大学地域連携フォーラム『山間地域集落のくらしと政策』2003．
15) 熊本の方言で，進取の気性に富む人のことを言う．

第 8 章

共同性の再構築
——周縁からの価値転換——

はじめに

(1) 極限の風景——近代化と周縁——

　思想史研究にとっても、フィールドワークは意義のあるスリリングな仕事である。ただ、思想史研究にとってのフィールドワークの視点と方法は、他の一般の地域研究とはやや異なるだろう。今回、思想史研究から私が本書のテーマである「共同研究プロジェクト・山間地域の崩壊と存続」に関わったのは、近代化の中で崩壊する地域が持つ思想的意味への関心からである。こうして本章のテーマは、近代化によって崩壊しつつある共同性の再構築への思想的アプローチである。つまり、本章は、過疎地のフィールド調査の結果が示唆する思想を通して、脱近代化社会の共同性のあり方について考えるものである。

　今回のフィールドは、熊本県葦北郡の山間の過疎地である。この吉尾や上原といった山間地を西に下り少し南下すると、水俣市があり不知火海が広がる。この山間の細い道は、2つの近代化による地域崩壊を象徴するルートである。上原地区という山頂の超過疎の集落と、今なお水銀の海に浮かぶ水俣湾の埋立地は、近代化の「爆心地」とも言えるだろう。水俣は日本の近代化学工業によって、上原は日本の近代化の農業政策や地域政策によって破壊された日本近代の極限の姿である。石牟礼道子に「祈るべき天と思えど天の病む」という代表句がある[1]。いま、人間が救いを求めて祈るべき天までが病

んでいる，時代の病いはその極限に達しているという俳句である。日本の近代化が行きついた惨状を，この2つの極限の風景が物語っている。

また，「海ゆかば水漬くかばね　山ゆかば草むすかばね　大君の辺にこそ死なめ　かえりみはせじ」という大伴家持の歌もまた，これら2つの地にふさわしい近代への挽歌である。「大君の辺」を「日本の近代化」と読み替えると，この歌は近代化に向かって邁進し討死もかえりみず，海に公害，山に過疎という惨状を生んでしまった日本近代の極限状況を象徴するものである。

(2)　新しい共同性を求めて

しかし，これらの近代化の極限の地点は，同時に再生への転換点でもある。この切り捨てられ徹底的に破壊された地域にこそ，再生の萌芽がある。水俣病も発見から約50年を経た今日，「もやい直し」という形で地域共同体の絆の回復がはかられ，他方で環境都市水俣への再生も進められている。

また，水俣病という未曾有の公害は，その問題が持つ基底の深さゆえに，石牟礼道子という傑出した反近代思想家のほか，緒方正人のような被害者をはじめとする多くの思想家と運動を生み出した。そこでは，例えば被害者たちの「本願の会」に見るような苦悩と思想的葛藤を通して再生と復活を目指す内面的運動も生まれている[2]。

他方，今回のフィールドである高齢過疎地区の上原の人々もまた，過疎の中心にありながらなおも地域と日常を愛し，この地に暮らし続けようとしている。住民や中学生のアンケートや聞き取り調査からも分かるように，この過疎地にも幸福に関する新しい価値観や古くて新しい共同性の思想が芽吹いている。水俣といい芦北といい，近代化の大波に打ち寄せられた周縁こそ，近代化の最大の被害者であると同時に，近代を超える新しい思想が芽生える地なのである。

もちろん，共同体の存続や再構築の最大条件は直接には政治・経済的自立であり，そのための政策が論じられなければならない。いうまでもなく，こ

第8章　共同性の再構築　　　　　　　　　　　219

れらの政策提言は本章の能力を超えることである。しかし，政策は価値転換，特に今日では脱近代的価値への転換を踏まえなければならない。また，共同性の再構築という課題についていえば，思想や価値観，つまり生き方の具体的表現としての一人ひとりのふるまいや文化の転換が大きな意味を持っている。本章はこの政策や文化の基礎としての共同性の在り方について，芦北地域のフィールド調査に示唆を得つつ，思想史的文脈から接近するものである。

1．周縁の思想——関係の復権——

(1) 周縁からの価値転換
① 市場原理を超えて

資本主義の根幹である私有財産や市場およびそれに基づく経済的豊かさ，功利，競争，進歩，効率といった近代の価値観は，世界史的に見ても絶対普遍のものではない。それはあくまで相対的価値であって，商品経済にしても，長い人間の歴史のとくに西欧の近代化の中で優勢になり支配的になってからまだ1世紀そこそこしか経っていない[3]。近代は近代国家の成立とともにこの価値観を中央から「地方」という周縁へ拡大していったが，それにもまして近代化の弊害を押しつけられ近代化によって破壊され続けてきた周縁の，近代化の環の最も弱い部分から，新しい脱近代的価値観への転換が始まったのである。以下，アンケートの調査結果から，周縁の思想を見てみよう。

2002年11月から2003年2月にかけて実施された葦北郡上原・大岩・吉尾地区の調査に基づく「平成14年度　水俣・芦北地域総合政策研究報告書〔調査編〕」（熊本大学地域連携フォーラム，2003年3月）からは周縁の生（なま）の声が聞こえてくる。それぞれの地区によって違いはあるが，この地域の人々は自分で思っている生活レベルと実収入が必ずしも一致していない。しかし収入に比べて幸福を感じる「幸せ度」が高いということは，経済の市場原理と

は異なる価値観がそこに存在することを示している[4]。つまり、この地域には「豊かさの意味」について問い直しを迫る、「従来とは明らかに違う尺度」が存在することが推測できる[5]。では、市場原理に代わる豊かさとは何か。これについて上野は、それを、「豊かさの根元を保障するような暮らしの在り方」であり、「地域の中の助け合い、連帯感、食料自給率、豊かな自然とゆったりした時間の流れ、あるいは諦観の上にある穏やかさなど」[6]であると推測している。さらに野林は、「豊かさの指標は市場経済的尺度のみならず時間・空間・価値観の軸を加えて考えるべき」であって、「時の流れ、土地との関係性、人々の感性、地域の在り方・制度」と深く関わっているとする[7]。

② 中学生の共同性意識

同様の価値観は、さらに鮮明な形で中学生の意識の中に表れている。今回の調査で吉尾地区の中学生が、「ここは人間は少ないけれど、みんなで協力し合って生きてるから楽しい」と語ったことが印象的だが、吉尾中学校生徒（24人）のアンケート結果は大変興味深い[8]。中学生の意識をごく簡単に要約すると、次の通りである。つまり、中学生たちの多くはこの地で生まれ、ここでの生活をかなり不便だと思っており、就職や進学のための将来は他地域に住みたいと思っているが、今の地域には愛着をもっていて地域行事にもよく参加している。さらに彼らには、経済的不安はあるものの、自分の家族についても自分自身についても、「幸せ度」は高い。

関係性という点では、彼らは地域住民をほぼ知っており、友人や家族をとても大事に思い、家の中ではそれぞれ役割をもち、自分のためだけというのではなく、人のために生きたいと思っていて、自然との関係でもこれを大事にし豊かな自然を誇りにも思っている。そこで、次に、これらのアンケートに通して知りうる、周縁の人々の価値観に込められた思想的意味について考えてみたい。

(2) **関係の豊かさ**
① 幸福の一要素としての関係性・共同性

以上のアンケート調査から明らかなことは，この地域の人々にとっての「真の豊かさ」とは，他者との関係性・共同性の豊かさのことである。つまり，豊かな関係性が幸福の重要な部分をなしているということである。住民と中学生のアンケートに共通する「幸せ度」の重要な要素としてあげられているのは，連帯感，相互認識，家族・友人との深い信頼関係やその中での役割意識といった人間関係における豊かさである。また，地域との関係では，過疎によって地域の崩壊が進んでいる中でも，住民の地域に対する愛着度は高い。80％以上の住民ができれば今の地域に住み続けたいと考えているが[9]，この愛着度も住民の「幸せ度」の重要な一部分をなしている。

このような新しい価値を，「幸福の一要素としての関係性・共同性」ともよぶことができるが，「幸福」と「豊かな関係性」の間には深い関係がある。たとえば，J.S.ミル『自由論』の第2章は，「幸福の一要素としての個性」に関する章だが，ミルにおける「個性」は，ベンサムの個人主義を止揚したものである。それは，単なる孤立した「個我」(原子・atom)ではなく，豊かな関係に対して開かれ，生きて成長する「個性」(individual)である[10]。そもそも，それ自身で孤立した自我などは存在せず，自我とは自己をめぐる関係の総体のことである。その関係の総体としての自我が，多種多様な関係の触手を通して他者と関わって生き生きと生きることが，真の豊かさであり，幸福というものの内実なのである。たとえば，ミルの個性論の根底にはフンボルトの思想に加えて有機体思想の影響もあったように[11]，開かれた個性から得られる関係の豊かさとは，生き生きと生きる生命の豊かさに他ならないのである。つまり，地域で真に豊かに生きるということは，自然を含めた一切の他者と生き生きと関わって豊かな関係を生きることなのである。

② 関係性の拡大——公共性・自然・風土——

また，中学生のアンケート調査は，共同性より以上の，一種の公共性の傾向も示している。つまり，中学生たちがコミュニティの行事によく参加し，

自分のことより他人の役に立ちたいと思っている点など[12]については，今日の自由主義・個人主義とは異質の公共性の傾向を読み取ることが可能である。

　さらに，住民と中学生のアンケートに共通して言えることは，自然や風土との豊かな関係である。住民たちは自然との関係において，自然を尊重し，自然に服従するとともに自然を利用して生きるという共生の意識が高い[13]。このような自然との関係もまた，住民の幸福の一要素としての関係の豊かさの拡大を示すものである。

　以上の住民アンケートを通して見た，「周縁の思想」が示唆するものは，次のようにまとめられるだろう。つまりそれは，①市場主義原理にもとづく経済的豊かさからの価値転換であり，②具体的には，関係性・共同性の豊かさこそ，人間の幸福の一要素であって，③さらにこの関係性は，一方で公共性へと高められるとともに，他方で人間を超える自然・風土にまで拡大されるものであって，④人間をめぐるこれら一切の豊かな関係を支えるものは，生と生命の豊かさにほかならない，ということである。

2．共同性の再構築——作為から存在へ——

(1) 共同性のパラダイム転換——内発的共同性へ——
① 近代の「作為による共同性」

　丸山真男がシンボリックに指摘したように，近代は「作為」の世界であって，社会契約論に典型的な近代の共同性は，「作為による共同性」であった。それは，中世のア・プリオリで固定的で共同体的な共同性の世界から自我を解放し，人々を企図へ向けて共働すべく「作為」によって結ばれた共同性であった。しかし「欲求の体系」としての市民社会において，企図や目標へ向けたこの近代の人為の共同性は，逆に企図や目標に対して人間と自然のすべてを従属させ道具化することによって，人間や自然およびその諸関係の一切

——つまり「世界」——を喪失させることになった。その結果，近代化の中で人々は，人間と人間，人間と自然，人間とその身体の諸関係，さらには地球上に輪廻する一切の存在の大きな生命との間の共同性のすべてを断ち切られることになった。こうして今日私たちが直面する最大の課題は，失われた共同性をどう回復するかである。

② 脱近代の「内発的共同性」

本章でとりあげた過疎地にあって，ここは近代化によって疎外されその存続自体を危うくされている近代化の周縁地域だが，前述の「周縁の思想」でも見たように，その窮地の中にこそ新しい共同性の萌芽を見ることができる。私はそれを，近代の機械論的で契約的な，近代の「作為による共同性」に対する脱近代の新しい共同性——つまり有機体的生命論的で自己生産論的な「内発的共同性」と定義し，これを水俣の石牟礼道子の思想に見出した[14]。

この内発的共同性は，市場原理や自由主義・個人主義という近代的価値観を超えて，世界の存在一切が有機的つながりをもつ（連鎖性）とともに，すべてがそのひとつの存在の根から発してそこに回帰し（原初性），万物が内発の力によって循環し連鎖している（内発性）という有機体的生命論的特徴をもつ[15]。また，このような共同性のパラダイム転換は，次に述べるように，世界観の転換，つまり人間の「作為」のレベルからヨリ大きな「存在」のレベルへと拡大された，いわば「存在の共同性」ともよぶべき共同性への転換である。

この新しい共同性を私たちは，ポスト・モダンの共同性とよぶことができる。そこで次に，近代の「作為」から脱近代の「存在」へという，より根本的な世界観の転換について述べるとともに，そのことによって脱近代の新しい共同性の思想的根拠を示したい。

(2) 新しい「存在」の世界へ──全体知と新しい共同性──
① 目的論的世界観の復権

　人間中心の作為の世界としての「近代」を超える世界観が、いま求められている。今日の脱近代パラダイム転換の中で、在るべきものがそこに在るという、一種の目的論的世界観が復権されなければならない。もちろんそれは、たとえば中世トマス主義のような前近代の固定的で即自的な「存在の世界」への回帰ではない。それは、近代を経た上で近代を超えようとする世界観であって、たとえば、石牟礼道子の内発的共同性論の基底にある、一切が連鎖し内発し循環する有機体的生命論的世界観と両立する目的論的世界観である。それは、スコラ哲学のイデオロギーや封建的身分制を正当化するような世界観でなく、自立と共同を可能にする、開かれた共同性の世界観である。

　つまり、やや図式的に言えばこうなる。すなわち、前近代の固定化された「存在」の世界から近代の基本的にアナーキーな「作為」の世界へ、さらにはそこから前近代へ回帰することなく、人間もその一部として含む一切がその根底で生命によって連鎖し内発的に循環しているポスト・モダンの有機体的世界観──つまり新しい「存在」の世界──への止揚が、いま求められている。またそこにおいてこそ、新しい生きた共同性が担保されるのである。

　また、この世界観を「知」の側面からいえば、近代知は、対象をもっぱら分析・分類・カテゴリー化・論理化することに長けた機械的能力を発達させたが、他方、たとえば生命のような生きた全体や、多様で複雑な諸関係を包括的に把握する能力である全体知、感性、繊細さなどを喪失した。これに対して、豊かな生きた関係性や近代の主観 vs.客観の二元論を超えて全体を把握する新しい脱近代の知である全体知が回復されなければならない[16]。こうした新しい脱近代の知とふるまいこそが、新しい共同性を担保するものである。このような脱近代知によってはじめて、外に対し開かれ、内に対して自立と共同が可能な共同性が獲得されるのである。

また，この脱近代知（全体知）は，一面では「存在」への「畏敬」ともよびうる態度でもある。私たちは，自我を超える大きな存在への畏敬を通してのみ全体を直観し，この全体認識を通して，人間や自然をはじめとする一切の他者と共生しうる新しくより大きな共同性を獲得することができるのである。

おわりに

　本章は，地域再生へ向けての何らかの具体的な政策の分析でも提言でもない。フィールド調査を通して見た，地域政策を支える価値や思想の転換に関する研究である。ここは，思想史研究と政策研究が交差する新しい地点である。テーマは，近代化によって崩壊しつつある共同性の再構築であり，新しい共同性理論の形成である。
　超過疎という近代化の極限の惨状に追い込まれた周縁にこそ，新しい価値観の芽生えがある。芦北町の山間の過疎地の住民の意識――周縁の思想――の中にこそ，時代に先駆ける価値転換がある。ここに，近代の市場原理とは全く異なる豊かさと幸福の意味転換と新しい共同性が生まれる。とりわけ中学生に見られる素朴な共同性の意識は貴重で，心あたたまるものがある。
　周縁の思想から学ぶべきことは多い。その第1は，豊かな関係性・共同性こそが，人間の幸福の重要な一要素であり，私たちはこの豊かな関係性を自然へも拡大し，全存在の中で安らぐものとならなければならないという価値観の転換である。
　第2に，近代化によって崩壊した共同性を，人間と自然を含む一切の存在への全体知と畏敬を通して再構築せねばならないということである。私たちは，企図へ向けての近代の「作為による共同性」を超えて，私たちがその中の一部であるところの「存在」の中で心安らぐ目的論的な共同性に立ち戻らねばならない。

さらに，第3に，しかしこの新しい共同性は，前近代的共同性へのたんなる回帰ではなく，一切の存在が生命として連鎖・内発・循環している生きた内発的共同性でなければならないということである。

こうした私たち一人ひとりの価値観の転換を通してのみ，私たちは生き生きと自立と共同を可能にする新しい共同性を展望することができる。芦北の山間の過疎地という，近代化の極限の風景の先に，「新しい近代」の曙光が見えるのである。

注および参考文献
1) 石牟礼道子『句集・天』(天籟俳句会, 1986).
2) 本願の会は，1994年水俣病患者たちによって結成され，季刊「魂うつれ」を発行している（「魂うつれ」第6号, 2001年7月『『本願の会』とは何か』2-7を参照).
3) 藤原保信『自由主義の再検討』岩波書店, 1994, 183-187, 199-200を参照.
4) 上野眞也「過疎地域の住民意識の諸相とコミュニティ形成について」(「平成14年度　水俣・芦北地域総合政策研究報告書〔調査編〕」熊本大学地域連携フォーラム, 2003－(以下,「報告書・調査編」と略す) 33.
5) 野林浩光「芦北町における公共政策にかかる調査を終えて」「報告書・調査編」, 77.
6) 上野，前掲論文, 33.
7) 野林，前掲論文, 77.
8) 「中学生個人意識調査」,「報告書・調査編」, 189-264.
9) 同, 27-28.
10) 岩岡中正「個性と共同性――思想史からのアプローチ」清正寛・丸山定巳・中村直美編『現代の地域と政策』成文堂, 1997, 13-14を参照.
11) ミル『自由論』とロマン主義思想の関係については，岩岡・前掲論文14-16, およびミルの，生命体としての個性論については，J. S. ミル（塩尻公明・木村健康訳）『自由論』岩波書店, 1971, 119-120を参照.
12) 「報告書・調査編」192, 196.
13) 「報告書・調査編」34-35, 203, 208.
14) 岩岡中正「共同性のパラダイム転換――石牟礼道子と共同性の回復」熊本法学97, 2000を参照.
15) 同, 15-20を参照.
16) 岩岡中正「知のパラダイム転換と共同性――石牟礼道子と共同性の知」中村直美・岩岡中正編『時代転換期の法と政策』成文堂, 2002, 30-33を参照.

執筆者紹介（執筆順）

山中　進（やまなか　すすむ）	熊本大学大学院社会文化科学研究科教授（地理学）	
上野　眞也（うえの　しんや）	熊本大学政策創造研究センター助教授（政治学）	
本田　佳奈（ほんだ　かな）	九州大学大学院比較社会文化学府日本社会文化専攻（歴史学）	
田村　真一（たむら　しんいち）	熊本県総合政策局政策調整課特定政策推進室主幹	
岩岡　中正（いわおか　なかまさ）	熊本大学法学部教授（政治思想史）	

地域公共圏の構想 I
山間地域（さんかんちいき）の崩壊（ほうかい）と存続（そんぞく）

2005年6月30日初版発行

　　　編著者　　山　中　　　進
　　　　　　　　上　野　眞　也

　　　発行者　　谷　　隆　一　郎

　　　発行所　　（財）九州大学出版会
　　　　　〒812-0053　福岡市東区箱崎7-1-146
　　　　　　　　　　　九州大学構内
　　　　　電話 092-641-0515（直通）
　　　　　振替 01710-6-3677

　　　印刷／九州電算㈱・大同印刷㈱　製本／篠原製本㈱

© 2005 Printed in Japan　　　ISBN4-87378-873-0